The Juche Ideology
87, 6월 세대의
주체사상
에세이

The Juche Ideology

# 87, 6월 세대의 주체사상 에세이

북한(조선)
바로 알기 1번
주체사상을
논하다

이정훈 지음

사람과사상

## 머리글

## 감옥에서 쓴 편지

저는 청년시절 고려대학교 민족통일민주쟁취민중해방투쟁위원회(삼민투. 三民鬪) 위원장으로 1985년 당시 서울 미국문화원 점거농성 대표로 구속된 경험이 있는 전형적인 민주화세대의 일원입니다. 이 책은 제가 40대 초반에 다시 국가보안법 사건(일심회)에 연루돼 옥중에서 썼던 노트(2008년)를 최근 다시 정리한 겁니다.

1985년 미문화원 점거농성
(왼쪽 주먹 쥔 학생이 필자)

1985년 미문화원
화장실 난간에서

필자에게 걸린 간첩혐의는 최종 무죄로 판결됐으나, 북한(조선) 동포를 만난 게 유죄(통신회합 위반)였습니다. 이 책은 저에게 주체사상이 무엇이냐고 물었던 검사들에게, 그리고 재판과정에서 사상의 자유와 이른바 이적표현물에 대한 그들의 기준과 판단을 반박하기 위해 작성한 항소이유서와 기타 자료 글을 3년여의 감옥생활 동안 좀 더 체계적으로 정리한 겁니다.

우리 사회에 주체사상이 널리 알려진 건 30년 전인 1980년대 중반 당시 학생운동을 통해서입니다. 주체사상은 주로 언론을 통해 수십 년 동안 주홍글씨가 박힌 채 부정적으로 언급되었습니다. 민주주의 국가에서 유례를 찾기 힘든 국가보안법에 의한 사상탄압 정책으로 우리 사회는 주체사상의 실내용에 대해서는 학계와 언론은 물론, 진보진영조차 충분히 이해하고 토론할 분위기가 형성돼 있지 않습니다.

그 결과 수구언론의 악의적인 보도와는 다르게 실제 맑스주의나 주체사상 등의 사상문제를 깊게 이해하고 있는 사람은 진보진영에조차 그리 많지 않습니다. 학계나 지식인 사회에서도 주체사상에 대해 알기는 북한(조선)의 전체주의 혁명사상으로, 스탈린주의나 모택동 사상과 유사하다는 정도일 겁니다.

일반 국민은 물론, 지식인조차 불온한 사상이란 것 외에 주체사상에 대해 아는 게 거의 없는 현실은 사상의 자유가 보장되지 않는 우리 사회에서 어쩌면 당연한 일인지 모릅니다. 주체사상은 일반 국민이 있는 그대로의 날 것으로 접해서는 절대 안 되는 여전히 '금지된 사상

1호'이기 때문입니다. 주체사상에 관한 책이나 자료를 갖고 있다는 이 유만으로 국가안보와 체제를 위협하는 세력으로 낙인찍히기 십상이고, 실제 지금도 국가보안법 7조 '찬양·고무죄'로 처벌당하고 있는 현실입니다.

성경을 본 모두가 기독교 신자가 아니고 불경을 읽는다고 모두 불교 신자가 되는 게 아니듯 주체사상에 관한 책을 읽는다고 모두 주체주의자가 되지는 않을 겁니다. 1970~80년대 박정희, 전두환 군사독재 시절 금기였던 맑스-레닌주의 서적은 지금 상당수 합법 출판되고 대중적으로 읽히고 있습니다. 그렇다고 요즘 대학생이나 국민이 그런 책을 읽고 바로 급진 좌경화됐다는 얘기를 들어본 적은 없습니다.

음식을 먹어본 사람만이 그 맛을 알아 선택하듯 사상과 견해 역시 각자 경험과 판단에 맞으면 관심을 갖게 되지만 그렇지 않다면 다시 찾는 일은 없겠지요. 음식을 먹고 맛을 평가해야지 음식 자체도 보여주지 않은 채 '맛도 없고, 먹으면 식중독에 걸린다'고 겁주는 방식으로 사상 문제를 대하는 건 상식 이하일 뿐입니다.

맑스-레닌주의를 다룬 상당수 서적은 합법 출판되고 있는데 유독 주체사상에 대한 족쇄는 여전히 풀리지 않아 외려 궁금증을 자극하고 있습니다. 이런 현실 탓에 우리 사회에서 '주체사상 연구'는 맑스주의와 연관된 유물론 철학사상이라는 학문적 차원의 접근은 고사하고, 주로 '주사파' 낙인찍기와 반북반공 정치 이데올로기공세 용도로만 활용되고 있습니다.

한마디로 주체사상에 대한 자유로운 학문적 연구가 정치적인 이유로 금지돼 공백상태로 남아 있습니다. 결국 앙상한 관변 해설서만이 넘쳐나는 상황입니다. 이렇게 주체사상이 우리 사회에선 정치적 도그마로 터부시되고 있지만 민족의 반쪽인 북한(조선)에선 이미 생활철학으로 정착돼 있습니다. 남쪽 학계의 주체사상에 대한 무지와 북에서 그 사상이 갖는 생활력 등 현실 인정을 거부한 결과, 최근 통일이 가까워 온다는 기대 속에서도 북 동포들의 일반적 사고방식을 있는 그대로 이해하는 데서도 심각한 장애를 겪게 됩니다.

### 흥미진진한 사람중심의 현대 유물론

필자는 불행인지 다행인지 1980년대 사회운동 경험을 통해 처음으로 다양한 조류의 근현대 맑스주의 사상을 만나 연구하고 토론할 기회를 갖게 됐습니다. 그 과정에서 주체사상이 대단히 흥미로운 사람중심의 유물론 사상임을 알게 됐습니다. 1980년대 학생운동을 경험한 세대가 그렇듯 헤겔, 맑스-레닌주의, 모택동 사상, 일본 맑스주의, 제3세계 종속이론 등을 접했고 그 뒤 수십 년 동안 이들 사상과 철학이 현실에서 얼마나 타당한지를 되새기곤 했습니다.

당시는 군사정권의 야수적 탄압에 대한 반발로 변혁사상과 이론이 급속히 퍼져갈 때여서 주체사상도 그런 와중에 학생운동과 노동운동에 흘러들어 많은 이들이 접하게 됩니다. 처음엔 자료가 충분치 않아 주로 통일부나 관변단체 자료를 조각조각 연결해 연구했습니다. 그러다 용기 있는 몇몇 출판사가 폐업을 각오하고 '주체사상 총서' 등을 직접

출판한 것을 계기로 겨우 1차 자료를 구해 읽던 기억이 납니다.

그 뒤 1990년대 중후반 필자는 영국 런던에서 '아시아 태평양 지역학'을 잠시 공부했습니다. 특히 동북아 지역을 연구하는 석사과정에서 그 동안 한국에선 접할 수 없었던 북한(조선)의 1차 자료를 런던대학교 도서관에서 자유로이 볼 수 있는 우연한 기회가 있었습니다. 그래서 1차 자료와 관련 영문 자료를 복사해 연구용으로 보관하기도 했습니다. 다만 그 자료들이 2000년대 이후 인터넷 사이트에서 파일이나 CD로 쉽게 구할 수 있는 이른바 '인터넷 불법자료'가 된 사실은 나중에야 알았습니다.

더욱이 당시 소장하던 연구 자료들은 필자가 2006년 말 국가보안법으로 구속될 때 함께 공안기관에 압수돼 필자의 '이적활동'을 입증하는 증거물로 둔갑했습니다. 그런데 아이러니하게도 필자는 그 '애물단지' 자료들을 옥중에서 검찰측 증거물 확인자료로 반갑게 재회해 정리할 '기회(?)'를 얻게 됐습니다. 감옥에 가서야 비로소 자료를 마음대로 볼 자유를 얻게 되는 한국의 정치사상 연구 현실이 희극인지 비극인지 씁쓸할 따름이었습니다.

옥중에서 이런 경험을 하면서 필자는 판검사뿐 아니라 주체사상과 맑스주의와 주체사상의 차이에 관해 궁금해 하는 사람들에게 최소한 그 내용이 무엇인지는 알려줘야 할 의무감 같은 걸 갖게 됐습니다. 자유민주주의 국가의 사상의 자유란 무엇일까 생각하게 됩니다. 학교가 해야 할 다양한 철학과 사색 그리고 사상토론의 자유를, 사상탄압의

피해자라도 해야겠다고 생각하게 된 셈이지요.

**현대 자본주의에서조차 응용할 분야 많아**

이 책에 담은 주체사상 얘기는 필자가 경험하고 이해한 바를 해설하는 것이기에 원래의 주체사상과는 차이가 날 수 있고 또 그런 게 당연하다고 봅니다. 주체사상에 대한 필자의 이해와 소감을 마치 예술작품 감상문 쓰듯 풀어냈기 때문입니다. 필자의 주체사상 '감상문'에 대한 판단은 모두 독자 여러분의 몫일 따름입니다. 그 결과가 부정이든 긍정이든 상관없이 다만 감추고 가두는 비이성적인 방식이 아니라 감상하고 토론하는 방식이어야 한다고 생각합니다.

주체사상은 그 내용이 맑스-레닌주의 이상으로 방대하고 체계적인 사상입니다. 동시에 맑스주의에는 없는 '생활철학'에 가까운 흥미로운 측면도 많습니다. 경제중심의 유물론이 사람중심의 유물론으로 발전하면서 세계관뿐 아니라 종교나 윤리학에서 다루던 인생관, 생활관, 가치관 등이 모두 새롭게 주체사상에 흡수됐기 때문입니다.

이런 유물론 철학의 새로운 발전은, 기존 맑스주의 '변증법적 유물론'을 계승할 뿐 아니라 맑스주의가 담지 못한 영역까지 처음으로 개척하는 과정을 통해 더 성숙했습니다. 필자는 맑스주의가 역사적 한계로 인해 미개척지로 남겨 놓은 분야가 바로 사람이란 존재에 관한 완성되고 풍부한 유물론적 정의라고 봅니다. 즉 의식을 가진 '가장 고급한 물질'인 사람이 갖는 본성과 특징을 해명하고, 그런 결과가 역사와 사회, 그리고 인생에서 어떤 작용을 하는지를 새롭게 밝히는 문제라고 하겠습니다.

솔직히 이런 문제의식은 필자가 맑스주의를 접한 청년 시기부터 줄곧 스스로에게 던져온 질문이기도 합니다. 다소 어려운 주제이지만 기존 철학의 근본문제를 코페르니쿠스의 지동설처럼 새로운 차원에서 접근한 흥미진진하고 박진감 있는 현대 유물론의 주제들이 주체사상에서 전개되고 있다고 필자는 생각합니다.

맑스-레닌주의와 마찬가지로 주체사상은 기본적으로 자본주의와는 공존할 수 없는 혁명사상입니다. 그러나 사회주의 혁명과정에서 발견한 변증법적 유물론 철학이 사회주의나 자본주의에 관계없이 세상 일반에 적용되는 보편적 진리를 담고 있듯 사람중심의 유물론인 주체사상 역시 사회제도와 관계없이 보편적인 사람과 사회의 본질에 관한 진리를 무수히 담고 있다고 봅니다. 만유인력의 법칙이 사회주의에도, 자본주의사회에도 적용되는 것과 마찬가지이지요.

이런 의미에서 필자는 주체사상이 혁명사상일뿐 아니라 역설적이게도 현대 자본주의에서도 응용할 분야가 많은 인문사회학의 가치 있는 연구대상이라고 생각합니다. 그리고 어떤 사상이든 그 장점을 활용할 줄 아는 게 진짜 실용, 실질주의라고 봅니다.

최근 미국 자본주의의 경영학 방법론과 경제학의 선진적 조류가 주체사상과 일맥상통한다는 것을 확인하곤 흥미로운 장면들을 자주 목격하게 됩니다. 자본주의를 극복하려는 혁명과정에서 만들어진 철학사상이 역설적이게도 자본주의를 운영하는 경영원리로도 작용한다는, 진리의 보편성과 공통성을 제도를 초월해 확인할 수 있기 때문입니다. 편견을 갖고 사상을 대하지 않는다면, 사상을 적대적 정치이데올로기로 평가절하하지 않는다면 인류가 자연과 사회를 상대로 치열하게 전개한 투쟁과정에서 만든 인문, 철학사상의 진리들은 우리 인생을 풍부하게 할 자양분이 되리라 믿습니다.

이 책은 여러 주제들을 다루고 있습니다. 현대 부르주아 철학과 주체사상을 견주기도 하고, 기존 맑스주의와 주체사상의 차이에 대해 언급하기도 합니다. 다소 어려운 주제들도 있지만 상식을 가진 사람이라면 누구나 쉽게 이해할 수 있도록 설명하려 노력했습니다.

**통일시대를 준비하며**

주체사상은 철학과 정치사상이지만 동시에 상식적인 생활철학에 가까운 내용도 많습니다. 알고 보면 누구나 그렇게 생각하고 있는 얘기들을 새로운 관점과 차원에서 체계적으로 정리한 내용이 많습니다. 맑스주의 유물론이 주로 과학과 물리학의 이미지라면 주체사상은 이를 다시 사람중심의 상식과 문학의 이미지로 전환한 느낌입니다. 선입견과 편견을 갖지 않는다면 누구나 쉽게 이해할 수 있는 사상이라고 생각합니다.

그래서 필자는 주체사상을 쉽게 이해하는 사람은 탁상의 학자가 아니라 세상에서 제 자식을 가장 귀하게 여기고 사람을 중심으로 세계를 대하며 지혜를 몸으로 아는 전형적인 우리네 어머니 같은 사람들과 건강한 생활인들 이라고 생각합니다. 세상에는 아무리 박사학위를 갖고 배워도 제 이익과 경험 이상의 깨달음과 지혜를 얻지 못하는 사람도 있고, 배운 것이 적어도 생활 속에서 마음을 비우고 살면서 세상 이치와 지혜를 크게 깨닫는 사람도 많습니다.

주체사상은 한마디로 말하면, '사람이 세상에서 제일 귀하고, 사람이 세상에서 제일 힘이 있다'는 사람중심의 현대 유물론 사상입니다. 사실 유물론에 방점을 찍은 '현대 유물론'이란 표현보다는 사람중심의 '주체사상'이라 칭하는 게 합당합니다. 새 술은 새 부대에 담는 게 맞듯이 말이지요. 그러나 사상의 계승, 연속성을 강조하기 위해 책 앞부분에선 '현대 유물론'이란 용어를 주로 사용했습니다.

이 책이 사상을 진지하게 학문적으로 토론하고 나아가 스스로의 인생을 개척하려는 평범한 사색가들에게 작은 도움이 되길 기대합니다. 불행한 분단시대 청년으로 태어나 사상마저 분단된 나라에서, 금지된 절반의 사상과 동포를 생각하다 감옥가는 우리세대 사상 이야기가 더는 반복되지 않기를 바랍니다.

**차례**

**머리글**　　감옥에서 쓴 편지 … 5

**1장**　　**인생과 철학 사상** … 19

　　1　십자매 사상 … 21
　　2　중용이라는 착각 … 25
　　3　지식과 사상의 착시현상 … 29
　　4　정신은 어디에서 온 것인가? … 34
　　5　변하지 않는 것은 없다 … 39
　　6　맑스주의와 주체사상의 분기점 … 45
　　7　사람이란 무엇인가? … 50
　　8　인생의 자유 … 56
　　9　인생의 자유와 유물론 … 61
　　10　생활의 본질과 돈의 주인 … 65

**2장**　　**사람의 마음, 의식세계** … 69

　　1　맑스주의의 '이데올로기'와 주체사상의 '사상의식' … 71
　　2　사람의 마음, 사람의 의식세계 … 78
　　3　사상의식의 핵, 자주적 사상의식 … 83
　　4　자주적 사상의식과 인생 … 88
　　5　나의 인생관, 나의 가치관을 찾아서 … 92
　　6　사람은 왜 사는가? … 95
　　7　나도 모르는, 나의 세계관과 인생관 … 100
　　8　행동을 결정하는 나의 사상의식 … 105
　　9　진정한 믿음, 소망, 사랑 … 110
　　10　과학기술 혁명시대와 철학사상 … 114

3장에 들어가며 ... 118

**3장**    **정치와 철학 사상** ... 123

1 정치가 경제를 규정한다 ... 125
2 정치는 인간의 자주성과 창조성을 관리하는 일 ... 132
3 정권의 성격이 사회성격을 규정한다 ... 137
4 '혁명'이란 정의에서의 혁명 ... 140
5 진보의 개념도 진보한다 ... 144
6 맑스주의 전략전술과 주체의 전략전술 ... 148
7 서구자본주의와 한국자본주의 ... 152
8 한국사회 다양한 '주의자'들 ... 158

**4장**    **경제정책과 철학사상** ... 163

1 정권의 성격이 경제구조를 결정한다 ... 162
2 맑스주의 정치경제학과 주체정치경제학 ... 171
3 구글의 경영원리와 주체사상 ... 176
4 한반도 자립적 민족경제노선 ... 181
5 북한(조선)의 경제전략과 자립적 민족경제노선 ... 189
6 북한(조선)의 경제전략과 선군경제 ... 194
7 한국 경제 발전전략과 정치철학(1) ... 203
8 한국 경제 발전전략과 정치철학(2) ... 209

15

**5장**  **자본주의 세계체제와 한국 경제** … 217

1 자본주의 발전과 제국주의 세계체제 … 219
2 제국주의와 신자유주의 … 224
3 한국 경제의 영·미식 발전 모델 … 232
4 사회민주주의 복지국가론과 사회주의적 대안 … 236
5 자주적 민주주의와 자립적 민족경제노선 … 240
6 통일경제와 아시아 경제공동체 … 245


**6장**  **민족문제와 다른 나라 혁명** … 249

1 맑스주의 민족이론의 한계 … 251
2 통일문제는 계급문제가 아니라 민족문제 … 257
3 연합전선(통일전선)운동 … 263
4 주체사상과 러시아 혁명 … 267
5 주체사상과 중국 혁명 … 272
6 주체사상과 베네수엘라 혁명 … 278
7 주체사상과 21세기 사회주의 … 283


**7장**  **문화와 철학 사상** … 289

1 문화예술과 정치사상 … 291
2 포스트모더니즘과 문학예술 … 297
3 맑스주의 미학과 주체미학 … 302
4 인간학으로서 문학과 예술 … 307
5 북한(조선) 문학예술 창작방법의 혁명, 종자론 … 311
6 종자론과 창작의 원리 … 315

7　2000년대 한국 문학의 경향 … 319
8　민족문화와 한국문화 … 324
9　2000년대 한국의 문화전쟁 … 328

**8장**　**사업 방법론과 사상** … 333

1　맑스주의 방법론과 주체의 방법론 … 335
2　사람중심의 방법론 … 342
3　정치사업과 사상사업은 사상의식과의 사업 … 348
4　정치투쟁과 정치활동 … 352
5　역사의 주체와 지도자 … 358
6　활동가를 위한 사람중심의 정세관 … 363
7　경제(민생)투쟁과 정치투쟁 … 368
8　계급노선과 대중(군중)노선 … 371
9　진보적 사업방법과 보수적 사업방법 … 375
10　민중적 사업작풍과 관료적 사업작풍 … 381

**후기**　원고를 마치며 … 387

1장

# 인생과 철학 사상

# 1

## 십자매 사상

사람들은 흔히 "나에게 사상 같은 것은 없다"고 말합니다. 그리고 사상은 유명 지식인이나 철학자 같은 특별한 사람만 관련된 문제라고 얘기합니다. 하지만 그런 생각은 사상에 대한 이해 부족에서 생긴 착각입니다. 사상은 '신체의 눈'같은 것입니다. 사람의 몸에 눈이 없으면 사물을 볼 수 없듯 사람에게 사상이 없으면 사물과 현상을 판단하고 이성적으로 활동하는 게 불가능합니다.

그래서 사람에게 사상이 없다는 것은, 생각이나 판단 없이 본능에 따라 산다는 말과 같습니다. 모든 사람은 사상을 갖고 있습니다. 그런데도 자기에게 사상이 없다고 생각하는 이유는 일반적으로 학교 등에서 교육 받은 '흔한 사상'을 갖고 있어서 그렇습니다. 사상이 없는 게 아니라 주변 사람들과 비슷한 사상을 갖고 있어서 그 특성을 잘 느끼지 못하는 겁니다.

어느 사회나 '흔한 사상'이 있습니다. 가장 많은 사람들이 갖고 있는 일반적이고 지배적인 사상입니다. 이를 주류사상이라고도 합니다. 조선 봉건제 사회에서는 태어나면서부터 양반과 노비를 당연히 여기고, 자본주의 사회에서는 부자나 노동자의 자녀로 태어나 부의 세습과 돈이 지배하는 세상을 당연시합니다. 고대사회에서 노예로 태어나면 도망가지 않는 한 죽을 때까지 노예로 삽니다. 남성이 여성보다 육체는 물론, 정신적으로도 우월하다는 편견과 차별은 지금도 여전합니다.

오늘날 누가 노예를 갖고 싶다고 하면 정신이상자 취급을 당할 겁니다. 그런데 우리가 위대한 철학자로 알고 있는 소크라테스, 플라톤 등은 당대에는 철저한 노예소유제 옹호자들이었습니다. 소크라테스는 '노예는 원래부터 도덕생활이 불가능한 존재'라 했고, 플라톤은 '말하는 도구'라고 천시했습니다. 소크라테스의 유명한 '준법' 철학도 결국 사람이 사람을 지배하는 노예제의 온존을 주장한 것입니다. 플라톤이 주장한 '이상국가' 역시 노예제 위에 세운 이상한 이상사회였던 거지요. 이렇게 당대에는 누구나 당연시했던 생각과 견해도 오랜 역사적 흐름 속에서 보면 '어떻게 저런 생각을 당연시했을까?' 묻고 싶을 정도로 야만적 견해로 드러나는 사례가 수없이 많습니다.

역사를 공부하다보면 사람들이 자기 시대의 커다란 모순과 참 모습에 대해 오히려 무감각할 수 있음을 쉽게 발견할 수 있습니다. 모든 권력이 국민으로부터 나온다는 공화제의 원리는 지금 상식입니다. 하지만 불과 200년 전만해도 왕이 나라를 통치한다는 생각을 누구나 당연시했습니다. 왕권은 하늘이 내리고 왕후장상의 씨가 따로 있다는 생각을 지극히 당연하게 여겼지요. 외려 왕정을 부정하는 게 이단이었습니다. 어느 시대든 무엇을 당연하다고 여기면 무감각해집니다. 이렇게 사람들이 너무도 당연하다고 생각하는 견해가 바로 그 시대의 주류사상이자 지배사상인 겁니다.

사람들은 사상이 없는 게 아니라 거꾸로 대단히 견고한 지배사상을 갖고 있습니다. 그러면 이런 사상은 어떻게 누가 만들었을까요? 지배적인 주류사상을 만들고 널리 유포하는 사람들은 주로 당대의 지배층, 통치자들과 그에 복무하는 지식인들입니다. 당대의 통치체제를 유지하는 데서 혜택을 누리는 사람들이 그 체제에 맞는 지식체계와 사상을 만들고, 그 사상을 일반화해 '상식'과 '선'으로 만드는 겁니다. 그리고 여기에 반대하는 사상을 '이단'과 '죄악'으로 규정하고 처벌합니다.

그럼 이제 우리시대의 사상과 각자의 사상에 대해 한번 생각해 볼까요? 지금 우리에게는 너무도 당연한 상식이지만 100~200년 뒤 후대들이 볼 때 참 어이없는 모순의 시대였다고 평가할 만한 게 없을까요?

재산의 유무가 인격의 잣대인 세태를 아마도 이상하게 여길 겁니다. 땅을 물이나 공기처럼 공유재산으로 대하지 않고, 상위 부자 1%가 전 국토지의 57%를 소유한 현상(2017년 현재)을 기이하게 볼 거구요. 경제를 계획하지 않고 통제 불능인 시장을 예찬하며 공황을 반복하는 우둔함을 이상하다 여기겠지요. 똑같이 일하고도 정규직과 비정규직을 구분해 임금과 처우를 차별하는 것을 이해 못할 겁니다. 자본주의는 영원불변하며 근로대중이 자본주의를 이상사회로 생각해야 한다는 사상을 우습다고 할지도 모르겠습니다.

'바둑새'라 불리던 십자매는 금화조 등 다른 새의 알을 둥지에 넣어도 제 것으로 알고 부화시킨다고 합니다. 사람들은 사상이 없는 게 아니라 대단히 강하고 견고한 사상을 자기도 모르게 자연스레 갖고 있습니다. 그 사상은 주류사상이며 지배사상입니다.

## 2

## 중용이라는 착각

사람들은 흔히 중립, 중도를 좋아하며 자기 사상은 중용(中庸)을 지향한다고 말합니다. 사회에 주류사상과 저항사상이 존재한다면, 자기 사상은 둘 가운데 하나가 아니라 조화로운 중간 정도여야 편하고 이상적이라 생각하는 탓이지요. 대체로 중도, 중용이 중립적이고 객관적이라고 생각합니다. 하지만 이 역시 착각입니다. 사회현상이나 사상에 어중간한 중간지대는 있지만, 그것이 객관적 중립성과는 상당히 다르다는 것을 잘 알지 못합니다.

마치 자연계의 N극과 S극 사이에 중립적인 'M(middle)극'이 따로 존재하는 양 오해라는 거지요. 사상이나 철학에 M극처럼 제3의 초월적 중립지대가 있는 게 아니라 양극의 기운이 서로 약해지는 중간지대가 있을 뿐입니다. 객관적이고 초월적인 중립지대란 원래 없습니다. 그런데 문제는 이런 자연적 중간지대와 다르게 자본주의 사회에서 중간 또는 중간지대는 거의 기득권 세력쪽에 치우쳐있다는 겁니다.

언론을 예로 들면, 한국 사회에서 주류언론(조선·동아·중앙 등)은 다수 근로대중(노동자계급뿐 아니라 농민과 도시빈민, 중소자영업자 등을 일컫는 개념)의 편이 아니라 대체로 극소수 재벌과 보수세력의 편에 서있습니다. 일부 인터넷언론과 진보운동단체의 신문 정도가 근로대중과 진보적 입장을 겨우 대변할 뿐입니다. 이런 사회에서 중용을 지킨다는 말은 결국 중간 정도에 서있겠다는 말인데 그 중간의 자리도 대부분 주류논리에 더 큰 영향을 받는 게 현실입니다.

요즘은 시민의식이 성숙해서 '기레기'라는 말이 유행이지만, 10여년 전만해도 언론은 어디에도 치우지지 않고 중립적이라고 생각하는 이들이 많았지요. 수구보수정권 10년을 거치며 이른바 '조중동' 등 수구보수신문이 객관적이고 중립적인 입장에 서서 보도하리라 생각하는 사람은 이제 많지 않을 겁니다.

박근혜가 대통령 시절 '통일대박'이라며 사실상 북한(조선)의 체제 붕괴에 따른 흡수통일을 공공연히 주장하던 때가 있습니다. 당시 조선일보도 '통일' 특집기사를 쏟아내며 맞장구를 쳤지요. 그런데 정권이 바뀐 지금은 어떻습니까? 평창 겨울올림픽을 계기로 남북 고위급회담이 열리는 등 수구보수정권 10년 동안 얼어붙었던 남북관계가 진짜 풀릴 조짐이 보이자 조선일보 등은 자유한국당과 발을 맞춰 '평양올림픽' 색깔론 공세로 남북 사이에 불신의 장벽을 세우려 혈안이 되었지요. 전쟁을 부를지도 모를 흡수통일만이 저들에 바라는 통일인 겁니다.

마찬가지로 국가보안법은 명분상 국가의 안전 보장을 내세우지만 실제로는 이와 아무런 인연이 없는 냉전·분단체제와 정권 관리유지법입니다. 이승만 독재정권 때부터 반인권, 반민주, 반통일로 악명 떨쳐온 사실상 수구보수 기득권세력 보안법일 뿐입니다. 조중동과 자유한국당 등 수구보수 냉전·분단 유지세력은 국가보안법을 찬성하고 유지하려는 반면 민주통일, 화해협력 세력은 그를 폐지하려고 피 흘리며 투쟁해 왔습니다.

재벌들이 조중동을 편드는 데서 나아가 종편 등 방송사업에 직접 진출한 건 당장의 이윤 창출뿐 아니라 장기적으로는 중립성과 객관성으로 포장한 주류사상과 지배논리를 국민들에게 일상적으로 주입할 수 있기 때문입니다. 사람들의 사상과 상식을 지배, 관리하는 게 체제유지의 강력한 수단이란 사실을 사회 지배층은 너무나 잘 알고 있습니다.

사실 우리사회 구성원의 대부분이 근로대중인 만큼 원래 중립에 서면 근로대중의 입장에 가까워야 마땅합니다. 하지만 이상하게도 현실에서 중간지대는 근로대중 편이 아니라 소수 지배층, 주류사상 편에 치우쳐 있어요. 심지어 근로대중조차 수구보수 기득권층과 자본자의 지배논리에 쉽게 동조합니다. 근로대중이 주류사상과 논리의 지배 아래 있는 것을 어려운 말로 '생활과 견해의 불일치' 또는 '존재와 의식의 불일치'라고 합니다. 앞서 비유한 남의 알을 제 알인 양 품고 사는 십자매 같은 존재가 되는 겁니다.

사회현상과 이슈에 대해 나름 중립적이고 객관성을 추구하려는 노력은 순수하고 바람직한 겁니다. 헌데 현실에서 그런 중립적이고 객관적인 제3지대는 따로 없습니다. 제3지대란 대립된 두 입장 사이의 어디쯤일 뿐입니다. 맑스주의는 이런 사상의 특성을 발견하고는 그를 사상의 '계급성' 또는 '당파성'이란 개념으로 설명하고 있습니다.

중국 송나라의 성리학자 주희가 펴낸 〈중용〉은 우리나라에 전파돼 조선시대 과거시험의 필독서가 됐습니다. 〈중용〉이 현대까지 애용되고 미화되는 이유는 무엇일까요? 주희가 봉건체제와 규범을 유지하는 데 필요했던 '중용지도(中庸之道)'라는 지배층과 피지배층의 타협사상이 오늘날 자본주의 사회에서 첨예한 노동자와 자본가의 계급 대립을 희석하는데 유효하기 때문이 아닐까요? 그래서 '사상의 당파성'이란 개념은 우리에게 생소해도 사상의 중용, 중립성이라는 착각은 지금도 널리 마치 사회의 미덕처럼 퍼져있는 것 같습니다.

# 3

## 지식과 사상의
## 착시현상

흔히 학벌이 높은 사람은 지식이 많고, 지식이 많으면 사상수준도 높고 풍부하리라고 생각합니다. 그런데 이 역시도 착시현상입니다. 지식수준과 사상수준은 서로 연관은 있으되 비례하지는 않습니다. 외려 그 반대인 경우가 많지요. 맑스주의와는 다르게 주체사상은 지식과 사상 또는 사상의식을 구별하여 강조하는데 대단히 새롭고 흥미롭습니다. 또 이런 견해가 주체사상의 독특한 '사상론'으로 발전하는 출발점이 됩니다.

여기에서는 지식과 사상은 어떻게 다른지 얘기해 보겠습니다. 가령 '2+2=4'라는 수학지식, 물은 0℃에서 언다는 자연지식, 고려를 창건한 사람은 왕건이다, 남북한은 분단국이라는 사실들은 모두 지식에 속합니다. 즉 자연과 사회, 사람에 관한 법칙, 사실, 규칙 등이 모두 지식에 속하는 겁니다. 잘못 알고 있는 지식도 있고 바른 지식도 있는데, 바른 지식을 우리는 '진리'라고 합니다. 우리가 학교에서 배우는 내용은 대체로 자연과 사회에 대해 인류가 만들어 놓은 보편적인 지식과 지식체계에 관한 겁니다.

학교는 주로 지식을 가르쳐주지 다양한 사상을 가르쳐주지는 않습니다. 학교에서 다루는 사상은 주류사상입니다. 구소련은 주류사상인 맑스-레닌주의를 학교에서 교육했고, 북한(조선)은 주류사상인 주체사상을 학교의 공식 교과목으로 가르치고 있습니다. 우리사회에서는 개인주의 등 자본주의 사상이 주류사상이며 주체사상은 탄압의 대상이지요. 우리사회의 지식교육은 학교교육을 통해 이뤄지지만 주류사상을 제외한 나머지 사상교육은 사실 외면당하고 있습니다. 그나마 개인의 호기심이나 체험, 그리고 노력을 통해 형성되거나 특히 진보사상은 진보적인 사회단체 활동을 통해 얻는 실정입니다. 지식과 다르게 '생각할 자유'가 이렇게 사회적으로 암암리에 강하게 통제되는 현실은 아이러니입니다. 지식과 다르게 사람의 생각과 사상이 그만큼 힘이 강하고 큰 역할을 하기 때문이지요.

'아는 것이 힘이다'라는 격언처럼 지식은 자연과 사회를 개조하는 힘 있는 무기입니다. 그런데 자연과 사회에 관한 지식 가운데 어떤 것은 이런 보편적 지식과 다르게 판이하게 대립하는 입장과 견해를 담고 있습니다. 가령 다윈이 〈종의기원〉에서 처음 진화론을 제기했을 때 당시 가톨릭과 기독교의 창조론과 정면 대립했지요. 원숭이(유인원)가 진화해 사람이 되었다는 진화론은 충격적인 이론이었으니까요. 당시 사회에서 거대한 영향력을 갖고 있던 교회가 유일신적 세계관에 도전하는 진화론이란 지식에 극력 반대하면서 정면충돌한 겁니다.

왜냐면 '2+2=4' 수식처럼 누구나 받아들이는 단순한 진리 문제가 아니라 사회세력들의 이해관계가 충돌하는 '특별한' 지식이기 때문입니다. 지식이 사회체제와 관련된 견해로 넘어가면 문제는 더 심각합니다. 가령 사회주의 체제와 자본주의 체제에 관한 정치적 견해를 보면 각 사회세력의 이해관계에 따라 찬반 입장이 극명히 갈립니다. 당연히 이해관계에 따라 노동자는 자본주의보다 평등을 강조하는 사회주의를 선호할 수 있고 자본가는 이윤 극대화를 위해 당연히 자본주의를 선호할 겁니다. 이런 대립을 사상의 자유와 민주주의로 보장 못하는 사회에서는 노동자, 근로대중의 사상이 '이단사상'으로 취급당하고 법적으로 탄압받게 됩니다. 여파가 이 정도는 아닐지 몰라도 철학에서 관념론과 유물론의 대립, 경제학에서 노동가치론과 효용가치론의 대립, 정치학에서 국가의 중립성과 계급성을 둘러싼 대립, 사회학에서 계급론과 계층론의 대립 등은 여전히 대표적인 지식 대립의 사례들입니다.

지식 충돌은 한 사회 내부만 아니라 나라와 나라 사이에서도 발생합니다. 중국은 중화민족주의를 강화하려고 지금도 주변국 역사를 자기 역사로 흡수하는 역사왜곡에 한창입니다. 그런데 최근 중국이 자랑하는 세계 4대 문명의 하나인 황하문명보다 고대 고조선의 문명이 1천 년 정도 더 앞섰다는 유적들이 잇따라 발견되었습니다.

중국이 고구려 역사를 자기 역사로 만들려다가 되레 자기 역사문명의 시원이 고대 고조선 문명과 연관이 있다는 사실들을 발견해 가는 희한한 광경입니다. 일본인들이 자기 문명의 뿌리를 찾다가 백제와 만나게 된 것과 비슷한 경험을 지금 중국이 하고 있습니다. 이런 중국발 '역사전쟁'이 바로 나라와 나라 사이에서 발생한 지식 충돌의 대표적 사례라 하겠습니다. 물론 이와 별개로 자기네 유구한 뿌리조차 제대로 연구 못하는 우리 역사학계 현실은 창피할 따름이지요.

이런 지식은 진실의 문제가 아닌 이해관계 문제가 일차적이고 전면적으로 투영됩니다. 이렇게 견해나 지식이 사회 계급계층과 민족의 이해관계를 반영할 때 이런 지식을 바로 '사상'이라 부릅니다. 그리고 이런 지식은 특히 철학과 정치, 경제학 분야에서 집중적으로 나타나며 이론화되고 체계화됩니다.

이렇게 이해관계를 반영한 지식, 즉 사상은 또 어떤 세력의 입장을 반영하느냐가 중심 문제입니다. 즉 여러 사회 분야의 지식들은 누구의 입장을 옹호하고 대변하는 사상인가의 문제로 구분되며, 특히 그것이 해당 분야에서 처음 등장하는 것이라면 발의자나 창안자의 이름을 담아 사상의 성격을 표시합니다. 그래서 맑스-레닌주의에서는 역사상 처음으로 맑스와 엥겔스가 노동자대중을 옹호하는 사상을 창시했다고 하고 북한(조선)에선 김일성 주석이 맑스주의를 계승하고 혁신해 근로민중의 입장을 옹호하는 주체사상을 창시했다고 주장하는 겁니다.

기득권 유지 세력의 입장과 견해를 대변하는 게 보수사상이고, 현 사회의 불평등과 차별 등을 해소하는데 이해관계를 갖는 신진계급의 입장과 견해를 대변하는 게 진보사상입니다. 다윈의 진화론을 둘러싼 대립에서 보듯 보수사상과 진보사상의 대립은 진리 자체의 문제이기도 하지만 그 보다는 진리를 둘러싼 사회세력의 대결이자 정치적 힘의 대결이어서 격렬합니다.

그래서 석·박사 학위 보유자는 전공분야의 지식이 많을 수 있지만 그들의 사상은 의외로 대부분 보수적이거나 그 수준이 결코 높지 않을 수 있습니다. 외려 보통 사람들의 관점보다 낙후한 경우가 많습니다. 이런 박사와 교수들이 텔레비전에 나와 자기만 아는 지식과 궤변으로 보통 사람들의 건강한 판단을 더 혼란스럽게 하는 경우도 많습니다. 거꾸로 학위는 없어도 생활 속에서 진보적 견해와 입장을 발전시켜 지혜가 많고 사상 관점과 수준이 높은 근로대중과 보통사람들이 적지 않지요. 사회는 석박사보다 외려 이런 근로대중과 시민이 많아야 건강해집니다. 지식이 없으면 물론 사상을 발전시킬 수 없지만 그렇다고 지식수준과 사상의 내용과 수준이 일치하는 건 아닙니다.

# 4
## 정신은 어디에서 온 것인가?

흔히 철학은 어렵고 생활과는 별 관련이 없다고 생각합니다. 그래서 농담조로 '개똥철학'이라고도 하지요. 세계 철학사를 보면 철학사상도 노동자 민중의 입장을 반영한 철학과 지배자, 통치자의 입장을 반영한 철학사상으로 나뉘어 발전해 왔습니다. 사람들이 철학이 어렵다고 느끼는 건 바로 지배자, 통치자의 입장을 반영한 철학들을 주로 배워왔기 때문입니다. 이들의 입장에서 서술한 철학이 어려운 까닭은 그 기반이 현실이나 사실과 동떨어진 주관적인 게 많고 일하는 사람들이 생활 속에서 보고 느끼는 객관적 실재와 거리가 멀기 때문입니다.

주관적인 궤변은 사실이 아니기에 이해하기 어려운 법이죠. 반면 근로대중의 입장을 반영한 철학이 이해하기도 쉬운 건 현실과 사실을 있는 그대로 반영해 세상의 본질과 원리를 밝히고 있기 때문입니다. 노동자 근로대중의 대표적인 철학인 맑스주의의 한 원리가 바로 변증법적 유물론입니다. 철학은 세상과 사람에 관한 가장 일반적이고 보편적인 원리를 다루기 때문에 종교적 깨달음과도 관련이 적지 않습니다. 기독교적 세계관과 불교적 세계관과 철학은 연관이 많습니다.

철학사의 핵심 주제의 하나가 정신의 기원 문제입니다. 사람의 정신세계는 어디서 와서 어떻게 작용하는 걸까요? 이에 대한 현대철학의 정의는 무엇일까요? 이 문제를 풀기 위해서는 근대철학의 핵심 내용인 '유물론'이라는 다소 어려운 개념이 무엇인지를 우선 알아 봐야합니다.

유물론의 한자는 유(唯: 오로지), 물(物: 만물, 물질), 론(論: (사리나 이치를)말함, 밝힘)입니다. 거칠게 풀면 '오로지 물질만 있음을 논함'이란 뜻입니다. 그럼 '오로지 물질만 있다'는 말은 또 무슨 뜻일까요? 세상에 존재하는 것은 물질뿐이라는 애깁니다. 그러니 사람의 정신, 의식은 물질에서 나오게 됩니다. 사람의 정신과 의식이 신의 창조물 또는 신처럼 물질과는 별개로 존재하는 그 무엇이 아니라 인간 진화의 산물이라는 거지요. 사람의 의식은 뇌의 작용이라는 뜻이고, 세상에 있는 사물과 현상을 뇌가 사진이나 거울처럼 반영(反映)하면서 의식과 정신이 생기고 발전해 왔다는 겁니다.

그런데 사람의 정신에 대한 이런 정의는 철학사에 충격을 안겼습니다. 당연한 정의가 철학사의 혁명이 된 까닭은 무엇일까요? 그것은 오랜 인류사 동안 동물과 사람을 가장 확연히 구별하는 위대한 의식과 정신세계가 신이나 어떤 절대자가 만든 게 아니라 '뇌를 가진 동물'이 진화하면서 만든 자연(물질) 발전의 산물이라고 했기 때문입니다.

바꿔 말하면, 사람이 죽으면 심장과 뇌기능이 정지해 신체는 남고 정신은 분리돼 천당이나 지옥의 저세상에 가는 게 아니라 뇌기능 정지와 함께 마치 거울의 기능이 정지되듯 정신도 동시에 사라진다는 겁니다. 맑스주의 유물론은 인류역사가 만든 종교의 사후세계나 신비한 정신세계에 비낀 환상을 여지없이 깨버린 겁니다. 주체사상은 이런 유물론 입장에 서면서도 사람이 죽으면 정신세계가 개별적으로 완전히 사라지는 게 아니라, 사람이 본질상 사회적 존재인 만큼 이 세상에 남아 사회적으로 유지 보존된다는 새로운 해석을 내놓았습니다. 즉 사람이 죽으면 생물학적으로는 사라져도 사회정치적으로는 계속 유지되는 '사회적 생명'이 사람 생명의 본질이라는 독특한 생명론과 정신에 관한 견해를 제시한 겁니다. 이것은 나중에 좀 더 자세히 알아보겠습니다.

유물론에 반대되는 입장을 유심론(唯心: 오로지 마음만 있다) 또는 관념론이라고 합니다. 사람의 정신세계는 바깥의 물질세계, 즉 세상과 관계없이 고유하며 신 또는 절대정신이 만들었다는 입장입니다. 철학사는 인식론, 존재론, 논리학 등을 개척하며 발전해왔지만, 핵심은 역시 사람의 정신세계가 무엇이며 어디로부터 온 것인가를 해명하는 문제였습니다. 철학사에서 유심론(관념론)과 유물론의 대립은 세계 어느 나라에서나 공통적이었습니다. 역사적으로는 소박하고 때로는 기계적이었던 유물론을 19세기에 맑스가 처음으로 과학적이고 체계적인 유물론으로 정립했습니다. 이를 철학의 혁명이라고도 합니다. 그래서 근대까지의 철학사를 관념론과 유물론의 대립으로 보고, 이를 기준으로 구분했던 거지요.

고대 중국에는 '기(氣)' 철학이라는 소박한 유물론이 등장했고, 고대 그리스에서는 데모크리토스, 에피쿠로스 등의 철학자가 세상은 원자라는 아주 작은 입자로 구성돼 있다는 원자론을 주장했습니다. 고려시대 이규보는 〈동국이상국집〉에서 "사람이 살고 있는 세상과 자신을 깨끗이 하면 그것이 곧 천당이 될 것이니 이 세상을 버리고 다른 세상을 부러워 할 것인가"라며 불교의 내세설과 천당설을 비판했습니다. 조선시대 김시습은 〈매월당집〉에서 '기'란 용어를 사용해 세상의 본질을 기의 움직임으로 설명했지요. 이런 사상은 서경덕, 최한기로 이어져 실학사상과도 연결이 됐습니다.

반면 유교 성리학에서 말하는 '리(理)' 철학은 현실세계보다 먼저 존재하는 초자연적인 절대정신의 실체를 일차적으로 보는 관념론 철학이

---

**용어 해설**

**물질** … 철학적 개념인 물질은 '인간의 감각으로부터 독립한 객관적 실체'를 일컫습니다.

**객관 관념론** … 기독교의 신, 헤겔의 절대정신, 원효의 '일심론', 성리학의 '리(理)' 등 시대와 나라마다 내용은 다양합니다. 하지만 정신이 물질세계를 만들어 놓았다고 파악하며, 정신이 물질세계보다 먼저 독립적으로 존재했다고 주장하는 점에서는 같습니다.

**주관 관념론** … 사람들의 주관적 의식, 지각, 감각에 따라 현실세계가 규정된다고 하는 주장으로, 이 역시 시대와 나라마다 다양한 형태로 나타났습니다. 이이의 '리기 이원론', 불교철학, 사물이 객관적으로 존재하는 것이 아니라 감각의 복합이라고 주장하는 현대의 버클리주의 등 수없이 많습니다. 이렇게 주관 관념론이 많은 건 객관적 실재를 반영한 진리가 아니라 각자의 머릿속에서 혼자 체계적으로 그린 사상이어서 나타나는 필연적 현상입니다.

었어요. 조선시대에 유명했던 이황(리 일원론), 이이(리 중심의 리기 이원론)의 주장이나 고려시대의 대표적인 불교사상가인 원효, 의천 등의 사상은 모두 정신세계를 일차적으로 본 관념론으로 구분할 수 있습니다.

인류가 근대에 들어 자연과학을 발전시키면서 유물론과 관념론의 대립은 결국 유물론의 승리로 종결됐다고 볼 수 있습니다. 현대과학을 통해 무기물이 합성해 최초 생명체인 유기물, 단세포 단백질이 된다는 사실이 발견되었고, 이 단세포 단백질이 더 발전해 식물계, 동물계로 진화한다는 게 입증됐지요. 그리고 사람 스스로도 생물학적으로는 큰 뇌를 가진 동물인 영장류로 분류하기에 이른 겁니다. 하지만 이런 과학적 진리의 확인과 상관없이 세상의 많은 문제를 둘러싼 유물론과 관념론의 투쟁, 힘의 대결은 과거 다윈의 진화론과 코페르니쿠스의 지동설이 그랬던 것처럼 21세기 들어서도 여전히 계속되고 있습니다.

# 5

## 변하지 않는 것은 없다

유물론이 무엇이며 왜 유물론과 관념론의 대립이 철학사에서 중요한 문제인지를 알아봤습니다. 이번에는 유물론과 함께 다니는 '변증법적' 또는 '변증법'이라는 용어의 개념이 무엇인지를 얘기하려 합니다. 이 용어는 맑스주의뿐 아니라 세상의 변화를 이해하는 중요한 개념이기 때문에 잘 알아둬야 합니다. 사실 '변증법'은 용어 자체가 생소해서 그렇지 내용은 이미 많은 사람들이 알고 있습니다.

앞서 유물론을 설명할 때 사람의 정신은 뇌가 물질세계를 거울처럼 반영해 나온 현상으로, 정신은 결국 물질적 현상이고 물질에서 나온다고 했습니다. 이를 학술용어로 좀 고상하게 말하면 '물질이 1차적이고, 의식(또는 정신)이 2차적 또는 파생적'이라고 합니다.

이번에는 세계를 구성하고 있는 물질이 어떤 상태로 있는지를 말하려 합니다. 세상 모든 물질은 가만히 고정돼 있는 것처럼 보이지만 사실 모두 움직이고 있어요. 즉 모든 물질은 정지돼 있지 않고 매순간 운동하고 있습니다. 이를 어려운 말로 '운동은 물질의 존재방식이다'라고 합니다.

산, 물, 동물, 식물, 사람, 역사, 사회 등 고정되어 있는 것은 하나도 없습니다. 산이 언덕으로 평지로, 물이 얼음으로 수증기로, 동물도 성장하고 죽고, 역사와 사회도 마찬가집니다. 모든 것이 생성, 발전, 소멸의 자기 역사를 갖습니다. 모든 사물을 고정적 관점에서 보지 않고 이렇게 운동과 변화, 발전의 관점에서 보는 걸 '변증법적'이라고 하고, 고정불변의 관점에서 보는 걸 '형이상학적'이라고 합니다. 여기서 '형이상학(形而上學)적'이란 개념은 고대 그리스철학에서 유래한 말입니다.

모든 사물이 운동하고 변한다는 것을 인정하면, 만물이 어떤 방향으로 과연 어떻게 움직이고 변하는지가 궁금해집니다. 모든 사물 운동에 일반적으로 통하는 법칙이 과연 있을까? 사람들은 대단하게도 근대에 들어 그 법칙을 체계적으로 발견해냈습니다.

그것은 일반적으로 다음 3가지 법칙으로 요약되며, 물질운동의 법칙 또는 변증법의 3대 법칙 이라고 합니다.
① 대립물의 투쟁과 통일의 법칙
② 양질전화의 법칙 (양에서 질로의 변화 법칙)
③ 부정의 부정 법칙

이 세 가지 물질의 운동법칙이 중요한 만큼 하나하나 길게 설명해야 하지만, 여기선 가장 중요한 첫 번째 법칙을 중심으로 간략히 설명하겠습니다.

첫 번째 '대립물의 투쟁과 통일의 법칙'은 물질운동의 원인이 외부에 있지 않고 내부의 상반된 두 성질, 즉 대립물이 서로를 배척하면서 변화를 만드는데 있다는 것입니다. 즉 모든 사물은 외견상 규정적인 성질 하나로 보이지만 속을 들여다보면 두 가지 성질이 대립하고 있으며, 조건이 달라지면 사물의 규정적 성질도 변한다는 거지요. 사물 안에서 새것과 낡은 것이 대립하고, 죽어가는 것과 생성하는 성질이 서로 대립하고 있다는 겁니다.

가령 사람이 살아 있다는 것은 생물학적으로 죽어간다는 의미가 되기도 합니다. 사는 것과 죽어가는 것은 사실 매일 매일 하나로 통일돼 있습니다. 다만 살아 있다는 것은 현재 심장과 뇌의 세포가 정상 작동해 여기서 죽어가는 세포보다 힘이 강한 상태라는 의미입니다. 물은 상온에서 물 분자가 서로 당기는 힘과 밀어내는 힘이 균형을 이루고 있지만 영하의 기온에서는 당기는 힘이 더 커져 고체가 되고, 100℃가 넘으면 밀어내는 힘이 더 커서 기체로 변합니다.

자연뿐 아니라 사람이 사는 사회 역시 고대 노예제에서 중세 봉건사회로, 그리고 현대 자본주의사회로 변화, 발전했는데 이는 해당 사회 안에서 서로 대립하는 세력들이 길항작용을 해 통일돼 있다가 깨져 새로운 대립과 통일을 만들어온 과정이었습니다. 맑스는 특히 자본주의 사회의 주요 대립을 사적 소유에 따른 노동자와 자본가 계급의 대립으로 파악했고, 주체사상은 제국주의와 피압박 민족의 대립이 계급 문제와 겹쳐져 있다고 봤습니다.

대립물의 투쟁과 통일의 법칙은 사례를 하나씩 드는 것보다 거꾸로 세상의 운동하는 물질 가운데 대립물의 투쟁과 통일이 없는 게 무엇인지 생각해 보면 쉽게 이해할 수 있습니다. 세상에 그런 물질은 존재하지 않기 때문이지요. 나중에 한번 떠올려 보기 바랍니다.

대립물의 투쟁과 통일의 법칙은 우리에게 세상과 사물을 인식하고 이해하는데서 내부 대립물이 서로 투쟁하는 동시에 통일돼 있다는 시각을 갖는 게 과학적 인식방법임을 알려줍니다. 세상이 실제 그렇게 생긴 만큼 우리도 그렇게 세상을 바라보고 인식해야 오류를 피하고 진리에 이를 수 있기 때문입니다.

그리고 사물을 '대립물의 투쟁과 통일' 상태의 변화 발전이라는 시각에서 보는 입장은 사물운동을 겉에서 피상적으로 보는 게 아니라 내면의 본질을 파악하는 것이기도 합니다. 이 대립물의 투쟁과 통일을 다른 말로 '모순'이라고 표현합니다. 모순(矛盾) 자체는 '창과 방패'라는 중국 고사성어에서 나온 말인데 대립물이 투쟁하면서도 서로 의존해 통일되어 있는 세상의 본질 자체를 '모순'이라고 개념화한 겁니다. 철학에서 진보란 이런 대립물의 투쟁과 통일에서 과거부터 있어온 측면이 아닌 새로운 질적 측면을 담은 대립자의 운동과 힘을 일컫습니다. 그 반대가 보수이지요.

다음은 '양질전화의 법칙'에 대해 알아보겠습니다. 간단히 물을 예로 든다면, 물을 끓이면 70~80℃를 넘어 100℃에 이르는 순간, 이전과는 달리 격렬하게 끓으면서 수증기로 기화(氣化)합니다. 액체상태의 물이

기체상태의 수증기로 질적으로 변하지요. 모든 사물의 운동은 대립물의 투쟁과 통일이라는 내적 모순에 의해 진행되지만, 서서히 또는 급속히 진행되는 양적 변화가 임계선을 넘으면 전혀 다른 새로운 질의 운동을 보입니다. 이렇게 운동이 질적인 변화에까지 이르려면 일정한 양적 축적이 전제돼야 합니다. 이것이 바로 양질전화의 법칙입니다.

앞서 살펴본 생물학에서 무기물이 유기물로 질적 전화하는 과정, 단세포가 다세포로 발전하는 과정, 식물이 동물로, 동물이 척추동물로, 척추동물이 인간으로 발전하는 과정 모두 양적 변화가 누적되면서 어느 순간 새로운 질로 전화, 발전한 예입니다. 이렇게 물질이 새로운 질로 전화, 발전하는 것을 '비약'이라고 표현하기도 해요. 사회에선 '혁명'을 양에서 질로의 변화, 비약하는 현상으로 봅니다. 프랑스 대혁명은 유럽 봉건사회를 자본주의 사회로 변화시킨 대표적인 양질전화 사례입니다.

끝으로 '부정의 부정 법칙'은 물질운동이 일정한 방향성을 갖고 있음을 규명한 법칙입니다. 즉 물질의 운동은 낮은 단계에서 높은 단계로 계속 부정(不定)의 부정을 거치며 발전한다는 겁니다. 우리가 흔히 '정-반-종합'(正反合)이라 알고 있는 연속과정을 일컫습니다. 그런데 여기서 중요한 개념은 '변증법적 부정'이란 말입니다. 변증법적 부정이란 정립-반정립의 과정에서 정립의 모든 내용을 아예 없애거나 단절하는 게 아니라 정립의 부정적 요소는 제거하되 모든 긍정적 요소는 보존, 계승한다는 의미로서 부정입니다. 그러므로 변증법적 부정은 정립의 완전 부정이나 파괴를 뜻하지 않고 반대로 발전과 건설을 의미합니다.

TV 제조기술을 예로 들지요. 한국 TV 제조기술은 70년대 흑백TV에서 80년대 컬러TV로, 그리고 2000년대 들어서 디지털TV로 발전했습니다. 흑백TV가 컬러TV로 바뀌어도 TV의 화질이나 음향, 채널 선택 등 기능은 전면 부정되거나 파괴되는 게 아니라 더 섬세하고 정교하며 다양화하는 등 발전한 겁니다. 디지털TV가 아날로그식 컬러TV의 낡은 기술을 부정하지만 결과적으로는 TV의 기능을 더 발전시키고 긍정한 겁니다. 그래서 부정의 부정 법칙의 본질은 부정이 아니라 새로운 긍정입니다.

맑스는 자본주의 사회를 예를 들어 설명합니다. 사회주의 사회는 자본주의 사회의 긍정적 요소인 생산성 발전을 계승하는 대신 불평등의 기원이며 부정적 요소인 생산수단에 대한 사적 소유를 폐지해 실현된다고 하죠. 사회주의 사회는 자본주의 사회를 전면 파괴하는 방식이 아니라 오히려 새로운 건설, 즉 '변증법적 부정'으로 건설됩니다.

변증법이란 말은 고대 그리스에서 유래했지만 18세기 말 독일의 철학자 헤겔이 체계적으로 정립한 개념입니다. 하지만 헤겔은 관념론자였기에 변증법을 물질의 운동이 아닌 '절대정신'의 운동방식으로 파악했어요. 맑스는 이런 헤겔의 견해를 다시 변증법적으로 부정합니다. 관념론을 버리고 유물론으로 대체해 유명한 유물변증법 또는 변증법적 유물론을 정식화했습니다. 이를 헤겔의 '거꾸로 선 변증법'을 바로 세웠다고 말하기도 합니다.

# 6

## 맑스주의와
## 주체사상의
## 분기점

맑스주의와 주체사상은 모두 유물론을 계승한 사상이라고 앞서 설명했습니다. 그럼 이번엔 맑스주의 유물론과 주체사상이 어디서 차이가 나는지를 알아보죠.

어떤 사람들은 주체사상을 맑스주의의 북한(조선)판 또는 맑스-레닌주의의 변종이거나 모택동 사상, 심지어 스탈린주의의 아류라고도 합니다. 그러나 주체사상을 조금이라도 알게 되면 이런 주장들이 틀리다는 걸 금방 확인합니다. 주체사상은 맑스주의의 변증법적 유물론과 사적 유물론을 철저히 계승했지만 또 맑스주의가 가진 시대적 한계를 극복하고 새로운 차원에서 발전시킨 독창적 현대 유물론 사상입니다.

주체사상은 맑스-레닌주의가 사람의 의식과 정신세계를 신비화하는 관념론에 맞선 싸움에 모든 힘을 집중할 수밖에 없었던 시대적 한계를 안고 있었다고 봅니다. 맑스주의가 의식과 정신세계에 대해 사람 뇌의 기능이며 물질의 반영이라는 유물론 철학을 정립하는데 성공했지만, 정작 의식을 가진 고급한 물질인 사람을 시대적 한계와 제한성 때문에 온전히 해명하진 못했다고 봅니다.

이는 매우 중요한 판단인데요, 사람에 대한 유물론적 해석과 정의가 맑스-레닌주의와 주체사상을 나누는 출발점이 되기 때문입니다. 그럼 여러분은 사람이 과연 무엇이라고 생각하고 정의합니까? 사람이란 어떤 존재인가요? 사람이 동물과 구별되는 본질적 특성은 무엇일까요?

철학적으로 인생은 인간의 움직임, 운동입니다. 인간의 운동, 인생이란 무엇일까요? 어떤 이는 사람은 신의 창조물이므로 신의 섭리에 따르는 게 사람이고 인생이라고 할 겁니다. 그래서 신의 섭리를 알고 따라야 한다고 말합니다. 누구는 또 사람은 이성을 가진 동물일 뿐 특별한 건 없다고 말합니다. 그래서 적자생존의 논리가 인간 세상에도 적용되는 만큼 사는 동안 생존투쟁에서 승리해 즐기며 사는 게 최고라고 말하기도 합니다. 그냥 한세상 흙에서 와서 흙으로 돌아간다고 하죠.

어떤 이는 사람은 숙명적 존재라고 합니다. 인생은 사주팔자(四柱八字)처럼 나면서부터 결정되기 때문에 숙명에 순종해야지 그것을 벗어나 살 수는 없다고 합니다. 다른 이는 사람은 정신적 존재이고 인생은 원래 고통인데, 고통의 원인은 사람이 우매해 물질적 욕망을 추구하는 데서 시작된다고 합니다. 그래서 무지와 욕망에서 벗어난 해탈과 정신적 안식에 이르는 게 인생의 목적이라고 하지요. 이밖에도 인생, 사람의 삶에 대한 대답은 수없이 많습니다.

맑스, 엥겔스, 레닌

이런 정의들이 모두 맞을까요? 누구 말처럼 인생이 무엇인가에 대한 정답이란 아예 없는 것 아닐까요? 사람이 태어나 그렇게 많은 공부를 하고, 사람이 이성을 가진 최고의 존재라고 생각했는데, 자기가 무엇인지도 모르고 산다는 게 참으로 역설적입니다.

그럼 이번엔 맑스와 주체사상의 사람에 대한 정의를 알아보고 비교하겠습니다. 맑스가 사람을 파악하는데 우선 주목한 건 사람을 하나하나의 개인으로 보지 않고 '사회적 존재'로 봐야 한다는 점이었어요. 사람이 동물과 다른 점이 자기 요구를 자연적으로 해결하지 않고 사회를 통해 실현한다는데 착목했습니다. 그러므로 사람이란 개별적 존재가 아니라 '사회적 관계'들로 연결된 존재, 즉 어려운 말로 '사회적 관계의 총체'라고 파악했습니다. 그리고 사람들이 맺는 많은 사회관계 중에서 먹고 살기 위해 노동하며 맺는 사회경제적 관계 또는 생산관계가 가장 결정적 역할을 한다고 주장합니다.

맑스는 그 다음 사람의 의식 또는 정신세계를 주목했는데, 이는 신이 준 게 아니라 자연과 이런 '사회적 존재(관계)'를 반영하며 생겨난 거라고 했습니다. 요약하면 사람은 노동하는 과정에서 생산관계를 만들고, 이것이 중심이 돼 사회적 제 관계를 만들며 그런 관계를 통해 정신세계를 형성한 사회적 존재라는 겁니다. 노동하고 사회 환경을 개조하는 사회적 성질을 인간의 본질적 특징으로 본 거죠.

주체사상이 밝힌 사람에 대한 정의는 무엇일까요? 주체사상은 맑스가 사회적 관계 속에서 동물과 구별되는 사람의 사회적 속성을 찾은 걸 인정하면서도, 사람 자체에 대한 정의가 충분하지 못한 한계를 갖고 있다고 봅니다. 그리고 사람이 동물과 구별되는, 사람만이 갖는 속성을 자주성, 창조성, 의식성이라고 하지요. 그래서 사람은 이 3가지 속성을 가진 사회적 존재라고 정의합니다.

3가지 속성이 과연 인간에게 있고, 또 인간에 대한 이런 정의가 맞는지는 엄밀히 판단해야할 문제입니다. 이런 정의가 옳다면 처음으로 유물론에서 사람이 어떤 존재인지를 과학적으로 정의한 게 됩니다. 사람이 처음으로 자신이 무엇인지 철학적 의미를 알게 된 겁니다. 과연 이 정의는 맞는 걸까요? 설명은 다음 장에서 자세히 하겠습니다.

사람이라는 '가장 고급한 물질'의 발견은, 그 고급한 물질이 세계 속에서 갖는 독자적인 지위와 역할 때문에 맑스주의 구성체계를 아래서부터 재구성하기에 이릅니다. 마치 변증법이 유물론의 발견으로 전혀 새로운 체계를 형성했듯 말이죠. 즉 물질 일반을 중심으로 본 유물론을 다시 사람을 중심으로 한 유물론으로 완전히 바꾸어 놓는 또 한 번의 '변증법적 부정' 과정을 거친 거지요.

이렇게 유물론 철학사상의 체계가 물질과 의식의 관계 문제 중심에서 사람이라는 가장 고급한 물질과 세계의 관계 문제로 새롭게 중심 이동했습니다. 현대 유럽 맑스주의 철학의 한 조류로 주체와 객체를 구분한 '인간철학'이 한때 유행한 적이 있습니다. 그러나 주체사상은 이와는 관련이 없습니다. 자연과 사회가 만든 최고의 물질인 사람은 단순한 물질운동의 반영자에서 세계와 역사의 주동적 개조자인 '주체'로 다시 정의됩니다. 유물론이 맑스주의와 함께 정립됐다면, '주체'라는 철학적 용어가 인간에 대한 새로운 해석과 인간관의 등장으로 비로소 재정의된 거지요.

# 7

## 사람이란 무엇인가?

맑스주의에서 계급, 계급투쟁이라는 용어가 자주 등장하듯, 주체사상 관련 서적에서 가장 많이 나오는 낱말이 '자주성'일 겁니다. 너무 많이 반복되고 설명이 많아 나중엔 거꾸로 자주성이 도대체 무엇을 말하는지, 자주성이란 개념의 바다에 빠져 허우적거릴 정도입니다.

맑스주의에서 변증법적 유물론에 기초한 계급성, 당파성 개념을 이해하는 게 핵심이듯, 주체사상에서 자주성 개념을 정확히 이해하면 주체사상의 핵심원리를 알았다고 해도 과언이 아닐 겁니다. 그래서 사실 자주성, 창조성, 의식성이라는 인간에 대한 거대한 개념 규정을 몇 마디로 쉽게 설명하는 게 가능하지 않다는 생각도 합니다. 하지만 이 개념을 이해하는 게 맑스주의와 주체사상의 차이를 이해하는 핵심 출발점인 건 분명합니다.

우선 세상에서 가장 고급한 존재인 사람의 속성을 규명하는 방법으로는, 사람이 아닌 다른 고급한 존재인 동물들과 비교 설명하는 방법이 있습니다. 사람을 동물과 비교하는 게 우습다고 생각할 수 있는데 그렇지 않습니다. 동물도 지구 생물사의 견지에서 보면 사람 다음으로 발전한 고급한 존재이기 때문입니다. 세상의 존재는 무기물→유기물(단백질)→단세포→다세포→식물→동물→척추동물→영장류→사람 순서로 지구가 만들어진 순간부터 수십억 년에 걸쳐 진화해 왔습니다. 이 가운데 인류가 글을 쓰고 문화, 문명을 만들고 살아온 '역사시대'는 불과 8~6000년 정도로 보고 있습니다. 생물이나 동물의 역사에 견준다면 그야말로 인류 문명사는 '최근의 일'이며 아주 짧은 찰나와 같지요.

하지만 인류가 문명사회를 만든 그 짧은 수천 년 동안의 변화는 지구가 존재했던 수십억 년의 변화보다 큰 것이었어요. 수십만 년 전 인류의 출현 자체가 지구역사의 혁명이었습니다. 그것은 인류가 출현한 이래로 지구의 역사와 모습, 생물, 환경 등이 모두 사람의 요구와 사람의 힘에 의해 빠른 속도로 전면적으로 개변되었기 때문입니다.

그럼 과연 이런 엄청난 힘과 변화를 만든 건 무엇일까요? 동물이 출현하고도 수억 년 동안 조용했던 지구가 사람이 출현하고 문명을 만든 순간부터 완전히 다른 세계로 바뀐 건 무엇 때문일까요? 바로 이런 물음들에 답하는데 사람이란 존재의 본질이 숨어 있습니다. 동물은 자기 요구를 개별적, 자연적, 본능적, 반복적, 맹목적으로 실현합니다. 반면 사람은 모든 요구를 '사회'를 통해서 창조적으로, 목적의식적으로 실현합니다. 사람과 동물의 가장 큰 차이는, 맑스가 말한 대로 사람이 '사회'를 만들어 살아간다는 점이며, 이 과정에서 다음과 같은 특성들을 보입니다.

동물이 자연과 환경에 순응하며 맹목적으로 반복적으로 살아가는 반면 사람은 자연과 환경(사회)의 원리를 파악해 자기 목적에 맞게 개조(창조성)해 점차 지배하면서 발전적으로 살아갑니다(자주성). 동물들은 주로 본능의 욕구에 기초해 무의식적으로 행동하는데 비해 인간은 자신과 세상의 이해관계를 파악해 의식적으로 행동(의식성)하지요.

물론 사람이 언어를 사용하고, 노동을 하며, 사유하는 것 등도 동물과 구별되는 특징입니다. 하지만 사람이 공동노동을 하면서 언어를 발달시키고, 그 과정에서 사유체계가 발달한 것도 크게 보면 사람이 자연에 순응해 사는 게 아니라 자연의 원리를 알아내 자연의 속박에서 벗어나고 자연과 자신을 자기 요구에 맞게 변형하는 여러 측면의 하나라고 하겠습니다.

즉 사람이 왜 공동노동을 하고 언어와 사유능력이 발달했는가라는 근본적 물음에 대한 해답은, 사람이 원래부터 노동하는 존재이기 때문이 아니라 지구 역사상 처음 출현한 의식성을 가진 '자주적 존재'이기 때문입니다. 사람이 노동하는 존재라는 사실은 자주적 존재라는 것과 대치되지 않으며, 자주적 존재라는 더 포괄적 개념의 부분적 특성이라고 하겠습니다. 노동하는 인간, 언어를 사용하는 인간 등은 마치 삼각형, 사각형, 육각형 등의 특성이 모두 도형의 일반적 특성에 포함되는 것처럼 인간의 자주성이란 개념에 포함되는 하위 개념입니다.

이제 자주성, 창조성, 의식성이라는 사람의 본질적 속성 중에서 먼저 자주성에 대해 살펴보겠습니다. 자주성을 좀 딱딱한 학술적 용어로 표현하면 '온갖 예속과 구속에서 벗어나 세계와 자기운명의 주인으로 자유롭게 발전적으로 살려는 사회적 인간의 성질'이라고 정의합니다. 쉽게 말하면, 동물과 달리 사람은 자연과 사회의 구속과 예속에서 벗어나 자유롭게 더 잘 살려는 요구를 가장 핵심적인 속성으로 가진 유일한 존재라는 겁니다.

이 말의 의미는 자주성이 인간의 생활과 활동의 모든 계기들에 일관되게 들어있는 근본 속성이란 겁니다. 인간의 모든 활동의 근본 원천과 동인으로 작용하는 성질이란 뜻이지요. 거창한 인류 역사뿐 아니라 개별적인 사람조차 아침에 일어나서 다시 잠들기 전까지 벌이는 모든 활동이 자주성과 관련돼 있으며, 그렇게 죽을 때까지 벌이는 모든 활동이 자주성과 관련이 있다는 겁니다.

예를 들어보죠. 지식을 쌓는 공부는 왜 합니까? 자연과 사회에 대한 지식을 얻어 그것을 목적에 맞게 활용해 자연과 사회의 진정한 자유로운 주인이 되기 위해서죠. 노동은 자연을 개조, 변형해 사람이 먹고 생활하기 위한 물건과 환경을 만들려고 합니다. 즉 먹고 사는 구속으로부터 해방되는 과정입니다. 정당, 조합, 학생회는 왜 만들고 활동합니까? 외부의 부당한 간섭을 막고 시민, 노동자, 학생들의 정치, 경제적 자유를 보장, 확대하기 위해섭니다.

자주성 실현을 개인적 차원에서 보자면 사람의 일상생활 자체가 개별적인 생활의 자주성 실현을 위한 과정입니다. 가령 직업을 구하는 구직활동은 우선 돈이 없어 생계를 유지 못하는 경제적 부자유의 고통에서 벗어나 돈으로부터, 생계의 요구로부터 자유로워지고 싶기 때문이지요. 직업이 없다면 생활비를 벌 수 없고, 생활비를 스스로 마련치 못하고 남에 기대어 의존하여 계속 살아가게 되면 개인생활의 자주성은 점점 유지되기 어렵기 때문입니다. 기술을 배우는 사람은 기계의 작동원리를 익혀 기계를 자유자재로 마음먹은 대로 다루고 싶기 때문입니다. 기술 없음의 부자유에서 기술의 자유를 얻기 위한 과정입니다.

사람의 자주성 실현은 개인적, 집단적, 사회 전체적 차원에서 다양하게 전개됩니다. 그런데 본질적으로 개인의 자주성 실현은 보다 큰 집단과 사회의 자주성 실현에 깊이 연관돼있고 크게 영향 받습니다. 가령 일제 식민지 상태의 조선인은 개인이 아무리 자유롭게 잘 살려 해도, 일본제국주의라는 집단적이고 사회적인 억압구조를 벗어나지 않는 한 삶이 대부분 비참했습니다. 따라서 이것을 자각한 개인과 집단이 점차 집단적, 민족적 자주성 실현을 위한 투쟁으로 모이게 되는 겁니다.

이렇게 자주성이란 책상머리에서 고안된 추상적 개념이 아니라, 끝이 없을 정도로 일상적이고 구체적으로 인간의 모든 생활과 활동에 관철되는 속성을 일컫는 철학 개념입니다. 그래서 사람의 인생이 무엇이냐는 질문에는, 본질상 자주적인 존재인 사람이 세상과 자기 운명의 주인으로 살고자 '자주성'을 실현하기 위해 사는 과정이라는 철학적 답변을 내놓게 됩니다. 동물과 다르게 자주성이 사람의 생명이라는 말은 이런 의미입니다. 인생과 사람 생명의 의미가 동물과 다르게 개체성에 있는 게 아니라 집단적, 사회적으로 구현된다는 뜻이지요.

여기서 자주 등장하는 '주인'이라는 개념 역시 상당히 중요한 철학적 개념입니다. 이것이 일상생활에서 어떤 물건의 소유권자를 가리키는 그 '주인'이 아님은 물론입니다. 여기서 말하는 '주인'은 자연과 사회, 즉 세계의 원리를 알고 활용하는 '지배자'라는 뜻입니다. 그런데 사람이 자연의 지배자라는 개념은, 조물주나 신처럼 시공을 초월해 모든 자연을 만들고 소멸한다는 절대자라는 게 결코 아닙니다. 사회역사적으로 형성된 사람의 인식능력과 실천능력만큼 세상을 지배, 개조한다는 뜻이지요. 동물처럼 맹목적으로 자연에 순응해 사는 게 아니라, 자연과 사회를 자기 요구에 맞게 주동적으로 변화, 개조하는 담당자임을 가리키는 철학 개념입니다.

결국 맑스가 말한 인간의 노동도 자연의 구속에서 벗어나 생활의 주인이 되려는 사람의 다양한 자주적 활동의 한 영역입니다. 독자 여러분은 왜 책을 읽고 사색을 합니까? 세상의 이치를 조금이라도 더 잘 알아서 자기 인생과 사회를 개척하는데 도움을 얻기 위해서입니다. 즉 자기 인생의 진정한 주인이 되기 위해서입니다.

# 8

## 인생의
## 자유

사람들은 자유란 자기 마음먹은 대로 주관적 의지에 따라 무엇이든 할 수 있는 상태라고 생각하죠. 하지만 착각입니다. 진정한 자유는 아무거나 선택해 제 마음대로 하는 게 아니라, 주어진 구체적인 환경 조건에서 열쇠로 자물쇠를 풀듯 반드시 그래야 하는 필연성을 찾아가는 과정입니다. 마치 어떤 문제의 답을 찾았을 때 비로소 그 문제에 대해 자유로움을 느끼는 것과 같습니다.

자유란, 자연이든 사회든 자신을 구속하는 그 무엇에게서 벗어나려는(또는 벗어난) 구체적 대상에 대한 자유를 말합니다. 원시시대 인류는 집과 옷의 발명으로 추위로부터 조금씩 자유로워졌습니다. 인류는 바람을 막고 온기를 보호하는 자연법칙의 필연성을 이해하고 적용해 자유를 얻은 겁니다. 이렇듯 자유를 얻는 과정은 구체적이며 필연적 연관관계와 법칙에 대한 깨달음을 동반합니다. 자유로워지려면 어떻게 해야 할까요? 자연 또는 사회에서 자신을 구속하는 게 무엇이고, 그를 해결하는(벗어나는) 방법이 무엇인지를 정확히 알아야 합니다. 맑스와 함께 변증법적 유물론을 정립한 엥겔스는 이를 '자유는 인식된 필연성'이라는 유명한 말로 표현했지요.

자주성도 사실 이런 자유의 개념과 연관돼 나왔습니다. 사람과 동물을 구별하는 특성인 자주성은 사람이 온갖 예속과 구속으로부터 벗어나 자유롭게 살려는 사회적 속성이기 때문입니다. 그만큼 자유를 추구하는 사람의 본성은 특별하고 중요합니다. 그런데 진정한 자유가 무엇을 의미하는지는 철학사에서 맑스주의가 출현하고 나서야 비로소 유물론적으로 해명됐습니다. 사람은 언제 자유롭다고 느낄까요? 자유란 과연 무엇일까요? 일하지 않고 놀고먹는 게 자유일까요? 아니면 일 속에 자유가 있는 걸까요? 종교에서 말하듯 번뇌를 떨치고 마음을 비우면 자유를 얻는 건가요? 먼저 자유가 절대적 신이나 사람의 독립된 마음속에 있다는 종교적 자유관부터 보겠습니다.

불교에서는 속세의 무지와 욕망에서 벗어나(해탈) 정신적 안식(열반)을 구할 때 고통으로부터 해방돼 자유롭다고 합니다. 기독교에선 창조적인 신의 섭리에 따를 때 자유롭다고 하지요. 유교는 자연과 사회, 인간 등 모든 것이 천(天)에 의해 결정되므로 천리(天理)를 따를 때 자유롭다고 합니다.

역사상 처음으로 유물론 입장에서 '자유'를 말한 이는 엥겔스입니다. 엥겔스는 자유는 역사발전의 산물이며 '객관세계의 필연성을 인식하고, 그 작용을 통제하고 이용하며 지배하는 것'이라고 봤습니다. 엥겔스는 열반이나 기도를 통해 자유를 얻는 게 아니라 사람이 자연과 사회의 필연적 법칙과 지식을 알고, 이를 능동적으로 활용하며 지배할 때 비로소 자유롭다고 했지요.

예를 들어 추위로부터 자유(해방)란, 겨울에도 여름옷을 입는 객기를 부리거나 추위의 고통을 인내심으로 참는 게 아니라, 불을 발견하고 옷을 발명해 추위를 극복하는 겁니다. 노래를 잘 한다는 것은 사람이 음정과 박자, 리듬 등의 원리를 잘 알고 발성하며 그것을 조절(지배)할 줄 안다는 의미죠. 또 테니스를 잘 하기 위해 훈련하는 것은 테니스공과 라켓의 작용과 반작용 원리를 몸이 감각적으로 익히고 반응할 수 있도록 움직임을 반복 숙달하는 거구요. 이렇듯 사람이 뭔가를 잘 한다는 건 그 원리나 법칙, 방법 등을 잘 알고 조절, 지배할 줄 안다는 뜻입니다. 그때 사람은 마음먹은 대로 처리하는, 그 일의 '주인'이 되며 자유를 느낍니다.

옷을 선택하는 자유도 사람이 아무 옷이나 입는 것을 말하지 않죠. 사람마다 체형과 피부색, 분위기 등이 달라서 옷의 형태와 재질, 색감에 따라 잘 어울리는 결합(matching)이 있기 마련입니다. 이를 스스로 찾든, 전문가 또는 친구가 찾아주든 조화로운 옷매무새를 알고 찾는 과정을 통해 옷맵시의 주인이 되고 진정한 선택의 자유를 누립니다.

직업 선택의 자유도 마찬가지죠. 이것은 아무 일이나 선택할 자유를 가리키지 않습니다. 교사가 어울리는 사람도 있고, 사업가가 어울리는 사람도 있습니다. 각자의 지향과 선호도, 그리고 창조적 능력과 사회적 필요 등을 종합적으로 감안해 마치 어울리는 옷을 찾듯 대체로 적성과 창조적 재능의 필연성을 찾아가는 과정입니다.

손흥민씨가 축구선수, 추신수씨가 야구선수, 김제동씨가 방송MC, 봉준호씨가 영화감독, 김대중씨가 정치인 김대중 대통령으로 되는 과정은 무수한 우연 속에서도 결국 필연성이 관철되는 과정입니다.

그러나 자본주의 사회에서 많은 사람들이 제 능력이나 자질과 관계없는 분야에서, 어쩌면 그런 사실조차 모른 채 살아갑니다. 자기에게 안 맞는 옷을 평생 입고 사는 것처럼 말이죠. 자본주의 사회는 사람에게 알맞은 일을 알아서 연결해주지 않습니다. 개인이 알아서 찾아가야합니다. 다수의 돈 없는 개인은 노동시장에 들어가 장시간 노동이라도 해야 살아갈 수 있어요. 힘들고 지겨운 노동으로부터 자유로워지려면 노동자의 권리부터 알아야합니다. 자유란 결국 주어지는 게 아니라 필연적 연관법칙들을 깨달아 가며 자신과 세계를 알고 주인이 되는 과정에서 체득하고 실현됩니다.

맑스주의는 사회에도 필연적 법칙이 있다며 이를 알고 사회를 사람의 요구에 맞게 바꿔갈 때 비로소 자유롭다고 했습니다. 맑스와 엥겔스는, 자본주의 사회는 필연코 사회주의 사회로 전화한다는 법칙을 발견하고는, 사람들이 이를 인식하고 새 사회를 실현하려고 투쟁할 때 자유롭다고 한 겁니다.

주체사상이 내린 자유에 대한 정의가 흥미로운 건 엥겔스의 개념을 인정하면서 새로운 차원으로 나간 겁니다. 엥겔스가 사적 유물론에 기초해 밝힌 '자유와 필연'에다 핵심 내용 하나를 추가했습니다. 사람의 자주성, 창조성, 의식성이 발현되는 사람중심의 사회법칙에 관한 겁니다. 즉 세계에서 가장 고급한 물질인 사람의 운동이 갖는 필연성을 규명한 거지요.

이것을 '유물사관(사적 유물론)'에 대비해 '주체사관'이라고도 해요. 사회역사운동에는 변증법적 유물론을 넘어서는 사람의 운동, 즉 주체의 운동을 중심으로 한 필연 법칙이 가장 규정적임을 자유의 원리로 새롭게 밝힌 겁니다.

사람이 자기 자신에 대해 무지하거나 잘 모를 때는 세상이 움직이는 원리를 온전히 파악할 수 없습니다. 하지만 세계에서 가장 고급한 존재인 세상의 지배자이자 창조자인 사람의 본질을 깨닫는 순간, 세계를 지배하는 필연 법칙을 사람 중심의 능동적 관점에서 인식하게 됩니다. 그런 의미에서 진정한 자유는 자연과 사회, 그리고 자기 운명의 '주인'이 되어가는 자주성 실현의 과정이라고도 표현할 수 있습니다.

# 9

## 인생의 자유와
## 유물론

세상에 모든 것을 다 잘하는 사람은 없습니다. 만약 사람이 모든 걸 알고 다 잘하는 전지전능한 존재였다면, 자유란 아무거나 마음대로 하고픈 걸 한다는 개념이 맞습니다. 하지만 사람이 인생에서 특정분야의 일을 잘한다면 자유는 그것을 찾아가는 과정일 겁니다. 그리고 잘하는 일을 찾았을 때 사람은 자유와 편안함을 얻게 될 거구요.

결국 인생의 자유를 찾는 데서 중요한 건 세상의 이치와 법칙을 얼마나 알고 활용할 줄 아는가와 자기 자신을 얼마나 알고 그에 맞게 선택하는가에 달렸습니다. 세상의 이치와 법칙은 크게 자연에 관한 법칙과 지식, 그리고 사회와 사람에 관한 법칙과 지식으로 나뉩니다.

자연을 지배하는 과정에서 사람은 수많은 자연법칙과 진리를 발견했습니다. 17세기에는 주로 고전역학, 18세기엔 물리학과 화학, 19세기 생물학, 20세기 양자역학과 핵물리학, 유전공학 지식 등이 발견됐지요. 최근엔 인지공학과 신소재공학, 컴퓨터공학 지식이 빠르게 발견되고 있습니다. 그리고 전문가라 불리는 개인이 가진 자연에 관한 지식은 한두 가지 특정분야에 국한되는 게 일반적입니다.

사회를 개조하는 과정에서도 사람은 많은 사회법칙과 진리를 발견했습니다. 그런데 사회에 관한 법칙과 지식의 체계를 유물론 관점에서 제시한 건 19세기 들어 맑스와 엥겔스가 정립한 변증법적 유물론과 사적 유물론이 처음입니다. 그리고 맑스 이후에도 사람은 사회 개조를 위해 투쟁하고 또 자신을 개조하는 과정에서 수많은 사회법칙과, 사람과 세계의 상호작용에 관한 법칙, 그리고 사람 자신의 본질을 발견했습니다. 이것을 유물론에 입각해 사람중심의 유물론으로 체계화하고 새롭게 제시한 게 주체사상입니다.

자연에 관한 지식은 교육을 통해 널리 세상에 잘 알려진 반면, 사회와 인간에 관한 유물론적 지식과 사상견해는 잘 알려져 있지 않습니다. 그것은 앞서 설명한대로 사회세력에 따라 심각하게 이해관계를 달리하는 지식, 즉 사상성과 계급성을 띠는 지식이기 때문입니다.

근로대중이 단결하면 세상을 바꿀 수 있다는 사상처럼 그 사회 지배세력에게 두려운 진실은 없습니다. 그래서 지배세력은 근로민중이 새 사상을 갖고 단결해 투쟁하면 세상을 바꾼다는 진리를 탄압합니다. 역사적으로 맑스-레닌주의나 주체사상 같은 사상이 탄압받았던 근본 이유입니다. 하지만 근로대중의 사상을 아무리 탄압해도 세상의 진리 자체가 바뀌지는 않습니다. 손으로 태양을 언제까지나 가릴 순 없지요. 진리는 언젠가는 밝혀지고 널리 알려질 수밖에 없습니다. 그런 게 또 진리의 법칙이기도 합니다.

개인의 사상이나 사회법칙에 대한 이해는 일반 지식과 다르게 상당히 왜곡되고 조각조각 파편화돼 있는 게 대부분입니다. 지식이 물과 공기처럼 누구에게나 큰 가공 없이 공급되는 반면 사상은 마치 섬세하게 디자인되고 가공된 옷처럼 지배계급과 주도세력의 이익에 따라 사회적으로 철저히 가공, 공급되는 탓입니다.

어떤 옷은 내 몸에 안 맞고 어떤 옷은 꼭 맞는 느낌입니다. 어떤 사상은 내 인생에 맞지 않고 어떤 사상은 맞게 됩니다. 좋아하는 노래나 영화를 찾듯 자신에게 맞는 사상을 스스로 노력해 찾고 발견할 때 인생이 자유로울 수 있습니다. 그런데 사상을 선택하는 과정은 옷을 고르는 것보다 훨씬 더 복잡하고 다양한 경험을 거치게 되죠. 때로는 자기 인생과 이해관계에 안 맞는 사상을 십자매처럼 제 것인 양 여기고 평생 부자유스럽게 사는 경우도 많습니다.

인생이 자유롭다는 건 흘러가는 대로 사는 게 아니라, 사람들이 자기 이해관계에 부합하는 자연과 사회의 이치에 관한 지식과 사상(세계관)을 갖고 사회관계를 주동적으로 만들어간다는 걸 의미합니다. 이는 사람에 대한 사상과 자신(인생관)을 정확히 알고 활동한다는 말과 같지요.

사람이 진정한 자유를 찾아 나서면 나설수록 개인의 자유와 사회적 집단의 자유가 긴밀히 연결돼 있음을 더 깊이 인식하게 됩니다. 이 또한 '인식의 법칙'이기도 합니다. 개인의 진정한 자유가 계급, 나아가 민족의 해방(자유)과 분리될 수 없음을 결국 이해하게 되기 때문인데요. 그래서 진정한 자유나 해방은 산 속 절간이나 예배당에서가 아니라 세상 민중과 정치 속에서, 더러운 진흙탕 속에서 피는 연꽃처럼 지극히 평범한 데서 더불어 만들어가는 겁니다.

## 10

## 생활의 본질과
## 돈의 주인

인생은 생활의 연속이므로 생활을 잘 하는 게 곧 인생을 잘 사는 게 되겠지요. 사회생활은 크게 정치, 경제, 문화생활 등으로 분류하는데 정신생활과 물질·경제생활로 구분하기도 합니다. 맑스주의는 자본주의 사회의 모순된 물질·경제적 조건을 바꾸는 계급투쟁과 정치투쟁을 통해 사람의 행복과 생활을 보장한다는 관점입니다.

주체사상은 사람들의 생활을 '사람의 자주적 요구를 실현하기 위한 창조적 활동이며 투쟁'이란 관점에서 봅니다. 생활이란, 사람이 자기 집단에서 개인적으로나 집단적으로 주인으로 살기 위해 목적의식적이고 창조적인 노력을 끊임없이 기울이는 과정이라는 뜻이지요.

생활의 주인이 된다는 건 생활을 자기 의지와 요구대로 만들어간다는 뜻이겠지요. 생활상 문제는 금전, 연애, 직업, 건강, 대인관계, 가치관 등 다양합니다. 생활의 주인이 돼 살아간다는 건 이런 문제들에 대한 올바른 입장과 견해, 즉 금전관, 연애관, 인간관, 직업관, 가치관 등을 갖고 산다는 의미이지요.

금전이나 경제생활 문제를 애기해보죠. 돈의 주인이란 정말 무엇일까요? 뼈 빠지게 일해도 월급이 한 달 살아갈 만큼 충분치 않은 노동자가 많은 사회라면, 이는 노동자 개인의 성실성 문제가 아니라 부의 분배에 관한 사회문제입니다. 개인적으로는 일을 더하거나 직업을 바꾸는 방법이 있겠지만 결국은 다른 누군가가 그 자리를 대신해 궁핍하게 살게 됩니다.

근로대중에게 돈의 주인이 된다는 건 현재와 미래에 먹고 사는데 지장 없는 물질·경제적 조건을 마련했음을 뜻하지요. 근로대중이 생활비를 벌지 못하면 생계를 유지할 수 없어 결국 빚을 지고 돈에 끌려 다니는 신세가 됩니다. 근로대중이 다함께 집단적으로 생활비 걱정 없이 살려면 당장 생활비를 올리는 임금인상 투쟁뿐 아니라 근본적으로는 불합리한 사회 분배구조를 바꿔야 하는 게 당연한 논리적 귀결입니다. 하지만 전체 사회의 변화를 이루기 전엔 개인적 노력을 통해 돈이 없는 고통에서 벗어나기 위해 애쓸 수밖에 없습니다.

근로대중은 돈이 없어 생활이 불안정해지면 돈의 노예로 될 가능성이 있는 반면, 누구는 돈이 너무 많거나 돈만을 좇다가 돈의 노예가 됩니다. 돈이 많아 돈의 노예가 된다는데 갸우뚱할 수 있지만 엄연한 사실입니다. 우리사회의 산업, 금융, 토지 갑부들은 돈이 돈을 버는 자금 순환 구조 속에서 평생을 돈놀이만 하다가 생을 마감합니다. 돈이 만드는 이윤구조를 못 벗어나 돈의 가치관과 논리가 인생관으로 고착된 사람들 얘깁니다.

얼마 전 뉴스로 회자된 대한항공 한진그룹 일가의 행적을 떠올리면 쉽게 이해가 갈 겁니다. 평생 이윤과 탐욕을 좇아 돈의 노예로 사는 자본가 계급은 맑스의 말대로 스스로는 결코 돈을 버릴 수 없게 됩니다. 결국 자기해방을 할 수 없는 계급이 되는 거지요. 이들은 역설적이게도 근로대중의 사회개조 투쟁에 의해서만 계급적 존재를 마감하고 해방(?)됩니다.

성공한 대자본가를 인생의 롤모델로 삼는 사람들이 중산층과 상류층에 많습니다. 이들의 꿈은 주로 평생 놀면서 먹고 즐길 수 있는 돈을 벌고, 또 계속 돈을 증식하는 겁니다. 자본주의 사회가 불평등해도 돈만 있으면 바라는 모두를 할 수 있는 자본 자유세상이기 때문이지요. 결국 자본주의 사회는 돈이 많거나 적거나 돈이 사람을 지배하며, 돈의 구속에서 벗어나 사는 사람이나 집단은 많지 않습니다. 열심히 일하는데도 가난한 게 창피해 할 일은 아니지만, 그렇다고 노동자라서 가난은 당연하다고 여길 일도 아닙니다.

자본주의 사회의 진정한 돈의 주인은 생활에 쪼들리지 않기 위해 성실히 일해 벌고, 남은 것은 서로 나눠 쓰는 동시에 불평등한 분배구조를 원천적으로 개조하려 투쟁에 나선 근로대중일 겁니다.

진정한 돈의 주인은 또 돈 버는 능력이 있다고 되는 건 아닙니다. 돈이 있으면서도 자신만이 아니라 사회진보를 위해, 또 가난한 사람을 위해 내어줄 줄 아는 '기부 정신'을 가진 사람일 겁니다. 식민지 조선에서 독립군에 자금을 지원한 부자들처럼 말입니다. 진정한 돈의 주인은 그가 어느 계급이고 계층이든 상관없습니다. 노동자도 제 이익과 치부만을 위해 산다면, 돈을 사회발전과 진보를 위해 헌납하는 양심적인 부자보다 백배 못한 게 맞지요.

돈이 많은 사람이 돈의 주인이 아니라 '올바른 금전관'을 가진 사람이 돈의 노예로 살지 않는 진정한 돈의 주인인 겁니다. 부자가 천당에 가는 게 낙타가 바늘구멍에 들어가는 거보다 어렵다는 말처럼, 돈이 사람을 지배하는 힘과 유혹이 그처럼 강한 탓에 사람들은 돈의 노예가 되기 십상입니다. 한국에서 부자입네 하는 사람은 대부분 자기 생을 최종 평가할 사람과 사회를 위한 일에는 돈 한 푼 제대로 안 씁니다. 어리석은 금전관을 죽는 순간까지 움켜쥐는 거지요.

2장

# 사람의 마음, 의식세계

서해 겨울 바다

# 1

## 맑스주의의 '이데올로기'와 주체사상의 '사상의식'

인생의 진정한 자유는 세계와 자기 자신을 알고 자기 운명의 주인이 되는데서 찾게 됨을 앞장에서 얘기했습니다. 진리가 인생을 자유롭게 하며, 자기에게 맞는 사상이 사람을 자유롭게 합니다.

역사적으로 노동자계급과 근로대중의 이해관계를 대변한 대표적인 사상이 맑스주의 사상과 주체사상입니다. 두 사상은 모두 노동자계급의 사상이면서도, 사상의 형성과정과 역할에서 차이가 있습니다. 물론 이 차이는 기존 관념론과 유물론 사이의 그것과는 근본적으로 다릅니다.

두 사상 모두 의식에 대한 물질의 1차성을 인정한 유물론에 기초해 있지만, 주체사상이 '사상의식'의 기능과 역할을 새롭고 보다 풍부하게 규명합니다. 이런 차이는 주체사상이 '사상결정론'으로 발전하는 출발점이 됩니다. 이는 맑스주의와 주체사상을 가르는 대단히 심도 있는 핵심 주제이기도 합니다. 그래서 그 차이를 이해하는 게 중국 혁명,

북한(조선) 혁명, 러시아 혁명의 주요 차이점을 이해하는 철학적 뿌리로 됩니다.

그럼 무엇이 다른 걸까요? 왜 주체사상은 사상에 대한 이해를 심화하면서 '사상의식'이란 새 개념을 내놓고, 이것의 역할을 사회발전과 인간운명의 결정적 문제로 보게 된 걸까요?

'사상'이란 말은 맑스주의 이전에도 써왔습니다. 그리고 맑스주의에서 사상 또는 이데올로기란 '사회적 존재'의 반영으로서 '사회적 의식'을 일컫는 개념이었어요. 즉 사람의 의식이 물질세계의 반영이듯 사회적 의식은 사회적 존재의 반영이라고 본 거죠. 맑스주의에서 말하는 '사회적 의식'이란 맑스주의의 유명한 명제인 경제적 토대(생산력과 생산관계)에 조응하는 상부구조의 한 구성요소입니다. 사회가 경제적 이해관계와 생산관계에서 지위와 역할 등에 따라 노동자계급과 자본가계급, 소자산계급 등으로 나뉠 때 사회적 의식은 이들 계급의 이해를 반영한 이데올로기로서 기능한다고 봤습니다.

'사상의식'이란 말은 주체사상이 처음 내놓은 개념입니다. 맑스주의에서 말하는 사상 또는 이데올로기라는 개념이 존재에 대한 반영론으로 나왔다면, 사상의식이란 개념은 사람 의식의 역할을 단순한 외부세계의 반영으로 보는데 그치지 않고, 사람의 고유한 속성이자 사람이란 고급한 물질의 요구까지를 반영한 새로운 차원의 개념으로 정의한 겁니다. 이는 종래 맑스주의의 '사상' 또는 '이데올로기' 개념과는 다른 새로운 정의입니다.

맑스주의에선 사회적 의식의 한 형태인 이데올로기가 객관세계와 그에 대한 반영인 의식의 '객관-주관'의 연관을 표현한 개념입니다. 그래서 맑스주의의 사상 또는 이데올로기는 사회 현실을 얼마나 정확히 또는 본질적으로 반영했는지가 주된 관심사인 진리와 지식 차원의 개념입니다.

주체사상의 '사상의식'은 주체적 인간의 사상(의식)의 능동성과 객관적 세계와의 관계를, '반영'이나 '작용에 대한 반작용' 이상으로 정의할 필요에서 나온 새 개념입니다. '사상의식'은 사람의 의식 가운데 객관적 진리와 함께 주체(사람)의 요구와 이해관계를 주되게 반영한 의식의 역할을 강조한 개념이죠. 사람의 의식세계를 더 깊이 연구해 보니, 의식세계는 내용과 작용에 따라 크게 세 가지 형태, 즉 사상의식, 지식, 감정(심리)의식으로 구분됨을 알았습니다. 풀어 말하면, 사람의 의식엔 사람의 모든 생활과정에서 나타나는 요구와 이해관계를 반영한 의식(사상의식)과 학교교육이나 생활경험에서 얻게 된 객관세계(자연과 사회)에 대한 진리의 반영(지식), 그리고 생활에서 느끼는 희로애락을 표현하는 감정(심리)의식이 있음을 파악한 거지요.

그리고 의식에선 특히 사상의식이 중심적인 역할을 하는데 바로 사람의 요구와 이해관계를 반영하고 있기 때문입니다. 주체사상에서 말하는 '사상의식'은 계급해방에 관한 지식을 말하는 게 아닙니다. 모든 사람은 사상의식을 갖고 매순간 모든 행동에 이 사상의식이 작용하는데, 사람이 어떤 사상(관점)을 갖고 있는가 하는 문제는 사상의식의 '내용'에 관한 겁니다. 사람의 의식에 사상의식이란 '그릇'이 있다고 생각하면 됩니다.

사상의식은 사람의 요구와 이해관계를 반영하고 있어 사람의 모든 활동을 규제하고 조절, 통제하는 매우 적극적인 역할을 합니다. 쉬운 예로, 구직난에 처한 학생이 취직을 위해 높은 입사시험 성적을 얻으려합니다. 그러려면 컴퓨터 게임과 잠자는 시간을 줄여야합니다. 이렇게 높은 성적이란 요구를 갖게 되면 이를 실현하기 위해 자기 생활을 당연히 규제하고 목적의식적으로 조절하게 됩니다. 이것이 바로 요구와 이해관계를 반영한 사상의식의 규제적 속성입니다. 이런 사상의식에 대한 이해와 개념 정립이 주체사상의 사상론을 이해하는 기초가 됩니다.

가장 고급한 물질인 사람의 요구는 앞서 설명한 대로 온갖 구속과 예속에서 벗어나 자유를 추구하는 자주적 요구입니다. 사상의식이란 개념은 이런 사람의 요구를 반영한 의식입니다. 그래서 사상의식은 객관세계에 대한 단순 반영체계인 '지식'이나 '진리'의 범주를 넘어 세계의 주인으로 살려는 요구와 이해관계를 자각하고 이를 실현하려는 사람의 의지와 신념 등도 포함하는 개념입니다.

자연계에서 운동은 물질 상호작용에 따라 자연발생적으로 일어나지만 사회에서 운동은 특히 사람, 즉 주체의 주동적 작용에 따라 목적의식적으로 일어납니다. 사회운동에도 물질세계 일반에 작용하는 법칙이 관철되지만 더 결정적 작용은 주체의 고유한 운동법칙입니다. 자연계 운동에는 '주체'가 없지만 사회운동은 '주체'를 중심으로 한 운동이라는 큰 차이점이 있습니다. 그래서 사람의 의식은 세상만이 아니

> **용어 해설**
>
> **생산수단** ··· 인간 노동이 가해지는 대상, 또는 인간이 노동대상에 작용을 가할 때 사용하는 물건·수단·방법을 말한다. 생산과정이 시작되기 위해서는 인간의 노동력과 생산수단이 결합되어야 한다. 생산수단을 열거하면 기계·설비 등의 형태로 나타나는 기술과 건물·운송수단·대지·원료·반제품·지하자원·하천·수산물 등의 자원이 있다. 생산수단의 발전에 가장 결정적 영향을 미치는 것은 노동수단이다. 생산자와 생산수단의 결합방식은 생산수단의 소유형태에 의해 규정되며, 이 소유형태는 곧 사회구성체를 구분한다. 생산수단의 사적소유가 존속하는 모든 사회조직에서 생산수단의 비소유자는 소유자가 허용하는 범위 안에서만 노동하고 생활할 수 있다. 생산수단의 소유문제는 모든 사회변혁에서 중심문제로 등장한다.
>
> **생산관계** ··· 생산관계는 생산과정 안에서 맺는 인간관계, 특히 생산수단의 소유관계, 활동의 교환관계, 협업·분업 관계, 생산과정에서 다양한 사회집단과 계급이 차지하는 위치 및 분배관계 등을 포함한다. 이런 다양한 관계들의 본질적인 구조에 의해 사회 전체의 성격과 운동이 결정된다. 생산관계의 총체에서 특히 소유관계는 근본적·규정적 역할을 한다. 소유관계는 생산수단을 누가 소유하고 있는가를 말하며, 생산자와 생산수단이 결합되는 방식, 즉 생산관계의 유형을 규정한다. 사회관계의 모든 근본적 변화는 생산수단에 대한 소유관계의 근본적 변화를 요구한다. 생산관계는 기본적인 사회관계이며 동시에 생산력의 사회적 운동양식이기도 하다. 역사적·사회적인 생산관계의 구체적 형태는 생산력의 발전 정도에 의해 규정되며, 또 생산관계는 생산력의 발전을 촉진하거나 저해하는 작용을 한다. 생산관계와 생산력이 통일되어 생산양식을 이룬다.
>
> **하부구조(또는 토대)와 상부구조** ··· 하부구조란 생산관계의 총제, 사회경제제도를 말하며 상부구조란 하부구조 위에 있는 정치사상적, 법률적 견해, 도덕, 예술, 철학, 종교 등과 그에 상응하는 사회적 관계와 기구, 기관을 말한다. 또 하부구조에서 중요한 것은 생산수단에 대한 소유관계이다.

라 자기 자신도 함께 반영해야 하며, 자신을 반영한다는 건 결국 자신의 요구와 이해관계를 반영하고, 그의 실현을 위해 자신의 활동을 조절 통제한다는 말입니다.

이런 이유로 의식의 핵심 구성요소인 사상의식은, 주체의 요구 및 작용과 연관돼 맑스주의에서 정의한 사상이나 이데올로기 개념보다 주동적이고 결정적 역할을 하는 것으로 새롭게 밝혀집니다. 엥겔스가 "의식이 물질에 의해 규정되기만 하는 게 아니라 반대로 의식이 물질적인 것에 반작용한다"는 발전된 견해를 내놓긴 했지만 맑스주의의 반영론 체계를 벗어나진 않습니다. 이탈리아 혁명가 안토니오 그람시와 헝가리 맑스주의 예술가 루카치 죄르지도 의식의 능동성에 대해 강조한 바 있지만 크게 보면 맑스주의의 틀과 한계를 벗어나진 않죠. 결국 의식과 사상의식에 대한 철학적 견해의 발전은 사람이란 가장 고급한 물질의 본질이 새롭게 규명된 뒤에야 비로소 이뤄질 수 있었습니다.

관념론자 헤겔이 '절대이념(정신)의 자기 발현'이라고 과도하게 의미 부여한 사람의 의식과 정신은 맑스에 의해 '물질의 반영'으로 바로잡힙니다. 그리고 의식과 정신은 다시 주체사상에 의해 단순 반영을 뛰어넘어 사람의 자주적 요구를 반영하는 것으로 정의됩니다. 사람의 의식과 정신 개념이 변증법적인 부정의 부정을 거쳐 가장 정확하고 풍부한 철학개념으로 정의되기에 이릅니다. 현대 유물론에 이르러서야 사람의 정신세계, 의식의 기능과 역할에 대해 비로소 제대로 정의했다는 건, 그 이전 오랜 세월 동안 인간이 자기 자신에 대해서조차 잘 모르고 살아왔음을 보여주죠. 사람이 똑똑한 것 같아도 아직 모르는 게 많음을 새삼 느끼게 됩니다.

의식의 한 형태인 사상의식이 새롭게 발견, 정의됨으로써 자연개조와 사회생활에서 사람의 사상의식이 맡는 역할에 관한 새로운 해석과 이론들이 정립됩니다. 즉 지식으로서 사상이 아니라 사람의 요구와 이해관계를 반영한 사상의식이 사람의 모든 활동을 일차적으로 규제한다는, 사상의식과 인간 활동의 상호관계에 관한 이론이 정리되죠. 이는 또 자연과 사회 개조에서도 사상의식이 기본이며 사상의식이 모든 것을 결정한다는 '사상결정론'의 원리로 정립됩니다.

# 2

# 사람의 마음,
# 사람의 의식세계

근대 맑스주의 유물론이 자연과 사회개조에 관한 이론을 토대(하부구조)와 상부구조 상호조응 차원에서 해명했다면, 현대 유물론인 주체사상은 맑스주의의 중심 내용을 흡수하고 이를 다시 주체-대상(세계) 차원에서 입체적으로 재정리했습니다. 의식이 물질의 반영이란 정의를 넘어 의식세계의 내용과 기능에 대해 전면적으로 심화 발전된 견해를 제시합니다.

사람의 의식과 활동의 상호관계, 사상과 감정의 상호관계, 지식과 사상의식의 차이, 사상의식과 의식 일반의 관계 등 사람의 의식 영역에 대한 이론적 해명이 새롭게 전면적으로 이뤄집니다. 관념론과 부르주아 철학의 단골 주제에 머물던 의식과 정신심리 현상에 대한 유물론적 연구가 본격화돼 이론적 기초를 쌓은 거죠.

의식세계와 사상의식에 관한 주체사상의 정의와 해석은 매우 정밀하고 체계적이어서 처음 보는 사람은 외려 이해가 잘 안될 지경입니다.

앞서 본대로 주체사상은 사람의 의식을 크게 지식, 사상의식, 감정의식으로 형태를 구분합니다. 지식과 감정은 현실반영의 형태이고 그 자체는 사상이 아닙니다. 감정의식은 대상(세계)에 대한 정서적 반영이며, 지식(체계)은 대상을 논리적으로 반영입니다. 흥미로운 점은 이들 의식의 3가지 형태에서 가장 중요한 역할을 하는 게 사상의식이란 사실입니다. 사람을 움직이는 게 사람의 요구와 이해관계이고, 또 그런 요구와 이해관계를 반영했기에 그 사람의 지식의 내용과 감정도 규제합니다. 즉 사람의 인생과 전반 활동을 규제합니다.

---

**용어 해설**

**감정과 지식** … 반영의 형식을 달리하는 독자적 의식형태이지만 그 자체로 사상은 아니다. 또 사상의식과 결합되지 않은 순수한 감정과 순수한 사회과학 지식은 없다. 지식의 내용에 이해관계가 반영되면 단순한 지식이 아니라 사상적 견해가 되며, 감정이 요구와 이해관계를 뚜렷이 표현하면 단순한 감정이 아니라 사상의식이 된다.

........

**의식의 형태**
**지식** … 현실에 있는 사물현상, 법칙 등을 반영한 의식
**사상의식** … 사람의 요구와 이해관계에 대한 자각과 이를 실현하는 데서 나타나는 의식형태
**감정의식** … 대상에 대한 정서적 반영, 즉 인식이 사물현상의 속성과 연관 등을 반영한다면 감정은 대상과 인간 욕망의 관계를 반영한 것.
........
**사상의식은** … 견해, 관점, 입장, 각오, 결심, 신념, 의지 등 현실에 대한 태도로 표현되며 지식과 감정을 자기발현 형식으로 한다.
**의식이 사람의 행동을 지휘한다는 것은** … 사람의 행동을 사상적으로 규제하고 지식과 기술로써 담보하며 감정과 정서를 통해 사람의 행동에 영향을 준다는 의미이다.
**의지는** … 일정한 목적을 의식적으로 실현하기 위한 심리현상이다.

자연계의 운동과 다르게 사람의 모든 활동은 결국 자기 요구와 이해관계를 실현하려고 이뤄지기에 사상의식이 작용하지 않는 활동은 없습니다. 사람이 눈을 통하지 않고 세상을 볼 수 없듯이 자기 요구를 자각하고 이를 실현하려는 의지를 발현하는 사상의식을ㅈ 통하지 않고는 활동할 수 없겠지요. 그런데 사람들은 이런 사상의식을 통해 자기가 판단하고 행동한다는 걸 잘 의식하지 못합니다.

그런데 맑스주의에서 사상(이데올로기)이 계급 현실을 반영한 철학, 정치경제학, 과학적 사회주의에 관한 지식의 체계로 구성된 데 비해 주체사상에서 사상은, 의식이 객관세계의 반영임을 인정한 기초 위에, 사람의 요구와 이해관계를 복합적으로 반영해 세상과 자기운명을 개척하기 위한 사상-이론-방법의 체계로 발전합니다. 세계나 사람에 관한 단순한 지식이 아니라 자신의 요구와 이해관계를 자각하고 이를 실현하려는 입장, 각오와 결심, 신념과 의지 등을 다 포괄하는 개념이 됩니다.

그러므로 사상의식은 지식과 감정을 동반합니다. 어렵게 말하면 사상의식은 감정과 지식을 자기 발현 형식으로 합니다. 즉 지식에 이해관계가 반영될 때 그것은 단순 지식이 아니라 사상적 견해가 되고, 감정이 사람의 요구와 이해관계를 뚜렷이 표현할 때 그것은 단순한 감정이 아니라 사상의식이 됩니다.

사람의 '의식성'이 동물과 구별되는 사람의 근본 특성의 하나인데, 의식에서 결정적 작용을 하는 게 '일반지식'이 아니라 '사상의식'임을 말하는 겁니다. 뇌의 의식작용에서 자기 요구와 이해관계에 대한 자각과 실현 의지가 그 사람을 움직이는 핵심요인이 되기 때문이지요. 사람은 모든 활동을 사상의식의 충동과 작동에 의해 시작하고, 목적을 세우며 이를 달성하려 활동을 조절, 통제합니다. 이는 사람의 활동이 무엇으로 시작하고 진행되며 끝맺게 되는지에 관한 유물론적인 첫 해석으로 의미가 있습니다.

사람의 활동은 무엇인가를 실현하려는 요구(이해관계)로부터 시작하며, 그 요구는 사회적 실현과정을 통해 충족되고 구현됩니다. 사람이 자발적으로 열심히 활동하는 곳엔 언제나 그 활동에 담긴 요구와 이해관계에 대한 사람의 뚜렷한 자각이 넘쳐납니다. 그게 공부든, 취업이든, 아니면 임금투쟁, 동아리활동, 돈벌이, 자선사업, 사회운동 등 모두 마찬가집니다. 사람의 활동이 뇌의 핵심기능인 사상의식을 통해 추동된다는 사실을 예를 들어 설명하죠.

부동산 투기를 하는 사람이 분양권을 얻으려고 밤샘노숙을 하는 풍경은 그들의 행위가 철저하게 이해관계에 따른 것임을 보여줍니다. 강남권 학부모가 자식 사교육에 열성인 것도 사교육 투자와 자식의 미래 사회적 지위가 비례함을 잘 알고 있어서지요. 자본가가 거래처를 뛰어다니는 건 이윤이란 자기 요구와 이해관계를 정확히 자각하기 때문이고 노동자가 이윤을 합당하게 분배하자고 투쟁하는 것도 자기 계급의 처지와 이해관계를 자각하기 때문입니다. 이렇게 사람이 적극적으로 움직이는 건 사상의식이 작용한 결과입니다.

그런데 투쟁이 자신의 생활처지 개선을 넘어 전민중적 요구를 내건 경우엔 보다 높은 정치적 자각과 이해관계에 대한 인식이 없으면 제대로 진행될 수 없습니다. 결국 장사든, 투쟁이든, 사업이든, 뭐든 사람을 충동, 추동하는 근본요인은 절박한 요구에서 비롯되며, 그런 활동을 밀어가는 힘 역시 이해관계에 대한 높은 자각에서 나옵니다. 열의, 열정은 높은 자각의 산물인 셈이지요.

사람은 누구나 사상의식에 의해 반응하고 활동합니다. 사상의식을 연구하는 건 일반적이고 생활적이며, 사람의 인생과 활동의 핵심을 파악하는 중요한 과학적 접근법입니다. '세상사 마음먹기에 달렸다'는 말이 있는데, 그 마음의 내용을 결정하는 게 바로 사상의식입니다. 사람의 사상의식의 상태와 수준의 정서적 표현이 바로 사람의 마음인 거지요.

사상의식은 운동권 논리나 정치이론상의 개념에 국한되지 않습니다. 역사적으로는 혁명운동이 사람의 실천에 관한 가장 과학적인 이론을 필요로 했기 때문에, 그 과정에서 발견한 사람의 의식세계에 관한 새로운 견해입니다. 사상의식은 고상한 그 무엇이 아니라 사람이면 누구나 갖고 있는 의식의 한 형태이며, 일상적이고 생활적인 겁니다.

# 3

## 사상의식의 핵,
## 자주적 사상의식

사상의식의 내용과 종류를 얘기하면 특정 사상을 염두에 둬 그런지 몇 가지 정도일 거라고 생각하는데 그렇지 않습니다. 사상의식은 입고 다니는 옷처럼 각양각색입니다. 시대의 흐름에 따라 변하기도 하죠. 사람마다 다양한 사상의식을 갖고 있습니다. 하지만 사상의식도 기본은 사회적이어서 계급사회에서 초계급적 사상이 있을 수 없듯이 계급성과 집단성을 띱니다.

옷이 수입산 고급 '명품'부터 실용적인 작업복까지 다양하듯 사상의식도 천차만별이지만 크게 보면 자본가, 소자산가, 노동자의 사상으로 구분할 수 있습니다. 하지만 세부적으로 각 개인과 계급별로 보면 완전히 똑같은 사상의식을 갖기란 매우 어렵죠. 또 개인과 집단에서 각기 여러 사상이 복합적으로 뒤엉켜있기도 합니다.

하지만 사상의식은 그 지향성을 놓고 보면 크게 자주적 사상의식과 노예적 굴종의식(의존의식)으로 나눌 수 있습니다. 자주적 사상의식이란, 자기 운명의 주인이라는 자각이자 자기 운명을 스스로 개척해 나가려는 의지를 가리킵니다. 노예적 굴종의식은 이와는 정반대로 기득권 세력과 지배계급이 자기네 이익 실현을 위해 제도교육과 수구보수언론을 통해 주입한 비주체적인 의존사상입니다.

자주적 사상의식은 주체사상에서 중요하게 다루는 핵심 개념의 하나입니다. 사람의 의식성이 뇌의 작용인 의식에서 비롯되고 의식의 핵심 기능이 사상의식인데, 사상의식의 핵심 내용이 바로 자주적 사상의식과 노예적 굴종의식이라는 대립물의 투쟁과 통일입니다. 물론 계급의식도 자주적 사상의식의 중요 구성부분의 하나입니다.

사람의 마음속에선 천사와 악마가 싸우는 게 아니라, 자기 사상의식의 두 경향이 매일 매순간 대립하고 투쟁합니다. 세상의 주인으로 당당히 살려는 자주적 요구와 자연과 사회에 그냥 순응하며 살려는 의존성이 날카롭게 매일, 그리고 인생의 중요 순간마다 대립하죠.

가령 사람이 세상의 주인으로 살아간다는 건 앞서 설명한 대로 대단히 포괄적이면서도 구체적입니다. 집단적 이익 실현을 위한 임금인상 투쟁이나 정치개혁 투쟁뿐이 아닙니다. 개인 차원에서 보자면, 사람이 한자를 배워 신문을 읽는데 지장이 없어지는 것, 컴맹을 극복하는 것, 스포츠 기술과 요령을 터득하는 것, 운전기술을 익히는 것 등은 모두 환경과 조건의 순응자에서 사물과 운동의 원리를 파악하고 조절 통제하는 지배자로 되는 과정입니다.

주체사상탑

이 모두는 세상의 주인으로 살려는 의식과 노력에서 출발합니다. 자본주의 사회에서 열심히 일만 한다고 돈을 버는 건 아닙니다. 또 제대로 된 돈벌이는 자본가가 되거나 아니면 자본주의 자체를 바꿀 때 가능하다는 원리도 알게 됩니다. 그런데 마음 한편에선 세상을 바꾸자고 하고 다른 편에선 이대로 살라고 합니다. 세상의 주인으로 살려는 자주적 사상의식은 이렇게 비주체적인 의존사상을 개인적 차원을 넘어 집단적으로 극복하고 이겨내는 과정을 통해 얻고 공고해집니다. 그래서 자주적 사상의식의 작용은 매우 생활적이지만 궁극적으로는 집단을 지향합니다.

자주적 사상의식은 또 철학, 정치, 경제, 문화, 윤리, 예술 등 매우 다양한 분야와 영역으로 분화됩니다. 하지만 이 모든 지식의 관점은 결국 다시 하나로 모아집니다. 자기운명의 주인은 자기 자신이고 그것을 개척하는 힘도 자기 자신에게 있다는 근본원리를 지향합니다. 맑스주의를 진심으로 이해하면 세상을 해석하는데 그치지 않고 세상을 변혁하는 데로 나가듯 주체사상을 제대로 배우면 자기운명을 자각하고 스스로 개척하는 길로 가게 됩니다. 한 사람이 자주적 사상의식을 갖기도 쉽지 않지만, 전 민중이 자주적 사상의식을 갖기까지는 당연히 사회적으로나 역사적으로 오랜 시간과 많은 계기가 필요합니다.

주체사상이 자주적 사상의식을 강조하는 이유는 자주적 사상의식이 인간의 본질적 속성인 자주성(자주적으로 살려는 요구)에 가장 부합하는 사상의식이기 때문입니다. 따지고 보면 의식의 발전도 모두 사람의 요구에 따라 이뤄졌는데 사람의 가장 본질적 요구는 바로 자주적으로 살려는 요구입니다. 사람이 몸에 맞는 옷을 입을 때 편하듯이 사람의 속성에 맞는 사상의식을 가질 때 편하고 자유롭게 느낍니다. 그것이 바로 자주적 사상의식입니다.

인류가 만든 자주적 사상은 많지만 대표적인 자주사상은 근대 맑스주의와 현대 주체사상입니다. 자주적 사상의식이 무엇인지 이처럼 정의하는 것도 놀라운 발견이고 쉽지 않았지만, 사람이 자기 운명의 주인임을 자각하는 과정도 실은 말처럼 쉽지 않았죠. 근로대중이 자기 운명의 주인은 자기 자신이란 깨달음에 이르기까지 선사시대를 제외하더라도 무려 반만년 이상이 걸렸으니까요.

이는 인류의 반만년 사상사가 자주적 사상의식과 노예적 굴종의식이라는 대립물의 투쟁과 통일의 연속과정이었음을 보여줍니다. 개인의 사상 발전 역시 자주적 사상의식이 노예적 굴종의식을 극복하는 과정이라고 하겠습니다. 이런 사상의식의 발전 역사가 그 사람의 인생 발전의 축소판입니다. 누군가의 사상의식 형성 및 발전과정을 연구하는 건 결국 그 사람 인생의 본질을 탐구하는 과정이 되죠.

# 4
## 자주적 사상의식과 인생

맑스주의는 인생관을 독자적인 주제로 두지 않습니다. 인생관 문제는 주로 종교나 윤리의 영역에서 다뤄지거나 순수 인간 문제를 논하는 관념론에서 주로 다뤘지요. 맑스주의가 자체로 인생관을 정립하지 못한 이유는 유물론과 관념론의 대결에서 사람의 의식(정신)이 2차적이고, 물질이 1차적이라는 데만 집중해 사람이라는 가장 고급한 물질의 운동특성을 해명하는 데까지는 나가지 못했기 때문입니다.

사람을 '사회적 의식을 가지고 노동하는 사회적 존재'라고 하는 정도로는 사람의 본질을 온전히 정의했다고 보기 어렵습니다. 유물론과 인생관의 연결은 사람의 본질을 밝힌 현대 유물론, 즉 주체사상에 의해 비로소 가능했습니다. 사람의 본질적 속성이 자주성, 창조성, 의식성이라는 역사적 명제가 정립되면서 인생이란 무엇인가라는 물음에 유물론적이고 전면적인 해명이 가능해진 겁니다. 그리고 인생관에 대한 현대 유물론적 정의가 이뤄졌구요.

인생에서 결정적 역할을 하는 건 사람의 자주적 사상의식입니다. 그런데 앞서 설명한대로 사람의 사상의식은 수준과 내용에서 천차만별이며, 순수하게 자주적 사상의식만 완벽히 가진 사람은 사실 없습니다. 현실에 살고 있는 사람은 자기 본성에 맞는 자주적 사상의식과 그에 배치되는 노예적 굴종의식이 대립하고 투쟁하면서 발전하고 때로는 후퇴도 합니다.

서적이나 토론을 통해 배운 맑스주의나 주체사상에 관한 '지식'은 비교적 기억에 오래 남지만, '사상의식'은 전진하기도 하고 후퇴하기도 합니다. 변혁과 진보에 관한 지식을 갖고 있어도, 다시 말해 자기운명의 주인으로 살려는 자각이 중요하다는 걸 알아도 이를 실현하려는 실천의지가 없다면, 그것은 사상의식이 아닌 단순 지식에 그칠 뿐입니다.

사람의 자주적 사상의식은 계속 변하며 매 시기 인생에 대한 다양한 관점과 견해로 나타납니다. 구체적으로는 인생관, 세계관, 직업관, 금전관, 행복관, 생명관, 성공관, 가치관, 연애관 등으로 뚜렷이 드러납니다. 사람의 인생관도 계속 변합니다. 여기선 자주적 인생관을 예로 들어보겠습니다.

인생관은 인생을 보고 대하는 관점, 태도, 입장을 말합니다. 사람의 인생은 무엇으로 평가되는 걸까요? 목표는 무엇이고 평가기준은 과연 무엇일까요? 살아서, 그리고 사후에 평가되는 사람의 인생은 무엇이 기준일까요? 건강하게 오래 사는 게 훌륭한 인생일까요? 착하게 사는 게 훌륭한 인생일까요? 돈을 많이 번 사람이 훌륭한 인생을 산 걸까요? 이름을 널리 떨친 사람이 훌륭한 인생을 산 걸까요? 아니면 정권을 잡은 사람의 인생이 훌륭한 인생일까요?

친지 어른이나 지인의 장례식에 가보면 돌잔치보다 많은 생각을 하게 됩니다. 인생이 허무하게 느껴지기도 하고 '저 분은 무엇을 위해 한 평생을 사셨나' 생각도 합니다. 고인이 많은 재산을 남겼지만 자식끼리 분란으로 장례식장이 어수선한 집안이 있고, 가난하게 살았지만 많은 사람의 존경과 진심어린 추모를 받는 이도 있습니다.

사람의 인생은 동물과 다르게 자연 생물학적 측면보다 사회적 측면이 더 중요하게 평가되죠. 사람에 대한 평가는 결국 사회적, 집단적 평가가 중심이 됩니다. 사람의 가치란 사회적 쓸모이며, 이는 사람에 대한 사회와 집단의 평가로 이뤄집니다. 쉽게 말해 자기 배만 채우며 살려했는가 아니면 사회와 다른 사람들을 위해 필요한 활동을 했는가에 의해 평가가 결정됩니다.

인생의 본질은 동물처럼 개체가 잘 먹고 잘 살았느냐에 있는 게 아니라, 사회적이고 집단적인 가치에 있습니다. 달리 표현하면, 사회의 발전과 또 다른 사람의 인생과 더불어 살기 위해 얼마나 기여했는가의 문제란 얘기지요. 인생에서 가장 중요한 게 자주적으로 살려는 요구의 실현이라면, 자신과 다른 사람의 자주성을 위해 얼마나 기여한 인생이었는지가 사람에 대한 최후 평가기준이 될 겁니다.

자본주의 사회에선 한평생을 남을 누르고 올라서기 위해 경쟁하며 살아가는데, 인생에 대한 최종 평가 기준이 자기 자신만이 아니라 얼마나 더불어 살기 위해 노력했는가라는 건 참으로 아이러니한 인생의 진리입니다. 결국 사람은 역사적이고 사회적인 존재임을 거듭 확인하게 되는 순간입니다. 인생은 자본주의 제도를 넘어서는 사회적 기준과 역사의 큰 원리로 평가한다는 뜻입니다.

인생관을 말한다면서 인생의 가치 평가기준을 먼저 얘기한 건 그걸 알아야 인생을 어떻게 볼지(인생관) 말할 수 있어서입니다. 결국 인생을 사는데서 가장 중요한 가치는 자신과 사회의 자주적 요구를 얼마나 실현하느냐에 달린 겁니다. 그리고 인생관은 그런 요구를 실현하려는 자주적 사상의식과 밀접한 연관을 갖습니다. 인생의 본질은 세상의 주인으로 살려는 사상의식의 수준과 내용, 그리고 사람이 가진 창조적 실천능력의 크기와 범위에 의해 규정됩니다.

# 5

## 나의 인생관, 나의 가치관을 찾아서

자기 인생관이 무엇이라고 뚜렷이 정의하진 못해도 인생관이 없는 사람은 없습니다. 단지 체계적으로 정리한 적이 없을 따름입니다. 인생관은 가치관, 금전관, 행복관, 연애관, 성공관, 직업관 등에 결정적 영향을 미치는 뿌리와 같죠. 인생은 무엇을 위해 어떻게 살다가 최종적으로 마감하는지가 근본문제이기 때문입니다. 최근 "어떻게 죽을 것인가?"란 말이 유행하는데 비슷한 맥락입니다.

인생관은 각자의 경험, 교육, 사색을 통해 형성되지만 인생에 대한 사회정치적 견해와 연관돼 사상 일반과 마찬가지로 계급성을 띱니다. 인생관 형성엔 세계관과 인간관이 큰 영향을 미칩니다. 종교적 세계관을 가진 사람은 신에 의지하거나 따르려는 종교적 인생관을 갖게 됩니다. 천당이나 지옥은 없고, 사람이 죽으면 끝이라고 생각하는 '통속적 유물론' 입장을 가진 대다수 사람 중엔 개인주의나 쾌락주의적 인생관을 가진 사람도 있고, 그 반대인 사람도 있습니다.

대체로 세계관과 인간관은 서로 연관돼 있습니다. 사람을 세계의 한 종속적 부속물로 보는가, 아니면 세상의 주인(전지전능한 신적 존재가 아니라 세계를 자기 요구에 따라 단계적으로 지배해간다는 의미)으로 보는가에 따라 상당히 다른 인간관을 갖게 됩니다. 맑스주의는 세계에서 가장 고급한 물질, 사회적 존재인 인간을 발견했고, 주체사상은 세계의 주인이 사람이며, 세계는 주인인 사람의 요구대로 지배 개조해가는 대상임을 발견했습니다.

사람을 세계의 종속적 부속물로 보면 인생은 세계의 법칙에 지배 받고 거기서 벗어날 수 없습니다. 바로 숙명론적 인생관입니다. 그 법칙이 신의 섭리든, 주역(周易)에서 말하는 음양의 법칙이든, 전생의 업보든, 아니면 생산력과 생산관계의 모순이든 사람이 벗어날 수 없으니 숙명으로 받아들이고 따라야 합니다.

아직까지 인류의 이성에 의해 파악되는 '이성권'에서 사람보다 발달한 물질적 존재는 우주에서 발견되지 않았습니다. 세계가 공간적으로 무한하고 시간적으로 영원하다는 걸 현대 자연과학이 밝혔지만 여전히 인간보다 발달한 생명체는 상상과학소설 속에서만 존재합니다. 우

---

**용어 해설**

**가치** … 인간의 요구를 충족시켜 인간에게 이익을 주는 객관적 사물 현상의 속성을 표현하는 개념이다.

**가치의 평가는** … 객관적 대상의 속성과 인간의 요구와 이해관계, 즉 객관적인 것과 주체적인 것의 통일적 관계 속에서 이뤄진다.

**이성권** … 사람의 이성(理性)으로 사람의 인식이 미치는 범위

주에서 사람보다 발달한 존재가 발견되거나 아니면 인류 스스로 미래의 어느 날 신인류(또는 영화 〈블레이드 러너 2049〉의 리플리컨트 같은 인조인간)를 창조해낸다면 그것은 인류 철학사상사의 새로운 단계를 열게 될 겁니다.

앞서 얘기한대로 '가치'라는 개념은 사람으로부터 나옵니다. 가치 자체는 객관적이지만 가치평가의 유일한 주체는 사람밖에 없기 때문이죠. 인간에게 필요하고 유익한 게 결국 가치 있는 게 됩니다.

세계의 주인인 사람의 자주적 요구와 이익보다 중요한 가치는 세상에 없습니다. 결국 인생의 진정한 가치는, 세상에서 가장 귀중한 존재인 사람을 진정한 세상의 주인이 되도록 힘쓰는데 있게 됩니다. 삶의 진정한 가치는 사람밖에 있는 게 아니라, 행복의 파랑새를 찾아 나선 동화처럼 결국 돌고 돌아 사람의 집단인 사회와 사람 속에 있는 겁니다. 그것이 반만년 문명사를 통해 현대 유물론이 내린 최고의 결론입니다.

맑스주의는 독자적인 철학적 가치체계를 설명하지는 못했습니다. 사회주의와 노동자계급의 해방을 위한 투쟁이 가치 있는 삶이라 하고 가치의 객관성을 증명했지만, 현실의 정확한 반영인 '진리관' 문제에 집중한 반면 사람이 세계에서 차지하는 지위와 역할 문제까지는 해명하지 못했기 때문입니다. 가치관 문제는 바로 사람과 세계의 관계 문제를 정립한 주체사상에 의해 보다 체계적으로 해명될 수 있었습니다.

# 6

## 사람은
## 왜 사는가?

세상에 관념론자가 말하는 신(神)이나 절대정신이 없고, 불교에서 말하는 저승도 없다면 사람은 과연 무엇을 위해, 왜 사는 겁니까? 인생은 '한여름 밤의 꿈'처럼 허망한 걸까요? 사람의 일생에 대한 평가가 사회적일지라도 인생 자체가 허무하다면 그 평가 자체도 허망하다 여길 사람이 있을 겁니다. 사람은 과연 어디서 삶의 의미를 찾아야 할까요?

사람에게 지금 사는 세상이 전부라면, 사람이 사는 목적은 내세가 아니라 현세에 있겠지요. 또 사람이 무슨 목적을 위해 태어난 게 아니라 자기도 모르게 사람으로 태어난 만큼 사람답게 살려는 게 됩니다.

'사람이 곧 하늘'이란 말이 있는데 현대 유물론과 통하는 말입니다. 신이 세상의 창조주가 아니라 사람이 세상을 자기 요구대로 개조하는 창조자이고, 신의 의도(목적)대로 세상이 돌아가는 게 아니라 사람의 요구대로 세상을 변화시키기 때문입니다. 즉 세상에 어떤 특별한 목적이 있는 게 아니라 세상은 그냥 사람과 함께 있으며, 목적을 가진 유일한 존재인 사람이 세상을 자기 요구에 따라 개조, 변화시키는 겁니다. 세상이 사람을 위해 있는 것이지요.

유물론자는 사람의 목적이 신이나 내세를 위해서가 아니라 현세에서 가장 귀한 사람의 행복을 찾는데 있다고 봅니다. 사람이 사는 목적은 결국 자기를 포함한 사람을 위해서지요. 사람을 위해 사는 것 자체가 사람의 목적이라면, 자신을 포함한 모든 사람이 행복하게 살도록 하는 게 당연히 세상 최고의 목적이 됩니다.

그럼 사람은 어느 때 가장 행복할까요? 사람은 자기 본성에 맞게 살 때 가장 행복과 보람을 느낍니다. 사람은 자주성, 창조성, 의식성을 가진 사회적 존재인 만큼 자연이나 사회의 구속이나 속박에서 벗어나 세상의 주인으로 자유롭게 살 때 행복과 보람을 느끼는 게 당연합니다.

'나'는 언제 가장 행복감을 느낄까요? 가장 하고픈 바를 이뤘을 때 행복감을 느낄 겁니다. 내가 하고픈 바는 생활 속의 자주적 요구를 실현하는 겁니다. 가난 없이 건강하게 공부를 잘하고 좋은 직장을 다니며 하고픈 일을 하고 사랑하는 사람을 만나 행복하게 사는 게 사람의 자연스런 생활상 요구입니다. 그런데 문제는 이런 요구가 사회와 사람들 속에서 서로 대립하고 충돌하는 경우입니다. 어떤 사람의 요구가 다른 사람의 자주적 요구를 억압하여 충돌할 때 이런 모순과 대립을 해소하기 위한 투쟁이 벌어집니다.

역사적으로 사람은 사회생활 과정에서 불행히도 사람이 사람을 지배, 예속하는 굴레를 만들어왔습니다. 사람 스스로 다른 이의 행복을 방해하는 사회적 장애물을 만들며 살아온 거지요. 자연을 지배하는 과정에서 노동하며 사회를 구성하고 정치구조를 만들었습니다. 그 과정에서 사람을 지배 예속하는 정치체계는 물론, 계급끼리의 대립과 종족 내지 민족간 갈등도 생겨났습니다. 자연의 구속에서 벗어나려 만든 사회가, 역사 과정을 거치며 다시 사람을 예속하는 사회관계를 만든 건 참으로 아이러니한 일입니다.

인류 문명사 반만년 이상 사람이 자연을 지배하는 생산력은 기하급수적으로 늘었지만 오늘날까지 사람이 사람을 지배하고 예속하는 일은 끝나지 않았어요. 사람은 똑똑하면서도 어리석은 존재입니다. 세상에서 가장 귀한 존재임에도 그런 대접을 못 받는 건 사람 스스로 불합리한 사회제도를 만들었기 때문입니다. 우리가 살고 있는 자본주의 사회제도 역시 예외가 아니죠.

사람은 왜 사는가? 이 물음의 대답은 결국 사람은 사람을 위해 살고, 사람을 위한다는 건 사람의 본질적 속성인 자주성을 사람과 사회에 실현하기 위해 애쓰는 겁니다. 인류 철학사의 거창한 물음의 대답은 우리 어머니들의 평범한 생각과 크게 다르지 않아요. 우리 어머니들이야말로 사람을 중심으로 생각하고 사람을 위해 평생을 더불어 살려 하지 않았습니까? 세상 진리가 부정의 부정을 거듭하며 돌고 돌다보면 결국 가장 평범한 진리에 이르기 마련인가 봅니다.

인생 문제를 얘기한 김에 생명에 대해서도 말하렵니다. 사람의 '영생' 또는 '사회정치적 생명'에 관한 얘기입니다. 맑스주의는 사람의 영생이나 '집단적 정치적 생명' 문제를 다루지 않습니다. 주체사상도 종교에서 말하는 영생이나 최후의 심판 등은 부정합니다.

대신 주체사상은 사람 생명에 대한 새로운 관점을 제시합니다. 사람은 사회적 존재인 만큼 생물학적, 육체적 생명과 함께 사회정치적 생명을 갖는다고 봅니다. 사람은 심장과 뇌 활동의 중지로 육체적 생명이 끝나지만, 그의 정신과 업적은 사회적으로 평가되고 동시대인과 후대들의 정신 속에 계속 살아있다는 견해입니다.

주체사상은 이를 '사회정치적 생명은 영원하다'고 하는데, 인류사회가 존재하는 한 계속 이어진다고 보기 때문입니다. 당연히 사회정치적 생명에 대한 판단은 저승의 염라대왕이 아니라 동시대인과 후대들, 즉 사회가 합니다. 판단 기준은, 착하게 살았는가? 하느님을 믿었는가? 부처님을 믿었는가? 등이 아니라 사람의 사회, 즉 민중의 행복과 자주성 실현을 위해 얼마나 노력하며 살았는가라는 게 주체사상의 견해입니다.

역사적 인물인 이순신, 김구, 여운형, 안중근, 유관순, 맑스, 레닌도 죽었지만 우리와 후대들의 정신세계에는 사회역사적으로 계승되며 여전히 남아 있습니다. 이완용, 이승만, 히틀러, 네로도 물론 남아 있습니다. 하지만 전자의 인물들은 만인의 마음속에 귀감으로, 정신적 자양분으로 살아 있지만 후자들은 죽어서도 지탄과 비난의 대상으로,

반면교사로 손가락질 당할 뿐이죠. 호랑이는 죽어 가죽을 남기고 사람은 죽어 이름을 남긴다 했지요. 누구의 이름은 만인의 심장에 영원히 살아 있지만 어떤 이는 오명과 치욕으로 기억될 뿐입니다. 그것이 바로 사회적 생명이고 정치적 생명이니 인생의 끊김과 연속성은 참으로 묘합니다.

# 7

## 나도 모르는,
## 나의 세계관과 인생관

인생의 진리가 이렇게 간단한데 쉽게 인정하지 않는 이유는 무엇일까요? 한국인의 세계관과 인생관은 크게 서너 가지로 분류됩니다.

첫째가 종교적 세계관입니다. 기독교, 불교 등 신 또는 절대적 존재에 인생을 의존합니다. 둘째가 관념론과 유물론이 뒤섞인 통속적 유물론입니다. 신이나 절대자도 믿지 않고 사람이 만든 상식, 과학적 진리와 법칙을 믿는 일반인들입니다. 귀신이나 내세 등을 믿지 않아 세상은 죽으면 끝이라고 생각하죠. 유물론에 관해 체계적인 교양을 받지 않아도 자연과학의 발달과 실제 세상이 그렇게 돌아가니 이런 생각을 가진 사람이 많은 건 당연합니다. 또 자기 생각이 유물론으로 분류된다는 사실조차 모르거나 신경 쓰지 않습니다.

셋째, 체계적인 교양을 받아 갖게 된 '과학적 유물론'입니다. 변증법적 유물론에 기초한 세계관과 인생관인데 이런 생각을 가진 사람은 자본주의 사회에서 소수입니다. 거꾸로 사회주의 사회에선 종교적 인생관을 가진 사람이 소수죠. 자본주의 사회에선 첫째와 둘째 세계관과 인생관을 가진 사람이 가장 많습니다. 물론 세계관과 인생관이 일치하지 않는 사람도 있습니다.

대다수의 인생관은 유물론과 관념론이 적당히 섞여 있고 다양합니다. 그 가운데 가장 흔한 주관적 관념론이 실용주의, 실존주의 인생관입니다. 실용주의와 실존주의 인생관을 체계화한 건 유럽과 미국 사람들인데 어쨌든 알게 모르게 한국 사람들의 인생관에 깊이 들어와 있어요.

실용주의는 미국의 윌리엄 제임스, 존 듀이 등이 19세기말 체계화한 사상입니다. 실용주의는 진리나 사상이론, 과학을 도구로 파악하는 '도구주의' 사상입니다. 어떤 사상이나 이론이 진리냐, 아니냐를 따지지 않고 행동의 결과에 유익하냐, 무익하냐를 따집니다.

실용주의자들이 '진리가 있다'고 말하지 않고 '진리가 된다'고 말하는 게 그런 이유입니다. 결과가 좋은 게 반드시 옳거나 참은 아닙니다. 성공에도 긍정 요소와 부정 요소가 공존하며 실패도 마찬가지죠. 성패 안에 진리와 거짓이 공존합니다. 그래서 러셀은 실용주의를 '기업철학'이라고 불렀어요.

실용주의는 인간의 천성을 이기심으로 봅니다. 사람의 삶에도 다른 생명유기체와 마찬가지로 생존경쟁과 적자생존의 생물학 법칙이 작용하고, 약육강식이 인간 삶의 법칙이라고 해요. 인간의 삶은 이런 환경에 숙명적으로 적응하는 과정이라는 거죠. 또 인간의 삶의 목표는 본능적 욕구를 충족하는 거라고 설파합니다.

사상, 이론, 지식의 가치 기준을 진리성이 아닌 결과를 기준으로 실제 효능에서 찾습니다. '먹튀' 논란을 산 GM이 한국 노동자의 고용안정을 신경 쓰든 말든, 우리 국민의 세금을 축내든 말든 오직 이윤만 많이 남기면 훌륭한 기업이고, 그게 바로 진리란 거지요. 이런 이윤창출, 약육강식의 논리가 자본가의 철학이 되는 건 당연합니다.

문제는 내세도 안 믿고 현세가 전부라 생각하는 '통속적 유물론'을 가진 사람들 대부분이 이런 논리를 부지불식간에 자기 인생관으로 받아들이는데 있습니다. 물론 사람들은 자기 사상이나 인생관을 '실용주의'라고 자각하거나 그렇게 부르지도 않아요. 대부분 자기 사상에 대한 자각증상이 없습니다.

이런 인생관을 가지면 세상을 진실 되게, 가치 있게 사는 게 아니라 오직 성공만이, 즉 행동에 대한 결과만이 인생의 최고 목표가 됩니다. 기업(자본)처럼 결과를 위해 수단과 방법을 가리지 않고 돌진하며 삽니다. 이건희, 이재용 부자의 인생이 우리에게 주는 성공의 의미는 무엇일까요? 불행히도 결과만능주의, 실용주의 인생관은 한국인에게 가장 널리 퍼져있는 대표 인생관의 하나입니다.

다음은 한국인이 자기도 모르게 받아들인 실존주의 인생관입니다. 실존주의는 19세기 중엽 키에르케고르가 만든 염세주의, 허무주의, 개인주의 철학입니다. 1차 대전 이후 하이데거, 야스퍼스 등이 체계화했고 2차 대전 전후 쇼펜하우어, 니체, 사르트르, 카뮈 등 우리에게 유명한 학자들이 주장한 일종의 인생철학이지요.

실존주의는 사람의 사회적, 집단적 성격을 부정하고 사람을 세계와 분리된 고독한 개인으로 보며 내면적인 정신생활을 절대화합니다. 인생의 본질을 사회성에서 찾지 않고 '나' 또는 '너'라는 개별 인간의 정신생활을 절대시해 염세주의와 현실도피를 고취합니다. 심지어 자살을 인간만이 갖는 자유라고 떠들기도 합니다.

실존주의는 인생은 원래 허무하며 고통스럽고 고독하다고 봅니다. 인간의 삶은 불안, 슬픔, 비관, 절망으로 가득한데 이런 고통은 오직 죽음으로만 끝낼 수 있다고 하죠. 실존주의 인생관의 위험성은, 인생에서 불안과 절망은 필연이고 본성적이라며 사람들을 비관주의에 빠지게 하는 겁니다. 계급사회가 만들어 내는 불행과 고통의 원인을 사람의 본성 탓으로 돌립니다. 한마디로 인생을 대하는 사람의 태도가 무기력하고 개인적이며 염세적이게 만듭니다.

물론 우리사회에서 '난 실존주의 인생관을 갖고 있다'고 인정하는 사람은 많지 않죠. 이 역시 자각증상이 없어요. 우리사회는 일제 강점과 한국전쟁, 그리고 군사독재를 거치면서 이런 종교와 실용주의, 실존주의 철학·문예사조가 반세기 이상 지배해 왔습니다. 외세에 빌붙은 독재정권이 사상과 철학에 대한 근로대중의 건강한 관심을 탄압, 차단하는 대신 결과만능주의, 실용주의, 실존주의 사상을 공공연히 주입해 많은 사람이 자기도 모르게 이를 받아들였습니다. 십자매처럼 남의 알(철학사상)을 키워온 건 어쩌면 당연한 결과인지 모르겠습니다. 우리 인생관엔 어떤 사상이 자리 잡고 있나요? 혹이 앞서 말한 모든 것의 모자이크는 아닌가요?

## 8

## 행동을 결정하는
## 나의 사상의식

의식(사상)이 사람의 활동과 연관 있음은 이미 많이 알려졌습니다. 하지만 현대 유물론이 의식과 정신현상에 대해 새롭게 분석하기 전까지 종래 관념론이나 근대 유물론이 밝힌 사람의 의식과 활동의 연관관계는 피상적 수준에 머물렀습니다. 맑스주의가 의식이 물질의 산물이고 의식이 사회적 존재의 반영임을 해명했지만 의식의 세부 내용과 작용을 전면적으로 규명하지는 못했어요.

특히 의식은 사람의 자주적 요구를 중심으로 세계를 반영한다는 해석은, 사람이란 가장 고급한 물질의 운동이 갖는 고유 특성이 해명된 다음에야 가능한 것이었지요. 현대 유물론이 의식의 내용과 작용을 입체적이고 전면적으로 밝힘으로써 사람심리의 본질과 구조, 심리와 행동관계를 연구하는 심리학이 관념론을 극복하고 유물론의 견지에서 새롭게 발전하게 됐습니다.

20세기 초 오스트리아의 프로이트는 무의식이나 잠재의식 또는 성적 본능이 사람의 행동을 규제한다고 주장했지요. 그는 인간 심리를 의식과 무의식(잠재의식)의 세계로 구분했는데 인간 행동을 규제하는 결정적 작용은 이런 무의식과 본능적 잠재의식, 근본적으론 '리비도(libido)', 성욕의 결과라고 했습니다. 프로이트의 정신분석학에 따르면, 인간 행동은 세계의 주인으로 살려는 목적의식의 주동적 결과가 아니라 이런 의식과 대립한 생물학적인 성적 본능과 무의식이 작용한 결과입니다.

심리학을 중심으로 사회현상을 연구하는 미국의 실증주의 행동과학 역시 인간 행동을 생물학적, 개인적, 기능적 활동으로 취급합니다. 그 결과, 인간 행동과 사회현상 사이의 계급관계와 그 반영인 '사회적 의식'의 연관관계는 무시했어요. 이밖에도 사회와 사람의 사상의식, 그리고 사람의 행동에 관한 부르주아 학계의 주관적 견해는 너무나 많습니다.

사람의 의식과 활동(행동)의 연관관계는 심리학이나 교육학 영역에 국한된 문제가 아닙니다. 현대 경제학이나 경영학, 정치학 등의 핵심 이론이 발전하면 할수록 사람의 활동을 극대화하는 방법 문제와 필연적으로 만날 수밖에 없어요. 이에 관한 자세한 얘기는 뒤로 미루고, 여기선 사람의 활동이 지속적이고 완강하며 열성적으로 유지하거나 그와 정반대되는 현상이 나타나는 근본 원인은 무엇인지 알아보겠습니다.

앞서 설명했지만, 누군가 어떤 일에 엄청 열성적이고 최선을 다한다면, 그 일에 상당한 이해관계를 갖거나 요구가 강한 겁니다. 당연히 그 사람의 사상의식이 작동합니다.

가령 기업이 신입사원 교육을 하는 목적은 회사 일에 열성을 다하는 관점과 태도를 갖게 하기위해서입니다. 신입사원들의 개별적 요구와 이해관계가 회사 일을 열성적으로 하는 걸 통해 실현될 수 있음을 머리에 심어주는 거죠. 회사 업무에 관한 그들의 관점과 입장, 즉 회사를 보는 관점과 업무를 대하는 태도에 관해, 그들의 사상의식을 자극해 신입사원의 요구를 기업의 이해관계와 요구에 부합하도록 바꾸는 겁니다. 일종의 기업용 '의식화' 공정인 셈이죠.

기업이 신입사원들에게 "노동자와 자본가의 이해관계는 한가족 같다"고 교육한다면, 이는 거짓을 진실로 포장하는 거지요. 하지만 진실이든 거짓이든 기업 입장에선 노동자(신입사원)의 사상의식을 자극(발동)해 열성을 발휘하게 만들면 그뿐입니다. 그만큼 사람의 활동에서 사상의식은 결정적 역할을 합니다.

사상의식의 결정적 역할은 개인이 아닌 사회집단을 보면 더욱 뚜렷이

> **용어 해설**
>
> **지식, 감정과 사상의식의 차이**
>
> 사람의 활동에는 지식과 감정의 작용도 크다. 지식은 사람의 활동이 객관법칙에 부합해 성과 있게 진행되도록 안받침하며, 감정은 대상에 대한 정서적 태도와 심리적 의욕을 갖게 해 활동의 적극성을 보장한다. 하지만 지식과 감정은 사람의 활동을 규제하는 결정적인 작용을 하지는 않는다. 사람의 행동을 규제하는 결정적 작용을 하는 것은 사상의식뿐이다.

확인됩니다. 사상의식의 사회적, 계급적 성격이 보다 명확히 드러나기 때문이죠. 노동조합 활동에 대한 노동대중의 관점과 입장을 예로 들어보겠습니다.

어떤 노동자는 노사협의회가 있으면 되지 노조는 필요 없다고 합니다. 다른 이는 임금인상이나 단체협약 같은 근로조건 개선투쟁은 열심이지만 노동자 정치활동에는 관심 없다고 손을 흔듭니다. 그런데 노조 간부들은 노동자가 세상의 주인이며 노동자와 민중이 단결하면 정권도 바꾸고 진정한 회사의 주인이 될 수 있다고 주장합니다. 이는 자본가의 입장에 선 노동조합관과 노동자의 입장에 선 노동조합관이 노동대중의 의식 속에서 충돌하고 있음을 보여줍니다.

이렇게 노동대중에서조차 노조 활동에 대한 견해, 관점, 입장이 차이가 날 수 있어요. 그래서 노동자가 하나로 단결하고 세상을 바꾸려면, 노동자 개인의 견해와 관점에 근거한 이해관계(특히 자본가가 왜곡해 주입한 의식)에 머물지 말고 집단적 의식으로 나아가야 합니다. 노동대중의 집단적, 경제적 이해관계에 대한 자각으로 발전하고, 궁극적으로는 노동대중의 정치적 이해관계와 요구를 자각하는 데까지 이르러야 합니다.

노동대중 속에서 이런 노동계급의 근본적 이해관계에 대한 자각과 그에 기초한 열의가 발휘되지 않은 채 높은 단계의 (정치)투쟁이 전개될 경우 그 정당성에도 불구하고 노동대중의 자발성과 열의는 점점 떨어지게 됩니다. 노동대중의 '사상의식'을 정치적 활동 수준까지 충분히 발동하지 않았기 때문이지요.

진보가 근로대중의 이해관계를 대변하고 보수가 국내외 자본의 이익을 반영합니다. 하지만 근로대중이 자기의 이해관계를 자각하고 세상을 변화하려는 의지가 약하고, 사상과 의식혁명이 선행되지 않으면 사회모순이 아무리 심화돼도 근로대중은 스스로 자기 열정과 힘을 사회변혁에 쏟지 못합니다.

이렇게 사람의 활동은 그의 요구와 이해관계를 반영하며, 결국 자기 사상의식을 통해 발현됩니다. 사람의 활동은 의식적 활동이며, 결국 사상의식을 통하지 않은 활동은 존재할 수 없습니다. 이는 개인이든, 계급이든, 민족이든 마찬가집니다. 그러므로 사상의식을 누가 어떤 내용으로 어떻게 발동하느냐의 문제가 세상만사의 기본이 됩니다.

# 9
## 진정한
## 믿음, 사랑, 소망

기독교사상이나 맑스주의, 주체사상에서 얘기하는 최고의 가치는 사실 모두 비슷합니다. 믿음과 사랑이 구현되는 사회입니다. 다만 그를 구현하는 방법에 차이가 날 뿐입니다. 기독교는 선행과 기도가, 맑스주의는 계급투쟁이, 그리고 주체사상은 자주성 실현을 위한 노력과 투쟁이 사회를 구원하며 사람을 사랑하는 거라 말합니다.

주체사상은 사랑의 본질을, 생물학적 요인이나 우주의 절대적인 힘이나 신처럼 추상적인 게 아니라 사회생활 속에서 서로 행복하게 살도록 존중하고 아끼는 사람에 대한 태도로 봅니다. 사람이 자주적이고 창조적 존재인 만큼 개인이나 집단의 자주성을 위해, 그리고 개인이나 집단이 가진 창조적 능력을 남김없이 발휘해 세상의 주인으로 살아가도록 하는 관점과 입장을 사랑이라고 정의합니다. 또 그런 믿음과 사랑의 관계로 살아가는 게 미래사회의 이상이구요.

사람의 본성이 맹자나 순자의 말처럼 원래 선하거나 악한 게 아닙니다. 사람이 태어날 때부터 선하거나 악한 성질을 갖는 게 아니지요. 사람의 성질과 본성은 사회역사적으로 만들어집니다. 사람은 원래 사회에서 단결과 협동을 기본으로 하며 살아가는 존재입니다.

자본주의 사회에서 태어나 자본주의의 지배사상인 적자생존식 이윤추구와 경쟁논리를 배우고 자라면 동물세계의 약육강식 논리가 인간사회에도 타당한 가치라 여기게 됩니다. 자기도 모르는 사이 자주와 평등의 가치를 경시하며 모질고 악하게 되죠. 반대로 계급 없는 평등 사회에 태어나 단결과 협조의 생활원리를 배우고 자라면 사람의 자주성과 평등의 가치를 옹호하며 선한 기질을 키우게 됩니다.

세상의 가장 큰 가치와 행복은 초월적 존재나 진기한 물건, 또는 희귀현상이 아니라 가장 귀한 존재인 사람들 속에 있습니다. 사람들과의 관계에 있다는 말입니다. 낡은 경쟁과 지배-피지배 관계를 거부하고 사람의 본성에 맞는 자주적 인간관계를 지향해 나아갈 때 사회에는 사람을 존중하고 아끼는 믿음과 감정이 발전하게 됩니다. 이런 진보적인 믿음과 인간관계는 소수의 전투적인 사회운동가들만이 아니라 보편적이고 일반적인 감정과 정서입니다. '동지적 애정'이라는 말이 있는데 운동권 용어로만 볼 게 아니라 서로의 자주성을 옹호하는 가운데 생겨나는 대중적이고 진보적인 믿음과 사랑의 관계를 일컫는 표현이라 하겠습니다.

사회의 지배사상과 사회구조가 구성원들의 인간관계와 가치 자체를 규정한다는 사실은 인간관계, 사랑과 믿음, 인간의 능력 자체가 어떤 사회냐에 따라 규정되고, 변화 발전한다는 걸 보여줍니다.

자본주의 사회가 진정으로 사람을 사랑하는 전면적 관계를 필요로 하지 않는다는 건 불행이자 모순의 시작입니다. 자본주의 사회제도에서 사람의 가치와 능력은 자본의 논리에 얼마나 충실하냐로 판단합니다. 자본의 최고 목적인 이윤을 위해 얼마나 성실하고 창조적 능력을 발휘하냐가 그 사람의 능력입니다. 자본이 요구하는 사람의 능력은 전인적 관계나 자주성이 아닙니다. 이윤과 생산 증대를 위한 지식과 기술, 그리고 노동자를 효율적으로 성실히 일하게 만들 노동자(경영) 관리능력입니다.

자본주의도 창조적 인재를 찾습니다. 그러나 그 창조성은 사람의 근본이익을 위한 게 아니라 이윤을 위한, 시장경쟁 우위를 위한 창조성입니다. 단결과 협조는 생산을 위한 것일 뿐 노동자 자신을 위한 단결과 협조는 눈엣가시로 되레 탄압 대상이 됩니다.

사람관계가 자주와 평등을 지향하는 전면적 관계로 발전 못하고, 이윤을 위한 부분적 창조성만 필요하고 근본적인 이해관계는 상충한다면, 그런 사회제도는 결국 큰 저항에 부딪히게 됩니다. 사람들은 또 그런 저항 속에서 자본주의적 인간관계와는 전혀 다른 새 사회제도와 인간관계의 미래를 부분적으로 경험하게 되지요.

우리사회에서 진정한 미개척 분야는 달나라나 자연이 아니라 사람 자신입니다. 세상에서 가장 귀하고 힘 있는 존재, 즉 근로대중이 사랑과 믿음에 기반한 단결과 협조로 만들어낼 힘은 놀랍고 위대한데 아직 개척되지 않은 영역으로 남아 있습니다.

인류역사상 몇 번의 일시적 혁명기를 제외하면 근로대중은 언제나 모래알처럼 흩어져 묵묵히 일하며 자기 힘을 모르고 살아왔어요. 대중 자신이 얼마나 위대하고 힘 있는 존재인지를 깨닫고 단결한다면, 이를 누를 힘은 세상천지에 없다는 걸 깨닫는 경험은 소중합니다.

단결한 근로대중의 인간관계가 얼마나 아름답고 진실한지를 경험하는 것, 자본이 왜곡한 고립된 개인인 '나'가 아니라 단결과 협조를 지향하는 '나'를 찾는 것, 자본이 필요로 하는 능력이 아니라 사람들의 자주적 요구를 실현하는데 필요한 능력을 계발하고 귀중히 여기는 것, 사람을 이윤과 생산의 도구로 보는 게 아니라 우리네 어머니 마음처럼 그의 삶 자체를 세상에서 가장 귀하게 여기는 것, 이런 모두가 우리시대의 새로운 인간관계와 사랑의 내용일 겁니다. 이렇게 세상의 가장 큰 행복과 힘이 바로 자기 운명을 개척하고 창조하는 인간 자신에게 있다는 게 주체사상이 정말 하고픈 얘기였다면 지금껏 여러분이 알고 있던 주체사상과 너무 다른가요?

# 10

## 과학기술 혁명시대와
## 철학사상

현대는 과학기술혁명의 시대입니다. 오늘 하루의 변화가 초기 문명의 수십, 수백 년 동안의 변화보다 빠른 시기에 살고 있습니다. 특히 21세기에 들어 컴퓨터와 정보통신산업의 혁명으로 전통 과학인 화학, 물리학은 물론, 우주공학, 유전공학, 핵융합에너지, 신소재과학 등에 이르기까지 지대한 상호영향을 주고받고 있습니다. 과학기술혁명이 공업생산 중심의 재래식 경제양식을 지식기반 경제사회라는 새로운 미래 패러다임으로 빠르게 전변시키고 있습니다. 인류는 18세기 중엽 영국에서 시작된 산업혁명이 가져온 것과는 비교할 수 없는 거대한 변화 앞에 놓여있습니다.

사람들은 현대 과학이 빠른 속도로 세상을 바꾼다는 걸 어느 정도는 알고 있고 최근 유행하는 4차 산업혁명이란 말에도 익숙합니다. 하지만 4차 산업혁명이란 용어는 소시기의 특징을 설명하는 좁은 개념이고, 그보다는 '21세기 새로운 산업혁명'이란 표현이 더 포괄적이고 정확한 개념이라고 봅니다. 상상과학영화에 나오는 미래세계가 오는 22

세기엔 결코 과장이 아닐 정도로 인류는 새로운 문명시대로 빠르게 진입하고 있습니다.

인류사로 보면 21세기는 인류의 염원인 평등사회를 완성하는 사회혁명의 시대인 동시에 새로운 과학기술혁명 시대의 입구입니다. 과학기술이 주도하는 새로운 변화가 21세기 이후 인류문화와 사회변혁에 어떤 영향을 끼칠지 인류는 아직 가늠조차 못하는 것 같습니다. 이는 마치 원시인이 오늘날의 세계를 상상하지 못했던 것처럼 우리의 예상을 초월하는 새 세계입니다.

철학은 본질적으로 사람과 세계의 관계 문제를 다루는데, 앞으로 불과 수 세기 안에 이전과는 질적으로 다른 '신인류문명'이 도래할 가능성이 높습니다. 윤리 문제를 논외로 하면, 21세기 안에 인간을 육체적으로 복제하는 게 기술적으로 충분히 가능하리라 예상합니다. 좀 더 먼 미래에 뇌과학의 발달로 인간의 기억을 저장하는 기술까지 개발한다면 과학적으로 사람은 사실상 영생하는 겁니다. 진시황의 꿈이 미래 과학으로 실현될 수 있게 되는 거지요.

사람의 신경계와 기계가 결합된 사이보그도 계속 발전하고 있습니다. 인공지능의 발달로 사람과 비슷하거나 더 나은 판단은 물론, 심리구조까지 지닌 인간화된 로봇의 출현이 더는 상상소설의 줄거리만이 아닐 수도 있습니다. 사람이 자신을 위해 기술을 개발해왔는데, 인류사의 어느 순간 그 기술의 발달이 사람과 기계의 경계를 고민하게 하는 새로운 미래 문명의 도래를 인도할 수 있다는 거지요. 그렇게 되면 사람이 기계와의 경계 문제를 어떻게 대해야 할지가 새로운 철학사상의 중심 주제로 등장할지도 모릅니다.

21세기 인류사회의 해방을 앞당기는데서 지금의 과학기술혁명을 누가 선점하고 주도하느냐는 매우 중요한 문제입니다. 미래 과학기술을 어느 국가, 어느 세력이 선점하느냐에 따라 전 세계적 차원에서 혁명과 반혁명의 대결 판도가 달라지기 때문입니다. 새 세기 산업혁명의 과학기술 패권을 과거 산업혁명처럼 미국을 중심으로 한 서구 기득권국가들이 잡느냐, 아니면 자주와 사회주의를 지향하는 나라들이 잡느냐에 따라 지구촌 국가와 민족의 사회혁명 속도는 판이하게 달라질 겁니다.

따라서 오늘날 세상에는 잘 드러나지 않지만 치열하게 전개되는 과학기술 '전쟁'은 사실상 이념 전쟁적인 요소와 사회체제 전쟁이라는 측면을 포함하고 있습니다. 한반도에서 벌어진 북미간의 핵·미사일 대결도 따지고 보면 과학기술 전쟁의 군사부문 축소판인 셈이지요. 핵문제도 그렇지만, 우주항공산업 개척과 핵융합에너지 개발을 누가 먼저 달성하느냐 역시 단순한 과학 차원의 문제가 아닙니다. 궁극적으로는 미래 과학기술혁명의 주도권을 누가 쥐고 다음 시대를 선도하느냐의 심각한 계급 문제이자 미래 세계혁명 문제의 중요한 구성요소입니다.

물론 과학기술이 아무리 발달해도 사람과 세계의 관계 문제는 계속 숙제이며, 여기에 답을 얻기 위해 인류는 또 지금껏 자기가 만든 철학사상의 긍정적 부분을 변증법적으로 계승하고 혁신할 겁니다. 그래서 과학기술이 발달할수록 철학사상의 역할은 후퇴하는 게 아니라 외려 더 강화되겠지요. 다음 세기엔 영토와 인구가 큰 나라가 아니라 과학기술과 철학사상이 앞선 인재강국이 세계를 새로운 문명으로 이끌 겁니다.

## 3장에 들어가며

1, 2장이 철학을 주제로 다뤘다면, 3장은 맑스주의 사적 유물론과 사람중심 유물론인 주체사관의 주요 명제와 정치적 용어들을 다룹니다. 즉 인류역사에 관통하는 법칙문제를 다룹니다. 인간의 역사에 무슨 법칙이 있다는 것 자체가 낯설고 생소한 개념인데, 맑스와 엥겔스가 19세기 유럽의 철학과 경제학 역사를 연구하며 처음으로 주장한 겁니다. 즉 유물론의 역사를 철학에서 인간 역사의 영역으로 확대해 발전시킵니다. 도식적으로 말하면 역사발전의 합법칙성에 관한 공식을 여러 논문을 통해 세상에 발표합니다.

따라서 독자 여러분이 사적 유물론에 대한 기초와 배경 지식이 없으면 3장부터는 상당히 어렵게 느껴질 수 있습니다. 그래서 사적 유물론의 기초이론과 자주 나오는 용어와 개념을 도서나 인터넷으로 함께 공부하기를 권합니다. 이미 아는 분들은 넘어가면 됩니다. 간단한 인터넷 자료부터 인용합니다.

### 사적 유물론    온라인 백과사전 : 위키백과

역사적 유물론(歷史的 唯物論)은 맑스와 엥겔스가 주장한 유물론에 기초해 역사를 해석하는 체계로서 '사적 유물론(史的 唯物論)'이라고 하거나 '유물사관(唯物史觀)'이라고도 한다.

역사 해석에서 물질에 기초한 생산력을 그 인과 요인 중 가장 중시하는 역사관이고 (세계)정신의 자기 전개 과정이 역사라고 주장한 헤겔류의 관념 사관과 반대된다. 즉 맑스와 엥겔스는, 역사 발전의 원동력이 인간의 의식이나 관념이 아니라 물질에 토대한 생산양식이라고 설명한다. 생산력이 발전하는 단계는 그 시대마다 노동도구가 발달하는 단계로 표현되므로 유물사관에서는 생산기술 발달에 중점을 둔다.

맑스와 엥겔스는 생산관계의 변화에 따라 원시공동체적 생산방식(原始共同體的 生産方式)-노예소유자적 생산방식(奴隷所有者的 生産方式)-봉건적 생산양식(封建的 生産樣式)-자본제 생산 양식(資本制 生産樣式)-사회주의적 생산관계(社會主義的 生産關係)-공산주의 경제(共産主義 經濟)순으로 발전한다고 설명하면서 노예소유자적 생산방식(奴隷所有者的 生産方式)에서 자본제 생산양식(資本制 生産樣式)까지는 생산수단의 사유가 인정되므로 계급 대립이 존재한다는 점에서 인류사는 계급투쟁의 역사라고 규정한다.

생산력의 발전단계는 그 시대마다 노동도구의 발달단계로 표현되기 때문에 유물사관에는 생산기술 발달에 중점을 두는 태도가 있다. 그러나 유물사관의 중심은 인간이 생산에 참가할 때는 사회적이 되며 따라서 일정한 생산관계 속으로 들어간다는 것이다. 여기서 생산관계란 생산력의 일정한 발전단계에 대응하는 사회관계인데, 그 관계는 주로 그 사회의 주된 생산수단을 소유한 자와 소유하지 못한 자 사이의 계급관계로 표현된다. 이런 생산관계가 변하면 전 사회구성체도 변화한다는 점에서 생산력과 생산관계는 토대이며 그 위에 법률적·정치적 상부구조가 생긴다는 것이다. 유물사관의 토대결정론은 경제사회(토대)와 국가(이데올로기)의 구분법 성립이 가능한, 자유방임적 자본주의 사회를 모체로 해서 구성한 이론이다.

생산관계(生産關係)는 인간이 물질적 재화를 생산할 때에 생산과정 안에서 맺는 상호 관계의 일종이다. 생산력의 발전에 따라 변하기도 하고 반대로 생산력을 발전하게 하거나 지연시키기도 하는데 맑스주의자들은 역사상 원시공산체-노예제도-봉건제도-자본주의-사회주의의 다섯 가지 기본형이 존재한다고 설명한다.

맑스와 엥겔스는 생산관계의 변화에 따라 원시공산제 사회, 고대노예제 사회, 중세봉건제 사회, 근대자본주의 사회, 다시 사회주의 사회, 공산주의 사회의 차례로 발전한다고 주장하며, 노예제에서 자본제까지는 생산수단의 사적 소유가 인정되고 따라서 계급대립이 존재한다는 점에서 인류의 역사는 계급투쟁의 역사라고 규정했다.

### 이한열 열사의 87년 3월5일 메모

인터넷 자료를 찾다보니 이한열 열사 기념사업회에서 보관하는 유고 글 중에 열사가 남긴 메모가 있어 소개합니다. 연세대학교 경영학과를 다니던 이한열 학생도 당시 학생운동에서 유행하던 맑스주의 기본 도서를 읽고 간략히 요약한 것으로 보입니다. 30여 년 전 열사가 희생당하기 3개월 전의 기록인데 기본용어와 개념이 잘 요약돼 있습니다. 독자 여러분도 참조하기 바랍니다.

### <사적 유물론 정리>

**사적 유물론의 근본법칙(사회과학사전), 사회발전의 기본법칙**

**가. 생산양식** : 사회발전의 요인은 노동에 의해 생활에 필요한 물질적 부가 어떻게 획득되는가를 규정하는 생산양식에 있다.(cf. 지리적 유물론, 사회다원주의 : 생존경쟁의 법칙, 인구증가)

**나. 생산력, 생산관계** : 생산력(생산수단, 인간), 생산관계(인간 상호간의 관계)

**다. 생산양식의 변화와 발전** : 자연에 대한 인식의 심화 정도, 역사를 발전시키는 주체는 생산양식을 발전시키고, 물질적인 부를 생산하는 것이다.

**라. 생산양식의 발전과 생산력, 생산관계** : 생산관계는 정체성을 가지며 생산력은 유동적이다. 생산관계가 생산발전에 현저히 뒤떨어지는 경우 생산관계는 생산력에 질곡으로 작용한다.

**마. 사회변동의 원동력** : 새로운 생산력과 생산관계는 기존의 제도 내에서 생성. 기존의 생산관계를 담당하는 지배세력이 커다란 장애물이 되며, 모든 권력과 이데올로기를 이용. 새로운 생산력을 대표하는 계급이 새로운 경제적 요구를 기초로 하는, 새로운 사회 관념으로 무장, 의식적인 세력으로 전화, 집결되어야 함.

### 생산력·생산관계·생산양식(사회과학사전)

**사회발전의 원동력** : 역사는 인간생존을 위한 인간과 자연, 인간과 인간과의 관계에서 시작.

**생산력과 생산관계의 모순** : 상호 통일되어 생산체계를 이룬다.

**생산양식**은 생산수단과 직접 생산자와의 관계에 고유한 소유형식. 노동력과 생산수단의 결합이 여러 양태로 행해지는 특수한 성질과 그 존재방식에 따라 사회적 구조의 개개의 경제적 시대가 구별된다. 사회의 생산력과 생산관계의 통합=통일된 총체.

봉건적→자본주의적 : 상인→직접경영. 상인이 자기의 중개인 or 직접 자영.

생산자에서 구입. 산업경영자가 상인이 된다. 노동자의 생산수단과의 분리.

**상·하부구조** : 상부구조는 하부구조 위에 성립하는 사회적·정치적·정신적 생활과정, 반작용.


### 국가(사회과학사전)

1. 사회경제적·계급적 관계에 기초, 사회적 산출, 사회를 초월하고 사회로부터 멀어져가는 권력, 계급대립(영토, 공적권력, 착취권력, 관료제)

2. 사회의 상부구조로서의 국가 : 국가의 계급적 본질은 그 나라의 역사가 도달한 단계, 계급간의 세력관계, 국가 및 그것을 유지하는 계급 및 정당의 성격, 공적 권력이 연출하는 역할 정부정책의 기본방침 등에 의해 주체적으로 판단되어야 한다.

<87. 3. 5>

### 추천 출판도서

1. 세계철학사3- 변증법적 유물론과 사적 유물론, 청사 (황세연 편)
2. 세계철학사3- 사적 유물론, 도서출판 녹두 (절판도서. 인터넷서점 '노동자의 책' PDF 가능)

3장

# 정치와 철학 사상

강원도 인제 자작나무 숲

# 1

## 정치가 경제를 규정한다

사람의 사회활동은 크게 3대 분야(정치, 경제, 문화)로 구분합니다. 주체사상은 이 3대 분야에서 결정적 역할을 하는 건 정치라고 봅니다. 정치활동에 따라서 경제활동과 문화활동의 방향과 내용이 결정된다고 하지요.

필자가 청년시절 주체사상의 철학적 배경과 전체 맥락을 모른 채 '정치가 경제를 규정한다'는 견해를 처음 접했을 때는 맑시즘의 사적 유물론과 매우 달라(사실 정반대) 한편으로는 이해할 수 없었고, 다른 한편으론 그런 판단의 근거와 배경이 뭔지 궁금했습니다. 이런 명제가 보통사람들에게는 당연하고 쉽게 받아들여질 견해였지만 당시 학생들 사이에서 유행하던 맑스주의를 먼저 배우고 주체사상을 나중에 접한 입장에선 낯설었지요. 그 만큼 당시 한국사회의 진보성향 지식인들에게 맑스주의 사회분석 틀은 마치 수학공식처럼 받아들여졌습니다.

일단 세상을 이해하는 생각의 틀과 방식을 한번 만들면 바꾸기가 상당히 어렵습니다. 더구나 사상의 자유와 토론이 보장되지 않는 사회에서 주체사상이 적대적으로 가공 왜곡되거나 아예 금지된 채 접하게 되면 더욱 그렇다고 봅니다. 그래서 한국사회에서 맑스-레닌주의의 틀로 사회를 이해해온 사회과학자들에게 이미 형성된 사고의 틀을 벗어나 사람중심의 유물론으로 사회를 보는 건 매우 어려울 수 있다는 생각도 합니다.

'정치가 경제를 규정한다'는 정의는 고전 맑스주의의 '경제가 정치를 규정한다'는 정의와 상반돼 보입니다. 왜 이런 현상이 발생한 걸까요? 주체사상은 맑스-레닌주의적 정치관을 근대 유물론이 갖는 시대적 한계라고 봅니다. 맑스주의가 변증법적 유물론으로 관념론과 투쟁하면서 의식이 물질의 반영이고, 물질이 1차적이라는 진리를 입증하는 데 집중한 것처럼, 사적 유물론과 정치경제학에선 토대인 경제의 반영으로서 정치와 이데올로기 등 상부구조를 설명하는데 집중하느라 정작 정치의 본질과 역할을 바르게 해명하지 못하였다고 평가합니다.

의식이 물질로부터 비롯된다는 사실을 설명하느라 정작 의식의 속성과 사람의 의식성에 대해 풍부하게 해명하지 못한 것과 마찬가지입니다. 맑스-레닌주의는 자주성과 의식성을 가진 고급한 물질인 사람에 대해 본격적으로 해명하지 못한 채 정치를 경제와의 관계에서만 규명하는데 그쳤습니다. 정치와 혁명의 중요성을 설파했지만 정치의 본질 자체에 대해선 정확히 밝혀내지 못한 거지요.

맑스주의는 사람의 의식과 그 기원에 대해선 반영론의 입장에서 올바로 규명했지만 사람이라는 자주적 존재와 연관된 의식의 내용과 형태, 그 작용 등을 풍부하게 밝히는 데까진 이르지 못했습니다. 마찬가지로 경제와 정치, 하부구조와 상부구조의 상호관계를 규명하느라 사람이라는 주체가 있는 사회역사운동의 본질과 법칙 전반에 대해 풍부하게 해명하지 못한 거지요. 또 맑스주의는 사회주의 사회 등 사람의 자주성이 높이 고양되는 자본주의 이후 사회의 건설과 발전 법칙 등을 규명하는 데서도 많은 한계를 보입니다.

사회역사운동이 자연운동과 달리 주체의 주동적 운동이란 사실이 밝혀지면서 정치, 경제, 문화의 지위와 역할은 전면 재해석됩니다. 이 영역은 주체의 정치학과 맑스주의의 차이점을 드러내는 근본문제여서 다소 어렵습니다. 또 이런 견해상의 근본 차이로 인해 러시아, 중국과 북한(조선)의 혁명과정이 현격히 다르게 나타납니다.

사회에는 두 계열의 법칙이 작용합니다. 하나는 물질세계 일반법칙이고 다른 하나는 주체의 고유한 운동법칙입니다. 사회에서 작동하

> **용어 해설**
>
> **사회생활의 3대 분야** … 정치활동, 경제활동, 문화활동
>
> **정치조직은 사회를 개조하기 위한 수단이다.** … 자연개조에 사용하는 수단은 생산수단이며 사회개조에 이용되는 수단은 정치조직이다. 정치조직은 사회를 개조하는 수단일 뿐 아니라 사회개조의 주체이기도 하다.
>
> **물질적 부의 생산과 분배는** … 경제활동의 중요 내용이고, 정신적 부의 창조와 보급은 문화활동의 중요 내용이며, 인간을 선발하고 조직하는 일은 정치활동의 중요 내용이다.

는 물질세계의 일반법칙은 주체의 운동법칙을 통해 작동하고, 구현됩니다. 토대와 상부구조의 법칙도 마찬가지죠. 결국 사회운동에선 주체의 운동이 물질세계의 일반법칙보다 규정적이어서 지배적인 작용을 합니다.

그런데 '주체적'이라는 유물론적, 사회적 개념을 '주관적'이라는 관념론적, 개인적 개념과 혼동하는 경우가 있습니다. 사람의 자주성, 창조성, 의식성은 사람의 생물학적 속성이 아니라 모두 사회활동과 관계 속에서 나타나는 사회적 속성입니다. 그래서 자주성 자체는 관념이나 의식이 아닙니다. 자주성은 사람이 자주적 사상의식을 갖고 사람들 관계 속에서 온갖 예속을 벗어나 자유롭게 생활하려는 과정에서 나타납니다. 자주성은 개별 사람들에서도 나타지만 그 뿌리는 사회적 이해관계에 근거를 둔 집단적 속성입니다.

사람 뇌 속에 있는 자주적인 사상의식은 분명 주관적이고 심리적입니다. 그런데 '주체적'이란 건 주관적인 정신이나 의식만이 아닌, 객관적 대상에 대한 사람의 인식과 실천 과정(대상과 맺는 관계와 능력 등) 모두를 포괄합니다. 정신적인 요소와 물질적인 것을 모두 포괄하죠. 즉 주관적 힘(능력)은 사상, 지식, 정신의 힘(능력)을 말하지만 주체적 역량은 사상, 지식, 정신력만 아니라 기술, 체력, 물질 재화 활용능력, 문화적 창조능력, 인간관계 창조 능력 (조직, 정치능력)모두를 가리킵니다.

근대 유물론인 맑스주의 사회법칙을 현대 유물론인 주체사상의 개념으로 재정의하면 다음과 같습니다. 맑스주의에는 생산력과 생산관계가 상호 조응하는 법칙과 토대(경제적 제 관계)와 상부구조가 조응하는 법칙이 있습니다. 둘은 모두 객관적인 사회법칙입니다. 그런데 둘은 자연법칙처럼 작용하진 않아요. 주체의 주동적 작용에 의해 구현되는 법칙입니다. 따라서 주체의 상태에 따라 빠르게 또는 느리게 작용하며, 때로는 심지어 역행하기도 합니다. 여기서 주체의 상태란 역사, 사회적으로 조성된 대중의 자주적 요구의 강도, 창조적 능력의 크기, 자주적 사상의식의 수준과 상태를 말합니다.

역사적으로 자연과 사회를 개조하려는 민중의 자주적 요구와 창조성이 낮으면 생산력과 생산관계 조응의 법칙에 강하게 지배 받아 이 법칙이 전면에 나서고, 민중의 자주적 요구와 창조성이 높으면 사람이 이 법칙마저 조절, 통제하게 됩니다. 이를 주체사상의 개념으로 정의하면 자주적 사상의식과 창조적 (자연·사회)개조능력의 상호조응 법칙이라고 할 수 있습니다.

생산력 수준에 맞게 생산관계가 조응한다는 건 사람의 자연에 대한 창조적 능력이 발전하는데 따라 생산활동에서 맺은 사람들의 관계가 예속적 관계에서 평등한 자주적 관계로 발전할 수밖에 없음을 말합니다. 또 토대(하부구조), 즉 생산력과 생산관계의 모순이 심화되면 상부구조, 즉 사회정치적, 이데올로기적 제 관계도 변화하게 된다는 토대와 상부구조 조응의 법칙이 있는데, 이 역시 자동적으로가 아니라 주체의 주동적 작용으로 구현됩니다. 사회 모순이 심화되는데 따라 대중의 의식적 각성이 높아집니다. 대중의 자주적 요구와 각성이 높아지면 그에 조응해 사회개조를 위한 창조적 능력과 요구가 높아져 사회변혁이 일어납니다.

그런데 이런 법칙도 주체의 상태에 따라 굴절되거나 나타나지 않기도 합니다. 현대 자본주의 사회에서 생산력과 생산관계의 모순이 심화됐는데도 사회혁명이 일어나지 않는 게 단적인 예입니다. 모순이 심화돼도 대중의 자주적 요구와 자주적 사상의식이 마비돼있거나 준비돼있지 않다면 이런 법칙은 구현되지 않거나 지연됩니다. 거꾸로 생산력이 충분히 준비되지 않았어도 생산관계를 보다 합리적이고 자주적으로 개선하려는 사람의 요구와 준비 정도가 높다면 생산관계를 평등하고 자주적 관계로 개조하는 게 가능합니다.

생산력과 생산관계를 내용과 형식의 관계 문제로도 설명하는데 더 중요한 건 생산력과 생산관계의 중심에 사람이 있다는 사실입니다. 사람의 자연을 지배하는 능력이 커지는데 따라 자연을 지배할 때 맺는 생산관계를 평등하고 자주적인 관계로 만들려 노력하는 것도 바로 사람의 자주적 사상의식에 기초한 자주적 요구입니다. 그러므로 큰 차원에서 본다면 사람이 자유롭게 살고 싶은 사회적 요구, 자주적 요구가 변화의 주된 동인이 되는 거지요.

맑스주의에서 정치를 상부구조로 보고 경제적 토대(하부구조)의 파생영역으로 규정했기 때문에 철학과 경제학은 있어도 독자적인 정치학이 없는 한계가 있습니다. 물론 맑스의 저작엔 많은 정치사상과 이론이 담겼지만 모두 경제관계에서 본 정치 측면입니다. 레닌도 "정치는 계급간의 관계이며 계급간의 투쟁", "정치는 집중된 경제", "정치는 하나의 과학이요, 기술이며 수학에 비유하면 초등수학보다 고등수학에 가까운 것"이라고 말했습니다. 레닌도 경제는 목적이고 정치는 수단이며, 정치는 경제에 종속된다는 맑스주의의 관점을 벗어나진 못한 거죠.

맑스가 경제를 강조한 건 사람의 생활과 국가정책이 주관적 욕망에 좌우되는 게 아니라 객관적, 물질적 토대에 의해 결정된다는 진리를 발견했기 때문입니다. 그러나 사람이라는 물질에 대한 해명과 사회역사운동이 주체인 사람의 주동적 운동임을 충분히 해명하지 못한 한계로 인해 '사상의식'과 '정치'의 주도적이고 결정적인 역할을 올바로 밝히지 못했습니다. 경제의 객관성, 규정성을 강조하느라 정치와 경제의 관계를 거꾸로 설명하는 한계를 보인 셈이죠.

## 2
## 정치는 인간의 자주성과 창조성을 관리하는 일

정치는 인류 역사시대 이후 사회생활 과정에서 출현했습니다. 많은 사람과 집단들이 정치활동에 관여해왔고 정치에 대해 얘기했습니다. 그런데 정작 정치의 개념이 과학적 유물론 차원에서 정의된 건 현대에 들어서입니다. 인류가 사냥하고 곡식을 수확해 음식을 먹고 소화하면서도 근대 생물학 이전까진 영양과 소화과정을 정확히 모른 채 '먹으면 배가 부르고 힘이 나며 건강해진다'는 경험을 갖고 살아온 것과 마찬가집니다.

인류역사가 길고 거창한 거 같지만, 모르고 산 게 너무 많았다는 생각을 해봅니다. 인생을 살면서 인생이 무엇인지 모르고, 정치가 무엇인지 모른 채 정치를 하며 살아온 게 사람이니 말이지요. 고대로부터 아리스토텔레스, 공자, 순자, 묵자 등 많은 사람이 정치에 관해 얘기했습니다. 하지만 동서를 막론하고 정치는 지배세력의 민중 지배를 위한 통치 개념으로 작용했기 때문에 정치 자체는 민중에게 증오의 대상이었습니다.

근대 맑스주의 유물론이 '정치의 본질'에 명확한 정의를 내리지 못한 건 엄연한 사회경제적 실체를 부정하는 관념론자들과 투쟁에 온힘을 쏟았기 때문입니다. 그래서 맑스주의조차 정치의 본질을 계급의 출현과 경제와의 관계 속에서 파악하는데 머무는 한계가 있습니다. 정치가 경제적 이해관계를 반영하는 건 사실이지만, 그렇다고 경제활동이 정치를 규정하거나 정치적 권한보다 경제적 권한이 결정적이고 크다고 보는 건 틀린 견해입니다.

어찌 보면 맑스가 정치의 본질을 규명하지 못한 게 당연한 결과인지도 모릅니다. 정치는 사람 자신에 대한 활동인데 사람이 어떤 존재인지 철학적으로 완전히 규명되지 않은 역사적 조건에서 정치가 무언지 해명하기란 매우 어려웠을 거니까요.

주체사상에서는 정치를 '계급 혹은 사회의 공동이익에 맞게 사람들의 활동을 통일적으로 조직하고 지휘하는 사회적 기능'이라고 정의합니다. 그 의미는 사회 구성원들(계급사회의 경우는 지배계급)의 지향과 요구를 실현하는데서 사람들의 활동을 지휘하고 통제하는 결정적 기능을 바로 정치가 맡는다는 겁니다. 학술적으로 표현하면 '정치는 자주성과 창조성을 가진 사람들의 활동을 총체적으로 관리하는 사회적 기능'입니다. 즉 사람들의 자주적 활동과 창조적 활동을 조직, 지휘하는 사회 기능입니다.

정치가 사회 구성원들의 자주성과 창조성을 관리한다는 건, 사회가 정치를 통해 사람들의 일정한 지위와 역할을 관리한다는 뜻입니다.

왜냐면 사람들의 자주성과 창조성의 실현은 사회에서 차지하는 그들의 지위와 역할에 의해 규정되기 때문입니다. 사실 사람들의 자주성과 창조성을 관리한다는 건 사람들의 모든 걸 관리한다는 말이지요. 사람의 사회적 지위와 역할은 그가 가진 사상의식의 성격, 수준, 내용과 함께 창조적인 인식과 실천역량에 따라 결정됩니다.

사람들의 지위와 역할을 규제하고 조절하기 위해선 정치조직을 만들고 사회제도를 세워 관리해야 합니다. 자연개조에 쓰이는 수단이 생산수단이라면 사회개조에 쓰이는 수단은 정치조직입니다. 또 경제가 자연을 개조하고 물질적 부를 관리하는 활동이라면, 문화는 사람을 개조하고 정신적 부를 관리하는 활동입니다. 이렇게 보면 정치는 사회를 개조하고 사람을 관리하는 활동이라 하겠지요.

사람이 세상에서 가장 힘 있는 존재인데 그 힘을 어떤 방향으로 누구를 위해 어떻게 쓰는가를 결정하는 게 바로 사람 자신의 활동을 관리하는 사회적 기능인 정치입니다. 그러므로 사람의 운명, 민중의 운명은 정치에 의해 결정된다고 하겠습니다.

사회생활에서 정치, 경제, 문화가 모두 고유한 독자적 영역을 갖고 있지만 가장 주도적인 역할을 하는 게 정치입니다. 정치, 경제, 문화의 모든 활동에 정치가 작용하지 않는 분야는 없지요. 신체로 말하면 뇌의 기능을 하는 게 정치입니다. 사회제도에서도 가장 중요한 건 경제제도나 문화제도가 아니라 정치제도입니다. 왜냐면 정치제도의 기본문제인 '정권'에 의해 경제, 문화제도가 좌우되기 때문입니다.

앞서 우리는 사람의 사상의식이 사람의 활동을 조절 통제한다고 했고, 사람의 활동에서 결정적 역할을 하는 게 사상의식이라고 했습니다. 그런데 그런 사상의식을 발동하는 일이 정치입니다. 왜냐면 정치에 의해 사람들의 모든 사회생활상의 요구와 이해관계가 근본적으로 반영되고 결정되니까요.

정치활동이란 대인(代人)활동이며, 자기 요구와 이해관계를 자각해가는 과정인 동시에 사람들 속에서 서로의 요구와 이해관계를 일치시켜가는 사상의식의 동화과정입니다. 누구(정당)를 정치적으로 지지한다는 말은 그 사람(정당)의 정치적 견해가 자기의 요구와 이해관계를 대표한다는 의미입니다.

맑스와 레닌은 정치를 국가와 마찬가지로 주로 계급지배의 관점에서 파악했습니다. 따라서 미래에 계급 없는 사회가 실현되면 정치의 기능도 사라진다고 봤지요. 즉 맑스-레닌주의는 정치의 기원을 계급의 발생과 대립에서 찾았고, 당연히 계급이 소멸되면 국가와 정치의 기능도 소멸한다고 봤습니다. 하지만 정치는 계급의 산물이 아니라 사람 사회의 산물입니다. 계급 없는 미래사회에서 정치의 기능은 더 강화된다는 게 주체사상의 견해입니다.

사회 발전의 결정적 요인인 사람이 제 역할을 하게 만들려면 전 사회적으로 사상의식을 발동해야 하는데 그 일이 바로 정치입니다. 정치가 사회 발전을 추동하기도 하고 거꾸로 지체하게도 하는 결정적 역할을 합니다. 사회 발전에서 경제적 요인보다 정치적 요인이 결정적이란 건 상식이며 고대부터 현대사회에 이르기까지 일관되게 관통하는 사회법칙입니다. 경제적 소유권보다 정치적 권한, 즉 정권이 더 크며 세상에 정권보다 더 큰 힘은 없습니다. 왜냐면 세상에서 가장 힘 있는 존재인 사람의 지위와 역할, 운명을 관리하는 게 바로 정치이고, 정권이기 때문입니다.

정치는 이렇게 사회와 더불어 발생하고 사회가 발전할수록 강화 발전됩니다. 정치는 계급사회의 산물이 아니라 사람의 자주성과 창조성을 관리하는 보다 포괄적인 필요로부터 나온 사람사회의 산물입니다.

이렇게 상식적인 정치의 기능을 맑스주의가 거꾸로 규정한 건 관념론과의 투쟁과정에서 사회가 주체의 작용이라는 더 고급한 사회역사운동 원리를 발견하지 못한 채 객관적인 경제적 요인을 지나치게 강조한 탓입니다. 그것이 바로 사적 유물론의 역사적 한계입니다. 미래의 관점에서 보면 현재 같은 계급사회는 외려 일시적이고 계급 없는 사회가 영속적입니다. 미래 평등사회에도 사람의 자주성과 창조성을 관리하는 정치의 기능은 시대발전의 요구에 맞게 계속 강화될 겁니다.

# 3

# 정권의 성격이
# 사회성격을 규정한다

사람들이 정치를 하는 권한인 정권(정치권력)이 힘을 갖는다는 건 잘 알고 있습니다. 하지만 정권이 얼마나 큰 힘을 갖는지는 잘 알지 못해요. 정권은 세상에서 가장 큰 권한이며 힘입니다. 정권이 세상에서 가장 큰 힘인 건, 세상에서 가장 힘 있는 존재인 사람, 즉 민중에 대한 사회적 지휘권이기 때문입니다.

단적으로 경제적 소유권은 물질에 대한 처분권이지만, 정권은 인간에 대한 처분권입니다. 다시 말해 정권은 사람에 대한 권한이며 인간운명에 대한 처분권이죠. 사람들의 생존, 생활, 활동에 대한 지휘권을 말합니다.

정치의 핵심 문제는 바로 정권 문제입니다. 고대나 중세 통치자들은 정권을 민중으로 하여금 신비한 것으로 여기게 만들었어요. 종교를 끌어들여 정권을 신에게서 받은 권한이라고 하거나 특수한 사람만이 부여 받는 특권으로 신비화했습니다. 그러다가 근대 서구의 부르주아

민주주의혁명을 계기로 오랫동안 유지되던 전설 속 권력의 신비가 깨지고, 권력은 민중들로부터 나온다는 사상이 자리 잡게 됩니다. 바로 공화정이지요.

하지만 지금도 여전히 정권의 계급성에 대해선 잘 알지 못합니다. 계급사회에서 초계급적인 정권이란 존재할 수 없다고 맑스주의와 주체사상은 하나같이 밝히고 있습니다. 정권은 정치를 통해 모든 민중에게 정치적 지휘권으로 행사됩니다. 그리고 그 내용이 민중 다수의 이익을 위한 것인가, 아니면 소수의 정치경제적 지배층을 위한 것인가에 따라 정권의 계급성과 민중성이 판가름 납니다.

계급사회에서 정권은 모두 공공의 이익을 위한다고 하지만 실내용은 기득권을 유지하는 사회제도를 방어하고 자산계급과 외래자본을 위해 정치할 따름입니다. 그것이 바로 적대적인 정치투쟁이 발생하는 근본 요인이기도 하죠. 맑스주의는 이런 정권의 성격을 '부르주아민주주의'라고 정의했습니다. 민주주의의 형식을 띠고 있으나 실내용은 결과적으로 소수의 자산계급을 위한 제도와 법을 유지, 관리하는 민주주의라고 비판했습니다.

반대로 프롤레타리아(무산자, 노동자)민주주의는 다수를 위한 민주주의이며 소수 자산계급에 대한 독재라고 정의했습니다. 이를 '프롤레타리아독재'란 직설적인 개념으로 표현했지요. 계급사회에서 정치는 민중 모두를 대상으로 행사되지만 모두를 위한 정치, 초계급적 정치는 존재하지 않음을 노골적으로 표현한 개념입니다. 맑스는 계급사회에는 계급을 초월한 정권이란 없다고 합니다. 사회에서 계급이 없어지기 전까진 민주주의도 누구를 위한 민주주의인가라는 문제가 계속 제기된다는 뜻이지요.

맑스는 계급사회에서 계급 없는 사회로 가는 과정을 '과도기'라고 표현했습니다. 그리고 이 과정에서 프롤레타리아민주주의, 즉 프롤레타리아독재는 불가피하다고 했어요. 프롤레타리아독재라는 개념은 정권의 계급성과 자본주의 사회의 부르주아민주주의 속성을 역설적으로 폭로한 유명한 개념입니다.

역사적으로 존재한 노동자정권 또는 인민정권은 다양합니다. 구소련의 노동자, 빈농, 병사 정권인 소비에트 정권과 동유럽의 인민정권, 그리고 중국과 베트남, 북한(조선) 등의 반제 인민정권이 그렇습니다. 나라마다 다양한 형태의 민중정권이 출현하는 건 필연입니다. 나라마다 자본주의의 생김새가 다른 만큼 민중정권 역시 미래에 다양하게 등장하리라 예상됩니다. 다만 민중의 민주주의를 구현하는 정권의 성격은 모두 같겠지요.

## 4
## '혁명'이란 정의에서의 혁명

혁명이란 아래로부터의 정권교체 또는 대단히 급격한 정치적 변화를 일컫는 말입니다. 그런데 철학과 사회과학에서 혁명 개념은 좀 더 엄밀해요. 맑스주의와 주체사상은 모두 노동자계급과 근로대중의 혁명사상이란 점에서 같지만 혁명의 원인과 내용을 정의하고 해석하는데서 적잖은 차이를 보입니다. 그 근본 뿌리는 앞에서 설명한 물질중심의 근대 유물론과 사람중심의 현대 유물론의 차이에 있습니다.

'인류역사는 계급투쟁의 역사'라고 본 맑스는 '혁명은 계급투쟁 최고의 형태'이며 '역사의 기관차'라고 정의했습니다. 맑스가 인류역사를 분석하며 얻은 결론은 사적 유물론이라는 위대한 발견이었으며, 이는 천재적 통찰이었어요. 맑스는 사적 유물론으로 관념론자들과 투쟁하면서 역사상 처음으로 과거 계급사회와 자본주의 사회의 본질을 명쾌하게 분석했습니다. 하지만 19세기에 살던 맑스가 계급사회 이후의 미래사회를 설명하는 데는 분명 한계가 있었습니다.

맑스주의는 시대적 제한성으로 계급 없는 미래사회까지 정의하긴 무리였을 겁니다. 단적으로 계급 없는 사회의 발전 동력과 방향은 무엇일까요? 계급 없는 사회에서도 혁명이 계속된다면 그 과제와 목표는 무엇일까요? 여전히 생산력 증대일까요, 아니면 또 다른 무엇? 등등 미래사회의 근본문제들에 대해 맑스주의가 예상할 수 있는 건 방향적이고 초보적 수준이었습니다.

'인류역사는 자주성을 위한 투쟁의 역사'라고 정의한 주체사상은 사람의 자주성이 자연개조, 사회개조, 인간개조라는 3대 영역에서 실현된다고 봤습니다. 혁명의 내용과 대상 역시 사람중심의 관점에서 보다 포괄적으로 개념 규정했습니다.

맑스주의는 혁명을 주로 사회제도의 변혁, 급변으로 봤지만, 주체사상은 혁명을 근로대중의 자주성을 구속하는 요인과 장애를 제거하는 모든 투쟁으로 봤습니다. 그렇다고 계급투쟁과 자주성을 위한 투쟁이 서로 대립하는 개념은 아닙니다. 계급투쟁은 사회 영역에서 사람의 자주성을 실현하는 투쟁입니다.

맑스주의는 사적 유물론에 기초해 혁명을 사회적 물질인 사회제도, 경제구성체의 교체로 인식하고 새로운 사회제도(사회경제구성체)를 세우는 것으로 봤습니다. 또 경제구성체가 바뀌면 그에 따라 정치와 이데올로기 등 상부구조도 바뀔 수밖에 없다고 했습니다. 이에 따라 혁명의 중심과제 역시 사람의 사상의식을 변화시키는 사람개조(의식개조)보다 사회경제제도를 변혁하고 생산력을 높이는데 초점을 맞췄습니다.

이에 비해 주체사상은 혁명을 사람의 자주성을 실현하는 문제로 보고, 중심 과제를 사람의 사상의식을 개조, 변화하는 것으로 봤습니다. 사회제도를 바꾸고 생산력을 높이는 것도 함께 해결해야 하지만 사상혁명(인간혁명)을 선차적이고 핵심적인 과제로 본 겁니다.

사상혁명(인간혁명)이란 사람이 세상의 순응자나 노예가 아니라 당당한 주인으로 살게끔 그 생각, 관점, 태도를 바꾸는 걸 말합니다. 주체사상은 혁명을 크게 사상혁명(인간혁명)과 물질혁명(생산력, 사회제도혁명)으로 나눠 보며 인간혁명이 중심이라고 합니다. 인간혁명(사상혁명)을 놓치면 애써 이룬 사회혁명도 실패할 수 있다고 보죠.

이는 사람이 세상 모든 것의 주인이며, 모든 걸 결정하는 주체라는 철학적 세계관에서 발전한 견해입니다. 사람은 생산력과 생산관계의 조응법칙에 따라 수동적으로 움직이는 게 아니라, 거꾸로 자주적 사상의식을 가지고 객관법칙마저 자신의 요구에 맞게 조절하는 존재라는 겁니다. 낡은 사회제도를 교체하는 건 혁명의 일부분입니다. 새로운 사회제도가 선 다음에도 자연의 구속, 낡은 사상과 문화적 구속에서 해방되기 위한 기술, 사상, 문화 영역에서의 혁명은 계속돼야 할 미래 사회의 공통 과제라고 봅니다.

혁명의 원인을 맑스는 물질적 토대에 기초해 설명했지요. 생산력은 가변적인데 생산관계는 고정적이어서 일정 과정이 지나면 생산력 발전을 가로막는 질곡으로 작용합니다. 이렇게 둘 사이의 모순이 심화돼 사회혁명이 일어난다는 거지요. 맑스는 인간해방을 계급 없는 사회 실현에서 찾았고, 사회 발전을 경제적 생산방식(사회구성체)의 교체 과정으로 이해했습니다.

주체사상은 혁명의 원인을 객관적 요인과 이를 반영, 조절, 통제하는 주체적 요인의 연관관계 속에서 파악했습니다. 즉 사람을 중심으로 재해석했지요. 왜냐면 생산력과 생산관계의 모순도 결국은 사람을 통해 작용하며, 자연의 구속에서 벗어나려는 인간의 경제적 자주성 실현과정이라는 인간 활동 법칙의 일부이기 때문입니다.

자본주의가 고도로 발달하고 모순이 심화된 서구 선진자본주의에서 혁명이 후퇴하거나 발생하지 않는 건 왜일까요? 자본주의의 영원성을 설파하는 부르주아 학자들은 자본주의 사회의 모순 자체를 부정합니다. 모순이 없다고 하죠. 하지만 그것은 자본주의가 가장 효율적이고 영원한 사회제도여서가 아닙니다. 거꾸로 무수한 모순에도 불구하고 보수적 사상의식이 전 사회를 지배하고, 또 선진자본주의 사회의 모순이 제3세계 지역으로 이전되기 때문입니다.

결국 생산력과 생산관계의 모순이 심화된 오늘날 자본주의 사회도 그 주인인 사람들의 상태와 준비정도에 따라 혁명이 일어나기도 하고 반혁명이 구조화된 상태로 지속되기도 합니다. 즉 모순의 심화가 혁명을 만드는 게 아니라, 모순을 조건으로 한 사람들의 자주적 변혁요구와 깨어있는 의식과 의지가 혁명을 이끌어가는 겁니다. 주체사상은 사람의 자주성을 위한 투쟁을 혁명이라고 정의합니다. 사람들의 자주성을 옹호, 사랑하고 실천하는 게 혁명이라 말합니다.

# 5

# 진보의 개념도
# 진보한다

사회생활을 하면서 '진보'라는 말을 접하게 됩니다. 보수의 상대 개념으로 아는데 진보의 정확한 뜻은 무엇일까요? 진보는 말 그대로 앞으로 나아가는 것이고, 보수는 그대로 머물러 있으려는 경향입니다. 그렇다면 역사와 사회생활에서 무엇이 앞으로 나가는 경향과 힘이고, 또 무엇이 그것을 막고 유지하려는 경향과 힘일까요?

철학 개념으로 설명하면, 역사와 우리 생활 역시 항상 두 가지 경향의 대립물이 상호 대립하면서 통일돼 있습니다. 두 가지 힘이 밀고 끌면서 사회와 개인 생활이 이뤄집니다.

맑스주의에서 진보의 개념은 유물론에 기초해 주로 사회제도의 발전에 초점을 맞춥니다. 노예제보다 봉건제가 진보적이고, 봉건제보단 민주주의와 자본주의가 진보적이며, 자본주의보다 사회주의가 진보적이라고 하죠. 즉 생산관계와 사회제도에서 착취가 없는 평등한 관계를 추구하는 관점에서 진보를 봤습니다. 또한 자본주의 계급사회에 대립하는 계급 없는 사회주의 사회 수립을 지향하는 사람과 운동을 진보라고 봤지요.

주체사상에서 진보 개념은, 앞 절에서 살핀 혁명 개념처럼 맑스주의의 진보 개념인 평등지향 사회제도에다가 사람중심의 자주성 실현 개념을 더해 포괄적으로 정의합니다.

사회·정치제도에 대해 진보적 견해를 갖고 실천하는 사람을 정치생활 영역에서 자주성을 실현하려고 노력하는 진보적인 사람으로 평가합니다. 그런데 사람의 자주성 실현은 자연개조, 사회개조, 인간개조(사상개조) 영역에 걸쳐 다양하며, 이 가운데 사회개조 역시 정치, 경제, 문화생활로 또 나눌 수 있듯 매우 포괄적입니다. 그렇다보니 어느 한 부분에 진보적 관점을 가진 사람이 다른 영역에선 보수적 관점과 태도를 갖는 경우를 흔히 보게 됩니다. 그러므로 평등한 사회제도만이 아

촛불

니라 사람의 자주성 실현을 중심으로 진보를 정의하면 진보의 영역과 분야는 상당히 넓은 개념으로 확대됩니다. 물론 그 가운데서 가장 결정적인 건 사회정치적인 자주성 실현 문제입니다.

이렇듯 진보의 개념은 특정 정당이나 진보단체에 가입한 이들에게만 해당하는 정치적 개념이 아니라 모든 활동과 생활 전 영역에 적용되는 개념입니다. 임금인상을 둘러싼 노사간 대립과 민주주의를 위한 정치투쟁뿐 아니라 동네 아주머니, 아저씨들의 대화 속에서도 자기생활의 주인이 되려는 경향과 반대 경향이 공존합니다. 평범한 중고교 학생들 속에서도 빛나는 청소년기에 학창시절의 진정한 주인으로 살려는 경향과 대학입시제도의 압박에 순응할 수밖에 없는 현실 사이의 대립이 녹아 있습니다. 두 경향의 충돌은 때로 과도한 일탈, 아니면 사회에 대한 개인 또는 집단적 문제제기 형태로 나타납니다. 인간생활 자체가 이렇듯 때로는 조용한 긴장 속에서 조금씩, 때로는 격렬하고 급하게 변하면서 이어집니다.

사회제도를 바꾸는데 진보적 입장에 선 사람도 일상생활 영역에서 타인의 자주성을 억압하는 태도와 관점을 가질 수 있습니다. 거꾸로 사상교양과 지식교육을 충분히 받을 기회와 경험이 없어 사회제도 변화에는 보수적 입장을 가진 사람인데 생활 속에서는 사람들의 자주적 관계와 자주적 지향을 옹호, 존중하는 경우도 있지요.

진보적인 정당과 단체에 몸담은 사람들이 상대적으로 진보적인 정치 생활을 하는 게 사실이지만, 그것은 부분적이고 평면적인 평가일 수도 있습니다. 생활(속)에서 진보란 단순히 진보적인 정치의식이 아니라 자기 생활의 모든 부분에서 자주성을 구현하고 혁신하려 노력하는 것, 계속 혁신의 정신과 자세라고 봅니다.

기술개발을 위한 노력과 투쟁도 낡은 기술에 대한 진보이며, 직장 내 노사관계를 보다 평등한 관계로 만들려는 노력과 투쟁도 진보입니다. 문맹과 컴맹에서 벗어나려는 노력과 투쟁도 무지에 대한 진보이고, 남녀관계를 보다 평등하고 자주적 관계로 만들려는 노력도 진보이지요. 학교에서 학생, 학부모, 교사 관계를 보다 자주적으로 만드는 것 역시 진보입니다. 새로운 악기를 다루고 배워 문화생활의 주인이 되는 것도 문화적 낙후성을 벗어나려는 진보입니다. 퇴폐적인 음주문화를 건전하고 건강한 음주문화로 만드는 것도 진보구요.

이렇듯 사람을 중심에 놓고 보면 정치, 경제, 문화생활에서 자기 삶의 주인으로 나서는 실천이 모두 진보를 추구하는 과정입니다. 그런데 그 중에서 가장 중요한 건 역시 사회정치적 진보를 함께 만들어가는 겁니다. 이유는 앞서 얘기했듯 정치적 자주성이 보장되지 못하는 곳에서는 경제, 문화적 자주성이 조화롭게 실현될 수 없기 때문이죠. 진보는 소수의 전유물이 아니며 진보의 주인도 생활의 주인인 근로대중입니다. 진보는 대중적이고 생활적입니다. 또한 진보는 진보를 막으려는 힘과의 대립을 극복하며 전진합니다. 진보의 개념 자체도 시대가 발전함에 따라 더 새롭게 진보합니다.

# 6

## 맑스주의 전략전술과
## 주체의 전략전술

정치는 꼭 싸워야만 하는 걸까요? 싸우지 않고 하는 정치는 정말 불가능할까요? '발전'이란 생활에서 한 걸음 한 걸음 좋은 방향으로 나가는 걸 의미하며, 생활에서 진보를 위한 노력과 투쟁이 곧 '생활의 발전'입니다. 사람들의 생활 발전에 결정적 영향을 미치는 건 정치생활의 발전입니다. 정치생활에 발전이 없으면 경제생활, 문화생활의 발전도 어렵기 때문이지요.

정치생활의 발전은 '정치투쟁'과 '정치활동'이란 두 가지 형태의 정치운동으로 이뤄집니다. 정치운동 가운데 어떤 건 이해관계가 심각하게 대립하며, 또 어떤 건 이해관계가 충돌하지 않습니다. 계급해방과 민족해방 같은 문제는 사회세력 사이에 심각한 충돌을 동반합니다.

이를 '적대적 모순관계'라고 표현하며 대화와 타협의 방법이 아니라 힘과 힘의 대결에 의한 투쟁으로 해결되는 경우가 대부분입니다. 반면 정치적 이해관계가 같은 사람이나 집단 사이에서 벌어지는 정치운동은 '비적대적 모순관계'라고 하는데 여기선 '설득과 교양' 또는 '대화와 타협'의 방식으로 문제를 해결하죠.

적대적 관계인 정치세력끼리는 '정치투쟁'이 모순 해결의 주요 방법이고, 비적대적 관계인 정치세력끼리는 '정치활동'이 모순해결 방식입니다. 모든 정치운동은 이렇게 '정치활동'과 '정치투쟁'으로 구성되는데 정치투쟁의 방법을 '정치적 전략과 전술', 정치활동의 방법을 '정치적 지도기술' 또는 '영도술(영도예술)'이라고 합니다.

정치투쟁은 주로 사회를 개조하는 활동인데 비해 정치활동은 사회와 사람을 관리하는 활동입니다. 즉 정치활동은 새로운 사회제도를 원하는 사람들을 단결시키는 활동입니다. 정치투쟁이 변혁이나 혁명의 대상(적)을 대하는 문제라면 정치활동은 변혁의 주체, 즉 민중 내부의 단결단합 문제입니다. 정치투쟁의 방법이 전략과 전술이고, 정치활동의 방법은 지지하는 사람을 얻고 움직이는 활동(지도)방법과 원칙입니다.

주체사상에선 정책과 전략전술이 아무리 훌륭해도 그걸 실행하는 사람들의 방법이 그릇되면 무용지물이라고 합니다. 전략전술은 활동가

> **용어 해설**
>
> **정치 전략** … 일정한 혁명단계에서 전국적 범위에서 관철해야 하는 일반적 투쟁방침
>
> **정치 전술** … 일정한 혁명정세에서 국부적으로 적용하는 투쟁의 구체적 방침. 전략이 상대적으로 고정적이고 장기적이라면 전술은 유동적이고 단기적이다.

의 올바른 방법, 태도와 결합될 때만이 대중을 움직이는 힘으로 바뀐다고 봐요. 이런 정치활동 방법은 한마디로 대인활동이며 사람들을 움직이는 방법에 관한 이론입니다. 정치활동 방법은, 혁명의 주인이며 창조력의 주인인 대중을 사업의 주인으로 만들고 그들의 창조력을 발동하는 일입니다.

아무리 훌륭하고 옳은 말을 하는 사람이라도 평소 거들먹거리고 신뢰를 얻지 못했다면 사람들은 마음을 주지 않을 겁니다. 거꾸로 평소 진실하며 자기를 내세우지 않고 남의 말을 잘 듣고 헤아리는 사람이 설사 틀린 말을 한다 해도 사람들은 들어주려 하죠. 그게 사업작풍입니다. 활동가의 방법(영도기술)은 사업방법과 사업작풍으로 이뤄지는데 자세한 내용은 뒤에서 다루겠습니다.

맑스-레닌주의 활동방식은 주로 정치적 선전과 선동 영역(방법)을 개척했으며, 주체사상은 여기에 더해 사람을 얻고 움직이는 '사업방법'과 '사업작풍'을 주된 방법으로 다룹니다. 그래서 맑스주의가 지배계급과 사회제도의 모순성에 대한 정치 폭로를 주로 활용했다면, 주체사상은 대중의 인생관과 세계관을 변화시키는 의식화에 중심을 둡니다. 이를 기술이라 부르지 않고 영도예술이라 하는 이유는 자연을 대상으로 하는 게 아니라 사람을 대상으로 하기 때문입니다. 하지만 같은 개념이라고 봐도 됩니다.

중요한 점은 맑스-레닌주의 전략전술과 주체사상의 전략전술이 차이가 난다는 겁니다. 맑스주의 방법론은 유물론에 초점을 맞추고 있고, 주체사상의 방법론은 사람중심의 유물론(주체)에 초점을 맞추고 있기 때문이지요.

맑스-레닌주의 전략전술론은 사회경제적 모순의 심화 발전에 초점을 두고 혁명의 '만조기'와 '퇴조기' 이론을 개발했으며 모순의 심화 발전 과정을 선전, 폭로하는 방법론을 발전시켰습니다. 이에 비해 사람중심의 유물론인 주체사상은 혁명의 주인인 민중의 사상의식과 정치의식이 변화 발전하는 과정을 중심으로 '준비기'와 '결정적 시기' 이론을 발전시킵니다. 또 맑스주의엔 없는 '정치 결정론'에 따라 정치활동의 방법론, 즉 영도기술(예술) 분야를 새롭게 발견하고 개척했습니다.

한마디로 맑스주의 정치 방법론이 '정치는 경제의 집중적 표현'이란 레닌의 말처럼 객관적인 경제와 정치제도의 변화에 중심을 뒀다면, 주체사상은 의식(사상)개조를 통한 사람의 육성, 선발, 관리로 제도를 변화시키는 '사상론'과 '정치사업 우선론'으로 발전합니다. 이에 대해선 책의 마지막 장에서 자세히 다루겠습니다.

# 7

## 서구자본주의와 한국자본주의

고대에서 중세에 이르기까지 아시아 문명은 세계 최고의 선진문명이었습니다. 그리고 아시아 고전문명의 중심엔 중국과 조선, 인도 등이 있었지요. 하지만 근현대 3~400여년의 자본주의시대에 들어 세계문명은 유럽과 북미가 주도하고 있습니다. 불행히도 근현대 자본주의 문명은 인간을 위한 평화와 공존의 문명이 아니라 이윤논리와 생산력에 매몰된 약육강식의 문명이었습니다. 게다가 동서양 문명이 충돌하게 됐습니다. 물론 우리민족이 만난 제국주의는 일본을 통해서였지만, 제국주의의 뿌리는 서구 열강이었지요. 조용한 아침의 나라 조선은 역사와 전통문화를 짓밟히고 제국주의열강의 온갖 멸시와 수모를 식민지 피지배로 경험해야 했으며, 아직도 일제 식민잔재 청산은 과제로 남아있습니다.

민족 국가를 스스로 지키지 못하면 수천 년 역사와 전통마저 송두리째 빼앗기고 제국주의자들의 가치관과 생활양식을 강제 당한다는 사실을 지난 100여 년 역사에서 피눈물로 체험했습니다. 한국사회를 애기할 때 멀리 근대사부터 시작하는 이유는 현재 한국자본주의의 뿌리와 원형이 이때부터 기형적으로 만들어졌기 때문입니다. 이미 이때부터 조선은 유럽이나 일본의 자본주의와는 전혀 다른 유형인 식민지 자본주의의 길을 걷게 됩니다.

2차 세계대전 이후 지구상의 자본주의는 외견상으론 같아 보이지만 종자부터 전혀 다른 두 가지 유형으로 존재했습니다. 하나는 서구식 자본주의(제국주의)이고 다른 하나는 바로 아시아 등 제3세계 지역에서 등장한 식민지 자본주의(식민지)였습니다. 식민지 자본주의는 뿌리가 자라고 가지가 커질수록 서구식 자본주의와는 확연히 다른 양상을 보이며 발달했습니다.

후진국 자본주의(구식민지)가 중진국 자본주의로 되고, 중진국 자본주의가 언젠가 선진국 자본주의로 발전한다는 게 보수학자들의 하나같은 주장입니다. 하지만 식민지 자본주의 사회에서 국내총생산(GDP)과 생산규모가 늘었다는 애기는 들었어도, 선진국 자본주의처럼 일반 민주주의와 일정수준의 복지를 보장하는 국가로 저절로 발달한 예는 없습니다. 지금 세계 민중들은 경험을 통해 미국, 영국 같은 사회가 자기네 이상 사회일 이유가 없음을 깨닫고 있습니다.

의사가 환자의 병을 정확히 진단해야 올바른 처방으로 치유할 수 있듯 사회혁명이나 변혁도 사회의 모순과 문제들을 정확히 파악해야 바른 처방, 즉 전략과 전술을 세울 수 있습니다. 국내 진보정당과 진보단체들에서 오래 전부터 종종 거론되는 엔엘피디(NLPD)니 피디(PD)니하는 정치노선 논쟁은 원래 한국사회를 다르게 진단한 탓에 발생한 현상입니다.

이런 노선 논쟁을 극복하자는 견해도 있지만, 진보진영 일각의 사회민주주의론을 빼면 한국사회에 대한 새로운 진단과 대안을 체계적으로 내놓는 경우는 매우 드뭅니다. 보수진영 학자들은 이런 변혁노선 자체를 해체된 구소련이나 동유럽 사회주의처럼 진부한 논리로 치부하면서 한국 자본주의의 민족적, 계급적 모순을 무시하고 곧 선진국 진입이 가능하다고 주장합니다.

보수학자들은 자본주의의 장점으로 시장의 효율성을 내세우지만 시장의 효율성은 일시적입니다. 자본주의는 이윤을 좇아 계속 시장을 무한 확장하는 본성을 가진 역사상 초유의 팽창과 지배의 경제체제입니다. 오늘날 세계가 급속히 하나의 경제, 정치, 문화 양식으로 통일돼 가는 것도 자본주의의 본성과 관련돼 있어요. 자본주의 생산양식이 먼저 정착된 곳이 서유럽이고 아시아에서 자본주의의 발달은 여러 이유로 이보다 늦었어요. 조선, 중국, 일본에선 모두 서유럽보다 늦은 18세기경에 상공업 발달과 상품, 화폐경제 등 자본주의 맹아들이 발견됩니다.

제국주의 침략이 없었다면 유럽처럼 자생적인 자본주의 발달의 길을 걸을 수도 있었지요. 아시아에서 자본주의 생산양식이 뒤늦게 발달한 건 문화수준이 낮아서가 아니라 과학기술과 상공업보다 인문학적 가치를 중시하는 정치 사상문화, 생활양식과 관련 있다고 봅니다.

자본주의가 자생적으로 발달한 곳에선 어김없이 상공업으로 성장한 자본가들이 중세 봉건군주정을 갈아엎고 공화정을 세워 정치적 주도권을 장악하는 이른바 부르주아민주주의 혁명을 진행했어요. 17~18세기 영국 명예혁명과 프랑스 대혁명이 대표적인데, 이런 혁명이 신분제를 폐지하고 자유와 평등에 기초한 새 인간관계와 생산양식을 전 유럽에 전파했습니다.

자본주의는 임금노동자를 만들고, 봉건적 신분제가 아닌 새 경제방식으로 착취하는 생산양식이지만 초기 유럽에서 성장하는 동안엔 봉건제 타파라는 역사발전에서 긍정적 역할도 했습니다. 하지만 자본주의가 충분히 성장하자 지배적, 팽창적, 야만적, 침략적 본성을 드러낼 수밖에 없었습니다. 바로 제국주의라는 괴물로 변하는 과정입니다. 레닌은 제국주의를 자본주의의 최고 단계로, 사멸해가는 자본주의로 규정했지요.

문제는 이때부터입니다. 유럽 자본주의가 성장해 제국주의가 되면서 열강들은 무력으로 아시아, 아프리카 나라들을 침략해 식민지로 만들고 자본주의를 확장하는 역사상 초유의 세계적 차원의 식민지 땅따먹기와 전쟁을 시작한 겁니다. 절정기는 19세기 중반이지요. 인도, 중국, 조선 등 아시아, 아프리카, 남아메리카 나라들이 이즈음 모두 유사한 방식으로 유럽 자본주의의 힘에 굴복합니다. 유일하게 아시아에서 일본만이 메이지유신을 통해 19세기 후반 위로부터 자본주의 개혁을 실시합니다. 그리고는 자본주의가 성숙할 겨를도 없이 바로 이웃 나라 조선을 침략하는 제국주의 국가로 변신합니다.

세계 자본주의 체제는 이미 서구의 선진자본주의와 지금의 제3세계 나라에 강제로 이식된 기형적인 식민지 자본주의로 나뉘어 발달하게 됩니다. 두 자본주의는 동전의 양면처럼 동시에 상호 결합해 하나의 세계 자본주의 체제를 이룬 겁니다. 서구 선진자본주의는 2차 대전 이후 국가가 나서 자본주의의 위기를 관리하는 국가독점자본주의로 발전하지요. 식민지 자본주의는 대부분 식민지 나라의 정치적 독립에도 불구하고, 선진자본주의 나라들에 의해 다시 새로운 형태의 정치, 경제, 문화적 예속상태에 처하게 됩니다. 이것을 사회과학 용어로 '구(舊)식민지'와 다른 '신(新)식민지' 또는 '반(半)식민지'라 부릅니다.

외견상 똑같은 자본주의 사회인데도 사회 내부의 성격과 해결 과제들은 전혀 다른 형태로 발전해간 겁니다. 한국 자본주의 역시 겉으로는 유럽처럼 고도화된 양상을 띠어도 한국사회의 예속성과 기형성은 여전히 확대재생산되는 종속형 자본주의입니다. 그러나 관변 보수학자들은 이런 해석에 반대하면서 한국은 중진국 자본주의 모델의 모범이고, 사회제도 변혁이나 혁명 없이 세계화를 통해 선진국으로 갈 수 있다고 여전히 강변합니다. 한국 사회가 그나마 이 정도라도 민주화된 건 한국자본주의와 시장논리의 산물이 아니라 민중들의 끝없는 저항과 투쟁 덕입니다.

맑스는 유럽에서 성장하는 자본주의를 경험하고 분석했어요. 레닌은 제국주의로 전화한 자본주의를 경험했으며, 아시아에서 진행되는 민족해방운동을 관심 있게 주목했지요. 맑스와 레닌 모두 유럽 자본주의를 중심으로 혁명을 구상했지만, 자본주의 세계체제의 본질과 여기에 저항한 식민지 민족해방운동의 방향을 체계적으로 정리하진 못했습니다.

자본주의 세계체제는 1, 2차 제국주의 전쟁과 식민지들의 정치적 독립이 진행되면서도 이제껏 큰 틀을 유지해 왔습니다. 또 다른 한편에선 20세기 다양한 사회주의가 등장해 식민지를 경험한 중국과 북한(조선), 베트남 등은 선진자본주의 모델을 벗어나 인민민주주의를 거쳐 사회주의의 길을 걸었습니다.

소련과 동유럽 사회주의의 붕괴에도 불구하고 아시아에서 사회주의의 지속 발전과 라틴아메리카의 사회주의적 지향과 열풍은 21세기 역시 자본주의와 사회주의의 대립이란 체제대결 구도에서 크게 벗어나지 않았음을 보여줍니다. 역사발전이란 큰 시각에서 보면, '자본주의는 영원하다'는 보수학자들의 주장과 달리 자본주의 역시 생성, 발전, 소멸하는 하나의 역사적 과정에 불과함을 알 수 있어요. 더불어 사회주의는 단일한 모델이 있는 게 아니라 다양하며, 나라와 민족에 따라 지금도 제 실정에 맞게 계속 실험되고 있음을 보여줍니다.

# 8
## 한국사회
## 다양한 '주의자'들

서구 나라들과 한국이 외견상 같은 틀의 자본주의 사회임에도 불구하고 사회성격에선 큰 차이를 보입니다. 한국사회에서 해결해야할 근본문제가 지난 세기 부르주아민주주의혁명을 거친 서구 나라들과는 다르기 때문입니다. 그리고 한국사회의 근본문제를 보는 시각의 차이가 진보진영 내 정치적 견해의 차이로 나타납니다.

보수진영 학자들이 지향하는 한국사회의 이상모델은 영·미식 자본주의이며 이들 나라를 빨리 따라가는 겁니다. 진보진영에선 한국사회가 영·미식 모델을 좇아도 영국이나 미국 같은 사회가 될 수 없을 뿐더러 결코 한국사회의 발전모델일 수 없다고 봅니다.

서구 자본주의 모델을 따라가더라도 결국 사회정치적 민주화 없이는 경제의 양적 팽창과 성장만 가능할 뿐이라고 판단하기 때문입니다. 결국 경제가 성장해도 부익부 빈익빈의 사회모순과 차별이 만연할 사회가 100년, 200년 뒤의 미래상이라면 받아들일 수 없겠지요.

진보진영의 한국사회에 대한 진단과 미래상은 다양하지만 크게 세 그룹으로 나눌 수 있습니다. 첫째는 사회민주주의자들입니다. 이들은 북유럽 복지국가 모델을 한국사회의 대안으로 제시합니다. 영·미식 자본주의와는 다르게 국가가 자본의 극단적 이윤추구를 통제하고 국민의 삶의 질 개선을 동시에 추구하는 일종의 자본주의 복지노선입니다.

둘째는 사회주의자들입니다. 국내 사회주의도 맑스-레닌주의, 트로츠키주의 등 경향이 다양합니다. 1990년대 소련과 동유럽 사회주의 붕괴 이후 국내 사회주의자들이 말하는 구체적인 사회주의 모델이 무엇인지는 아직 분명치 않습니다. 일부는 소비에트 동유럽 모델을 국가사회주의라 규정하고 새로운 '21세기형 사회주의' 모델을 만들어야 한다고 주장하기도 하죠.

이른바 민중민주주의(PD) 노선을 지향하는 사람들도 크게 보면 민주주의혁명을 사회주의혁명으로 발전시켜야 한다는 견해를 갖고 있으나, 세부 경로를 말하게 되면 역시 주장이 다양합니다. 이들은 한국사회가 서구와 다르게 제국주의 세력에게 영향 받는 예속적 자본주의 사회라고 보지만 예속성보다는 자본주의 계급모순이 더 규정적이라고 강조해요. 그래서 외래 제국주의 지배를 극복하는 문제보다 한국사회 내부의 노동자 대 자본가 모순 해결이 현 단계의 핵심과제라고 주장합니다.

셋째, 민족해방민주주의자들입니다. 이들은 세계 자본주의가 2차 대전 이후 미국을 중심으로 한 제국주의 신식민지 체계로 개편됐다고 봅니다. 아시아, 아프리카, 라틴아메리카의 나라들이 외견상 정치적 독립을 달성해 구(舊) 식민체제를 탈피했지만 경제적, 사상문화적 독립엔 실패해 민주주의가 온전히 발전하지 못하고 다시 새로운 형태의 제국주의 정치경제적 지배와 간섭을 받게 됐다고 봅니다. 이들 중엔 사회주의 지향을 가진 사람도 많습니다.

이들은 한국사회가 외견상 자본주의 사회라는 점에서 서구와 같지만, 실제 성격은 미국 제국주의에 대한 예속성이 본질인 자본주의 사회라고 주장해요. 그래서 반미반제 문제의 해결이 민주주의와 민족통일, 나아가 평등사회 실현의 기반을 마련하는 근본문제라고 보지요. 주체사상은 북한(조선)의 경험을 토대로 여기서 한발 더 나아가 인민민주주의 정권이 사회주의 정권으로 성장, 전화한다는 이론을 내놓았습니다.

흔히 말하는 '엔엘(NL)-피디(PD)' 논쟁의 배경엔 한국사회 현실에 대한 분석, 평가 말고도 맑스주의와 주체사상의 철학적 관점과 견해차도 있습니다. 1980~90년대 이른바 '사회성격' 논쟁의 배경엔 '경제가 정치를 규정한다'는 맑스주의 고전명제와 '정치가 경제를 규정한다'는 주체사상의 새 명제 사이에 대립이 있습니다. 현대사회를 경제적 생산관계를 중심으로 분석하면, 사회는 자본주의 생산양식과 자본주의 아닌 생산양식 또는 사회주의 생산양식으로 단순하게 분류됩니다. 하지만 정치의 핵심인 정권의 성격을 놓고 분석하면 외견상 같은 자본주의 사회도 다양하게 분류하게 되죠. 정권을 중심으로 사회를 분석한다함은 사람을 중심으로 분석한다는 겁니다. 이는 앞서 여러 번 언급했으므로 생략합니다.

사회를 규정하는 결정적 요인은 사람이며 '정권'의 성격입니다. 한국 사회를 전반적으로 규정하는 정권의 성격은 해방 이후 지금까지 친미 예속 자본주의 정권입니다. 오늘날 시리아에서 미국이 벌이는 전쟁의 목적도 반세기 전 한국에서처럼 친미 예속정권을 수립하는 데 있지요. 미국이 시리아 전쟁에서 승리하면 그건 시리아의 한국화입니다. 미군이 주둔하고, 민주주의란 이름으로 자치권을 주되 철저히 친미예속 정권으로 만듭니다. 같은 자본주의 생산양식을 가진 정권이라도 성격은 다를 수 있어요. 완전한 친미 예속정권도 있고 자주성을 가진 반미정권도 있지요. 베네수엘라처럼 정권이 자본주의를 부정하고 사회주의를 지향하면 사회 전체가 사회주의로 가게 됩니다. 정권이 사회주의와 사회민주주의조차 부정하고 예속적 자본주의를 유지하면 신식민지 예속자본주의가 지속되는 거지요.

미국과 한국 모두 자본주의 생산양식이란 동일한 사회구성체이지만 정권의 성격은 판이하게 다릅니다. 하나는 지배하는 자본주의(제국주의)이고 다른 하나는 종속된 자본주의입니다. 경제가 아무리 고도화되고 규모가 성장해도 자주적 정권이 되지 못하면 성장의 열매는 근로대중의 몫이 아니며 차별은 지속됩니다. 이런 종속관계를 단절하는 게 한국사회의 미래를 위한 대수술이 되겠지요.

# 4 장

# 경제정책과 철학사상

경복궁 담

# 1

## 정권의 성격이
## 경제구조를 결정한다

경제생활은 정치, 문화생활과 함께 사회생활 3대 분야의 하나입니다. 흔히 잘 산다함은 사상정신적으로 건강하고 풍요로울 뿐 아니라 물질경제생활도 안정적이고 여유롭다는 뜻일 겁니다. 역사에 남은 여러 사회개혁이나 혁명의 직접원인도 물질경제생활의 불만에서 촉발되는 경우가 많았습니다.

경제가 이렇게 중요한 분야인데도 개혁정권은 물론 혁명정권조차 경제개혁 청사진과 프로그램을 제대로 준비하고 관철해 성공한 사례가 드뭅니다. 2차 세계대전 이후 아시아, 라틴아메리카에서 등장한 수많은 진보적 개혁정권이 경제개혁에 실패했어요. 새 사회의 청사진을 갖고 있다는 사회주의 혁명정권조차 경제혁명을 완전히 성공하지 못한 채 오늘도 다양한 사회주의 경제실험을 계속하고 있습니다.

경제개혁이나 경제혁명이 어려운 이유는 개혁이나 혁명을 반대하는 기득권세력의 저항과 반발 등 경제 외적인 이유가 1차적입니다. 하지만 인류가 아직 자본주의를 극복하는 경제법칙과 원리를 이론, 실천 적으로 완전히 장악하지 못한 데도 원인이 있지요. 소련의 좌절이나 중국, 베트남, 쿠바의 경제혁명 실험은 그 대표적 사례입니다.

자본주의를 극복하는 경제개혁이나 혁명이 자본주의 경제운영보다 두세 배 더 어려운 이유는 역사상 처음으로 자본의 이윤과 시장법칙 이 아닌 '사회적 생산 법칙'이란 새 운영원리를 창조해야하기 때문입 니다. 자본주의는 무정부적으로 이윤을 위해 경제논리와 정책을 만들 어 갑니다. 자본주의 국가의 경제정책은 이윤을 좇아 알아서 움직이 며 자기복제하는 자본을 보호하고 다양한 수단으로 적절히 시장에 개 입해 조절 통제하는 역할을 합니다.

그러나 사회주의 경제정책은 자본주의 경제정책과는 근본적으로 다 릅니다. 역사상 처음으로 이윤을 따라 알아서 움직이던 생산논리가 사라지고, 이윤추구 동기를 대신할 새로운 사회적 사업동기와 운영질 서를 만들고 관리합니다. 즉 더 이상 기업 이윤을 위해 생산하는 게 아 니라, 사회적 필요와 이익에 따른 계획생산이 시작됩니다. 이것은 결 코 쉽지 않은 인류 경제사의 혁명적 도전입니다. 생산의 무정부성은 사라졌지만 이윤을 대체할 정밀한 계획 생산과 강력한 생산 동기가 없다면, 과거 이윤 논리가 만들어낸 생산성과를 따라잡기는 고사하고 분배와 공급 기능조차 제대로 수행 못할 수도 있습니다.

사회주의가 자본주의 이윤동기를 대체할 새로운 생산 동기와 운영방 식을 찾지 못한다면 생산력은 정체하고 다시 자본주의로 돌아가 '통제된 자본' 정도를 활용하는 방향으로 갈 수밖에 없게 됩니다. 현재 자본주의를 활용하면서 사회주의를 전략적으로 강화하려는 중국공산당의 절충적 방식도 이와 유사합니다. 경제혁명 문제를 좀 더 깊이 살피면, 경제와 철학이 깊이 연관된다는 걸 알게 됩니다. 인간 경제활동의 근본 동인에 관한 철학적 해답을 찾아야하기 때문이죠. 이것은 또 현대 인류가 시험 중인 진보적 경제정책과 근로대중이 경제제도의 진짜 주인이 되기 위한 당면과제이기도 합니다.

자본주의 경제정책은 마치 강물에 물고기들을 풀어놓고 알아서 살아남으라고 하는 것과 같습니다. 당연히 적자생존과 약육강식의 원리가 작용하지요. 이 생태계의 근본문제는 어느 순간 베스와 블루길 같은 큰 물고기가 등장해 작은 물고기들을 다 잡아먹어 결국은 큰 물고기도 살 수 없게 되는 겁니다. 자본주의 국가의 주요 임무 중 하나가 대기업(독점자본)의 생존과 이윤을 위해 필연적으로 나타나는 경제공황과 불황에 개입해 모두 공멸할 수 있는 경제를 유지 관리하는 역할입니다. 사회주의 국가의 경제정책은 물고기의 개체 수와 종류에 따라 필요한 먹이와 생식 등을 일일이 계획 조정하는 양어장과 같습니다. 계획이 정확하지 않고 생산의 적극적 동기를 찾지 못하면 사나운 물고기를 풀어놓고 위기관리만 하는 것만 못할 수 있지요.

무슨 얘기냐면, 자본주의 경제는 무정부적인 이윤논리를 따르는 것이긴 해도 자본가가 이윤을 목적으로 운영의 주축을 담당하지만 사회주의 사회에선 국가와 사회가 새로운 경영주체로 나서 경제를 직접 운영하게 된다는 말입니다. 즉 사회주의 국가의 경제정책의 범위와 내용이 이전 자본주의와는 양적으로나 질적으로 차원을 달리해 국가는 경제의 조절자가 아니라 직접적인 운영주체가 된다는 뜻입니다.

경제가 정치에 의해 직접 규제되는 이른바 직접경제의 새로운 사회발전단계에 들어서게 되는 거지요. 물론 여기서 정치를 담당할 정부는 당연히 크고 강력합니다. 자본주의 사회에서 말하는 작은 정부는 물론, 큰 정부와도 비교할 수 없을 정도로 크고 강한 정부입니다.

이런 진보적 정권에 의한 경제계획과 운영지도는, 베네수엘라에서 보듯 사회주의 혁명 이전 민주주의 혁명단계에서도 부분적으로 나타납니다. 한국 민주주의혁명은 전면적인 반(反)자본의 내용이라기보다는 반제 경제민주주의 성격을 우선 띱니다. 초국적 외래자본에 대한 규제와 여전히 전근대적인 재벌중심의 기업 운영방식을 바로잡는 경제민주화부터 시작합니다. 그리고 이후 과정이 어떻게 전개될지는 전적으로 정권의 성격에 달려있다고 하겠습니다.

세계 여러 나라의 경험을 보면, 경제혁명의 수준과 내용은 일반적으로 정권의 성격에 따라 다릅니다. 민주주의 혁명단계에 머물기도 하고, 제3의 사회민주주의의 길을 모색하기도 하고, 아니면 곧 바로 사회주의 혁명으로 성장, 진화하기도 합니다. 민주주의 혁명단계에서 자본과 시장을 전면 부정하는 경우는 거의 없습니다. 대체로 실정에 맞는 주요산업 국유화를 통해 새로운 사회적 소유와 자본주의 생산방식이 공존하며 경쟁하는 게 일반적입니다.

불행히도 국민들은 지난 70여 년 동안 무수히 많은 경제정책을 보고 경험했지만 철학적으로 색다른 경제정책을 경험한 적은 없습니다. 공화국이 여섯 번 바뀌고 군사정권에서 문민, 국민, 참여정부로 바뀌고 경제규모와 운용방식이 바뀌었다고 하지만 기본 정책철학은 바뀐 게 없습니다. 한국 경제정책의 기본 성격이 궁극적으로 미·일 외래자본과 재벌 대기업을 위한 것이기 때문이지요. 이는 역대 정권의 성격과도 그대로 일치합니다.

정권의 성격이 경제정책의 성격을 규정하는 건 사회법칙입니다. 경제정책의 성격이란 경제정책의 실내용이 누구를 위해 준비되고 집행되는가의 문제입니다. 경제정책이 근로대중이 아니라 대자본과 외래자본을 위한 거라면 경제규모가 아무리 커져도 부익부 빈익빈만 더 심화될 뿐입니다. 수출 총액과 GDP가 세계 10위권이라 해도 경제정책의 성격이 자국 근로대중과 자립적 민족경제를 위한 게 아니라면 그 혜택은 대자본과 외래자본에게 주로 돌아가게 되지요. 곰이 아무리 재주를 부려도 겨우 끼니만 때울 뿐 모든 건 주인이 가져가는 구조입니다.

사람들은 경제학과 경제정책에도 이렇게 철학적 성격이 담겨있음을 잘 인식 못합니다. 한국의 역대 경제정책은 철저히 미국식 경제정책을 추종했어요. 조선시대 작은 중국을 지향하던 '소중화(小中華)' 사상이 나라와 백성을 망쳤다면, 지금은 미국 경제와 수직적으로 일체화하려는 '작은 미국(Small America)' 정책이 그렇습니다. 경제정책을 담당하는 기획재정부와 산업통상자원부 고위 공무원들의 국적은 모두 한국이지만, 머릿속의 소프트웨어는 미국산인 사람들이 너무 많습니다. 근로대중은 자기 이해관계에 부합하는 경제철학과 경제정책을 정규 교육과정에서 배울 기회가 없고 외려 그런 연구와 학습이 탄압을 받는 실정입니다. 자본주의 경제, 경영학은 대체로 자본주의 제도의 영원성과 효율성을 미화합니다. 아담 스미스가 말한 '보이지 않는 손'에 의한 시장의 효율성을 찬양하고, 개방경제와 자유무역을 일방적으로 고무하죠. 또 노동자계급과 근로대중이 발견한 자주적 민주주의 경제혁명과 사회주의 경제학을 무조건 비난합니다.

근로대중이 일만 열심히 하고 경제정책에 대해 무지하다면 영원히 자본이라는 주인에 묶인 '재주 부리는 곰'의 신세를 면치 못할 겁니다. 근로대중이 자신을 위한 경제학과 경제법칙에 무지하다면 어렵게 잡은 정권을 제대로 운영도 못해보고 다시 넘겨줘야 하는 게 역사의 경험이자 교훈입니다. 노동자가 진보적 정치경제학과 대안 계획경제를 공부해야하는 이유이죠. 자주적 민주주의 경제혁명은 한국의 근로대중에게 주어진 과제인 동시에 진보를 지향하는 세계 민중의 과제입니다.

## 2

## 맑스주의 정치경제학과
## 주체정치경제학

경제 운영방식엔 자본주의 운영방식뿐 아니라 사회주의 운영방식도 있고 혼합형과 과도적인 절충형 운영방식도 있습니다. 국민경제가 지난 반세기 동안 아무리 성장해도 근로대중의 생활을 근본적으로 개선하지 못했다면, 과연 근로대중에게 이익을 주는 방식이 무엇인지 심각하게 생각해야 합니다.

사람들이 사회주의 운영방식을 소련식이나 중국식, 북한(조선)식 등 몇 가지만 생각하는데 자본주의 나라 수만큼이나 다양한 사회주의 운영방식이 가능해요. 자본주의 운영방식이 나라마다 다양하듯 사회주의 경제운영 방식도 나라마다 다양할 수밖에 없지요. 그런데 현실에서 경제운영 방식의 변화는 국민의 선택 문제가 아니라 정치개혁과 정치혁명 문제로 제기됩니다.

왜냐면 경제정책과 제도가 바뀌면 기득권세력이 극렬히 저항하기 때문입니다. 자본주의 경제제도 아래서 지배적 지위와 역할을 점하던 자본가계급이 사회주의 경제체제 아래선 근로대중의 공유제도로 인해 생산수단 독점권을 박탈당하고 근로대중과 동등한 지위에서 일해야 하기 때문입니다.

당연히 자본가계급은 사회주의 경제제도에 대해 적대적인 입장과 태도를 취하게 되고, 심지어 한국 자본가계급은 사회민주주의조차 완강히 거부합니다. 거꾸로 근로대중은 사회주의 경제제도에서 생산의 주인으로 직접 운영에 참여해 일한만큼 대가를 받습니다. 이런 이유로 자본가계급은 사회주의 경제제도를 처음부터 '지옥과 비효율'로 왜곡합니다. 자본가계급에겐 자본주의가 천국이자 이상사회입니다. 그러나 다수의 근로대중에게 자본주의는 선택할 수 있는 하나의 방식에 불과할 뿐 결코 이상적이거나 숙명적 사회경제제도로 볼 필요가 전혀 없지요.

자본주의 사회에서 지배적 경제사상은 시장 우월주의 또는 시장 만능주의입니다. 그밖에 비(非)자본주의적 또는 비시장경제의 새로운 가능성에 대해선 논쟁만이 아니라 때로 법·제도적인 힘을 동원해 이단시합니다. 역사적으로 보면 노동자계급과 근로대중의 경제학(정치경제학)은 맑스주의 정치경제학과 북한(조선)의 주체정치경제학이 있습니다.

맑스가 자본주의 사회를 전면적이고 과학적으로 해부한 《자본론》은 노동자대중뿐 아니라 부르주아 경제학에도 큰 영향을 미쳤지요. 맑스의 《자본론》 출현 이후 경제학 자체가 맑스주의와 비(非)맑스주의 흐름으로 나뉘었다고 해도 과언이 아닐 정도입니다. 맑스주의 정치경제학은 독점 이전인 19세기 자본주의 사회경제를 분석한 데 기초해 자본주의 경제법칙을 밝히는데 중점을 두고 발전했습니다.

주체정치경제학은 자본주의뿐 아니라 자본주의 과도기의 20세기 사회혁명과 사회주의 경제개조 과정을 거치면서 정립됐지요. 맑스주의 정치경제학은 변증법적 유물론을 철학적 기초로 했고 주체정치경제학은 주체사상에 근거해 발전했습니다. 그러므로 맑스주의 정치경제학과 주체정치경제학은 차이는 일반 유물론과 사람중심의 유물론이란 철학적 차이에서 비롯됩니다.

맑스주의의 기본공식인 생산력과 생산관계 상호조응의 법칙, 상부구조와 하부토대의 상호조응 법칙이 주체정치경제학에서 어떻게 자주성의 원리로 더 포괄적으로 설명되는지 앞서 설명했습니다. 주체정치경제학은 이밖에도 사회주의 노동생산성, 생산관계의 사회주의적 개조 등 여러 문제에 대해 기존 맑스주의 정치경제학 이론으로 해명 못한 난제들을 새로운 차원에서 해명하고 있습니다.

한마디로 맑스주의가 경제관계(생산관계)를 중심에 놓고 사람(노동자)의 경제활동을 보았다면 주체정치경제학은 사람을 중심에 놓고 경제관계(생산관계)를 봤습니다. 전문용어로 설명하면 맑스주의가 정치경제학의 대상을 '경제관계'로 본데 비해 주체정치경제학은 경제적 요구를 실현하는 '사람의 사회적 활동' 차원에서 본 겁니다.

사람의 자주성이 낮은 고대, 중세, 근대 사회의 경우 사람들은 객관적 경제조건과 환경에 지배 받는 게 주된 측면을 이룹니다. 이런 경우 경제법칙에서 사람과 노동은 피동적 요소입니다. 그러나 20세기, 21세기 거대한 사회혁명의 시대엔 경제에서도 사람의 활동과 주동적 역할이 객관적인 물질적 조건보다 전면적으로 드러나기 시작합니다. 사람의 변화가 기존 경제법칙의 변화를 가져오기 시작합니다.

자연법칙과 마찬가지로 경제법칙도 객관성을 띱니다. 하지만 경제법칙은 자연법칙과 다르게 사람의 활동을 떠나선 작용할 수 없어요. 그래서 경제법칙 자체는 객관적이지만 사람들의 요구를 반영해 작용할 수밖에 없는 필연성을 갖습니다. 예를 들면, 생산력이 발전하면 생산관계가 순차적으로 변하는 과정만 있는 건 아닙니다. 만약 사람들의 정치적 준비정도가 높다면, 즉 근로대중의 합리적 생산관계에 대한 요구가 절박하고 그를 유지할 의지와 힘이 있다면 불합리한 생산관계는 생산력이 발전할 때까지 기다릴 필요 없이 곧바로 개조할 수 있습니다.

한마디로 경제법칙에서 '사람의 지위와 역할'이 차지하는 문제가 새롭게 규명된 겁니다. 주체사상은 이를 경제활동에서 근로대중의 창조적 역할 문제가 과학적으로 해명됐다고 합니다. 또 생산에서 사상의식이 차지하는 역할 문제도 해명될 수 있지요. 이런 과정에서 근로대중의 자주적 경제활동을 조직지휘하는 경제관리에 관한 새로운 이론들이 정립됩니다.

또 이를 통해 자본의 이윤동기를 대체할 생산의 동기가 무엇인가에

답을 내놓습니다. 단순한 이익을 위한 기술개발이 아닌 사회집단에 대한 사랑과 열정에 기초한 기술개발인 거죠. 사회주의 경제발전의 원동력을 '생산관계에 기초한 생산력 발전 논리'에서 찾는 게 아니라 '사회와 집단을 위한 사회주의적 인간의 강열한 요구'에서 생산력 발전의 뿌리를 찾은 겁니다. 이는 사회주의 생산의 원동력이 마치 가족에 대한 사랑처럼, 좀 더 큰 집단과 사회에 대한 헌신과 사랑이라는 겁니다. 주체정치경제학은 물질경제의 객관성을 중시하는 생산력과 생산관계 중심의 맑스주의 경제이론에서 가장 고급한 물질인 사람의 활동, 즉 경제에서 주체의 지위와 역할을 중심으로 생산력과 생산관계의 법칙이 어떻게 작용하는지 더 깊이 들어간 셈입니다.

# 3

## 구글의 경영원리와 주체사상

만유인력의 법칙이 자본주의나 사회주의에 상관없이 관철되는 진리이듯 역사에서 발견된 사람과 사회에 관한 새로운 철학, 일반 법칙, 지식은 해당 사회제도가 무엇인지에 관계없이 공통된 진리입니다. 자본주의와 사회주의 경제제도가 상충된 경제, 경영 원리 아래서도 노동생산성과 작업효율성 향상을 지향한다는 점에서 부분적으론 목적한 바가 같다고 볼 수 있습니다.

그런 측면에서 전혀 다르게 정립돼 온 북한(조선)의 주체 경영학(경제관리학)과 현대 자본주의 경영학에서 유사한 흐름과 공통점을 찾을 수 있습니다. 사회주의 기업 경영에서 사람의 자주성과 창조성을 극대화하기 위해 노동자가 소유권과 경영권을 갖고 생산활동에 참여하는 건 원칙입니다. 반면 자본주의 사회에서 노동자는 대부분 기업의 소유경영권에서 분리 배제돼 있어 자기 회사를 자기 일처럼 대하기는 처음부터 불가능합니다.

사회주의 경영원리에서 어떤 노동자가 열심히 일해도 비슷한 보상이 주어지는 평균주의가 문제라면, 자본주의 경영에선 근로대중의 창발성을 기대할 수 없는 노동자 경영참여 배제와 근로대중을 마치 고급기계처럼 활용하는 게 문제입니다.

자본주의의 대표적인 경영시스템은 '포드주의'에 기초한 노동관리통제시스템이죠. 노동을 분업에 기초해 시간과 작업공정을 쪼개어 통제 관리하는 방식입니다. 노동자로 분한 찰리 채플린이 컨베이어벨트에서 일하는, 영화 〈모던 타임즈〉의 장면과 같습니다. 노동자는 기계와 결합돼 고급기계처럼 반복적으로 일하며 기업경영은 기업주와 관리자의 몫일뿐이죠. 노동자에겐 생산 목표량만 던져질 뿐 기업경영의 방향과 목표는 알 이유가 없다는 겁니다.

이런 기업관리 체계라면 '고급기계'들의 반란은 어쩌면 당연하죠. 사회가 민주화되고 노동자의 권리의식이 높아질수록 '우리는 기계가 아니다, 우리도 사람이다'라는 요구는 높아집니다. 이윽고 노동자계급이 단결권과 단체행동권을 행사합니다. 그렇게 폭발한 1987년 한국 노동자대투쟁 이후 민주노조가 급격히 성장했지만 기업 경영방식은 근본적으로 바뀌지 않았습니다. 노동조합 자체를 부정하고 물리적 탄압으로 일관하던 노동통제 방식이 외견상 달라졌을 뿐 합법노조를 분열, 무력화하려는 시도는 끊이지 않았지요. 글로벌기업 반열에 올랐다는 삼성이 보여주듯 국내 기업의 노동관리는 여전히 전근대성을 탈피하지 못하고 있습니다.

과거 한국의 현대자동차와 일본의 토요타자동차의 경영방식을 비교 연구한 결과가 주목받은 적이 있습니다. 토요타 방식은 기존 포드주의의 한계를 시정해 제한적이지만 숙련노동자들에게 생산경영 참여를 허용합니다. 이를 통해 작업현장에서 생산성과 자발성을 높이고, 그 결과를 다시 물질적 인센티브로 보상합니다. 경영방식의 작은 변화이지만 숙련노동자들은 숙련된 기계에서 처음으로 창조적 노동을 하는 생각하는 노동자로 조금씩 바꿨습니다. 당연히 전투적이던 노사관계에도 영향을 미쳤지요.

물론 토요타 방식은 근본에선 포즈주의와 다를 바 없는. 근로대중의 자유와 해방을 위한 경영과는 거리가 멉니다. 그러나 토요타뿐 아니라 구글, 미국의 사우스웨스트 항공, 세스 인스티튜트(SAS institute) 등에서 보이는 기업경영 성공원리의 공통점은 한마디로 '사람중심' 경영입니다. 그게 제한적이고 부분적 시도라도 말이지요. 이는 어떤 사회제도든 종국적으로는 사람의 창발성을 끌어내야 승리한다는 걸 단적으로 보여줍니다.

물론 자본주의 경영에서 '사람중심'은 경영기법 차원의 제한적 시도이며 목적은 이윤 창출입니다. 하지만 자본주의 경영원리 역시 서비스산업이 늘어날수록 사람을 생산의 한 피동적 요소로만 봤던 구시대적 경영관에서 탈피할 것을 요구받고 있습니다. 근로대중을 생산은 물론 기업경영의 중심 요소로 봐야 한다는 거지요. 이렇게 철학적 원리라고 할 사람중심의 관점이 현대 자본주의 경제, 경영학 분야에서도 진리성을 입증하고 있다는 점은 사회제도의 차이를 뛰어넘어 참

흥미롭습니다.

자본주의 중심국의 정책 흐름에 따라 기업경영 방식도 변화합니다. 세계 자본주의 경제를 주도하는 현대 제국주의의 정점, 미국이 국경 없는 시장만능주의인 신자유주의 정책을 채택하자 미국 경제에 직접적으로 영향 받는 한국과 일본의 경영방식과 노동대중의 평생직장 개념은 순식간에 무너져버렸지요.

국내에서 제너럴일렉트릭(GE, General Electric) 잭 웰치 회장의 경영모델이 대유행한 적이 있었지요. 지난 1981년에 120억 달러의 자산 가치를 가진 회사를 20년 만에 4500억 달러 규모로 성장시킨 경영 비결을 한국기업들도 좇아 배워야 한다는 분위기였습니다. 잭 웰치의 경영방식은 전형적인 신자유주의 인수합병(M&A)에 부합하는 것으로 사람중심의 경영방식과는 대조적입니다. 직원들을 상·중·하로 평가해 하위 10%를 해고하는 성과주의 방식으로 노동유연성을 전제로 하죠. 또 내부혁신보다는 적대적인 인수합병을 통해 기업을 키웁니다.

반면 미 스탠퍼드대 제프리 페퍼(Jeffrey Pfeffer) 교수는 신자유주의 경영방식을 비판하면서, '인간중심 전략(human-centered strategy)'이 현대 경영의 중심원리여야 한다고 주장했습니다. 고용의 유연성이 아니라 고용의 안정성이, 그리고 노동자의 생산경영 배제가 아니라 창의적 참여가, 또 소수 기술인력의 천재적 창의성보다 다수 평범한 숙련노동자의 잠재적 창조성이 기업혁신과 노동생산성으로 이어지는 합리적이며 고급한 방식이라고 말합니다. 국내에선 유한양행과 유한킴벌

리의 경영사례가 이와 유사하다고 평가 받지요. 하지만 엄밀히 말하면 한국형 기업경영모델을 발굴했다기보다 천박한 국내 기업경영 풍토에서 외풍에 휘둘리지 않고 비교적 합리적인 경영원칙을 지켜온 사례라고 하겠습니다.

인간중심 경영전략이 전면화되고 경제경영 발전단계가 높아질수록 근로대중의 생산을 뛰어넘는 경영참여는 불가피하고, 기업 소유권에 대한 근로대중의 관심과 요구도 높아질 수밖에 없습니다. 이런 인간중심 경영 흐름이 사적소유에 기반한 자본주의 생산관계와 근본적인 모순관계임은 두말할 필요 없지요. 자본주의 경영학의 근본 딜레마는 계속 높아가는 인간의 창조성을 더는 관리할 수없는 사회제도적 한계에 봉착하고 만다는 겁니다. 효율성을 가장 강조하는 자본이 비효율적으로 운영될 수밖에 없어 생기는 모순에 빠지게 됩니다.

# 4
## 한반도 자립적 민족경제노선

남북 경제가 함께 가야할 미래 방향은 여전히 자립적 민족경제입니다. 자립적 민족경제노선이 북한(조선)만이 아니라 남북 공동의 경제발전 노선이라고 주장하면 무슨 고리타분한 한물간 민족경제 타령이냐고 할 사람도 있을 겁니다. 한국에서 세계화란 사실 미국화를 말하는 건데 미국식 세계화를 정면 부정하고 새로운 세계화를 주장하는 입장이 바로 자립적 민족경제노선에 기반한 세계화입니다. 물론 정치적 자주성이 없으면 불가능한 노선이죠. 그래서 실물경제에 대한 진단이 아니라 개혁과 변혁을 전제로 한 전략적 경제노선이라고 하겠습니다.

자립적 민족경제노선이 중요한 이유는 2차 대전 이후 신생 독립국들 모두 정치적으론 독립했지만 서구 선진국들의 신식민정책으로 다시 경제, 사상, 문화적 수탈을 당하고 있기 때문입니다. 특히 현대 제국주의는 신자유주의 정책을 앞세워 금융경제를 지배하는 방식으로 수탈을 강화하고 있는데 그 수법은 국경도 필요 없는 합법적 금융수탈 방식입니다.

제3세계 나라들이 정치적 독립을 획득해도 서구열강의 국제경제 질서에서 자립적 경제를 건설하긴 결코 쉽지 않습니다. 성공 사례도 드물어요. 자본주의 경제를 택한 나라들은 예외 없이 옛 제국주의 나라들에게 새로운 형태의 경제 예속을 경험해야 했고 사회주의를 선택한 몇몇 나라만이 자립적 경제를 추구하고 있습니다. 중국, 베트남, 북한(조선), 쿠바 등이 그렇습니다.

현대 제국주의가 지배하는 세계경제에서 자립적 민족경제노선은 자본

> **용어 해설**
>
> **신자유주의 [新自由主義, Neoliberalism]** 네이버 백과사전
>
> 국가권력의 시장 개입을 비판하고 시장의 기능과 민간의 자유로운 활동을 중시하는 이론. 1970년대부터 케인스 이론을 도입한 수정자본주의의 실패를 지적하고 경제적 자유방임주의를 주장하면서 본격적으로 대두하였다.
>
> 케인스경제학은 제1차 세계대전 이후 세계적인 공황을 겪은 많은 나라들의 경제정책에 이론적 기초를 제공하였다. 미국과 영국 등 선진국가들은 케인스 이론을 도입한 수정자본주의를 채택하였는데, 그 요체는 정부가 시장에 적극적으로 개입해 소득평준화와 완전고용을 이룸으로써 복지국가를 지향하는 것이다.
>
> 케인스 이론은 이른바 '자본주의의 황금기'와 함께하였으나, 1970년대 이후 세계적인 불황이 다가오면서 반론이 제기되었다. 장기적인 스태그플레이션은 케인스 이론에 기반한 경제정책이 실패한 결과라고 지적하며 대두된 것이 신자유주의 이론이다. 시카고학파로 대표되는 신자유주의자들의 주장은 닉슨 행정부의 경제정책에 반영되었고, 이른바 레이거노믹스의 근간이 되었다.
>
> 신자유주의는 자유시장과 규제완화, 재산권을 중시한다. 신자유주의론자들은 국가권력의 시장개입을 완전히 부정하지는 않지만 국가권력의 시장개입은 경제의 효율성과 형평성을 오히려 악화시킨다고

주의뿐 아니라 사회주의 경제에서도 유의미합니다. 이는 각 나라의 혁명과 건설이 개별국가를 단위로 진행되는 것과 관련이 있습니다. 미래 사회주의 나라들 사이에서도 경제발전은 민족국가를 기본단위로 해서 진행될 걸로 예상합니다. 노동자 국제주의원칙도 각 개별국가 단위에서 진행되는 혁명과 건설을 상호 협력하는 방식으로 실현될 겁니다.

2차 대전 이후 70여년이 훌쩍 지났지만 신생 독립국들의 주된 과제는 여전히 경제적 자립을 이뤄 자기 경제를 근로대중을 위한 형태로 만

> 주장한다. 따라서 '준칙에 의한' 소극적인 통화정책과 국제금융의 자유화를 통해 안정된 경제성장에 도달하는 것을 목표로 한다. 또한 공공복지 제도를 확대하는 것은 정부의 재정을 팽창시키고, 근로의욕을 감퇴시켜 이른바 '복지병'을 야기한다는 주장도 편다.
>
> 신자유주의자들은 자유무역과 국제적 분업이라는 말로 시장개방을 주장하는데, 이른바 '세계화'나 '자유화'라는 용어도 신자유주의의 산물이다. 이는 세계무역기구(WTO)나 우루과이라운드 같은 다자간 협상을 통한 시장개방 압력으로 나타나기도 한다. 신자유주의의 도입에 따라 케인스 이론의 완전고용은 노동시장의 유연화로 해체되고, 정부가 관장하거나 보조해오던 영역들이 민간에 이전되었다.
>
> **자립적 민족경제**
>
> 자립적 민족경제를 건설한다는 것은 나라를 부강하게 하고 국민 생활수준을 높이는데 필요한 중공업 및 경공업 제품들과 농업 생산물을 기본적으로 국내에서 생산 보장할 수 있도록 경제를 다방면으로 발전시키고 현대적 기술로 정비해 자체의 튼튼한 원료기지를 닦아 모든 부문들이 유기적으로 연결된 하나의 종합적인 경제체계를 이룬다는 것을 말한다. 자체의 자원과 기술, 인력에 의해 자체의 힘으로 움직이는 제 발로 걸어가는 경제이다.

들 수 있느냐의 문제입니다. 이들 나라가 외견상으론 자본주의 경제 제도를 도입해 각기 독자적인 국민경제구조를 갖고 있지만, 실태가 불안정하고 취약해 외래 제국주의 자본의 수탈에 그대로 노출돼 있기 때문입니다.

라틴아메리카와 아시아, 아프리카 나라들의 처지가 대부분 같죠. 겉모양은 자본주의 국민경제구조를 갖고 있지만 실제 성격은 내부분 종속적 자본주의에 해당합니다. 과거 이들 나라가 자립적 국가경제를 건설하는 방식은 크게 두 가지였습니다. 하나는 자본주의의 틀을 어느 정도 유지하는 방식이고 다른 하나는 자본주의를 완전히 벗어난 사회주의 방식입니다. 선거에 의한 방법이든 아니든 정치혁명을 통해 예속적 국민경제를 벗어나는 길입니다.

자본주의의 틀을 완전히 벗어나지 않은 탈신식민주의 경제운영 방식은 사실상 혼합경제 형태입니다. 부분적으로 주요산업 부문을 국유화하지만 사회 전체적으론 시장경제를 폐기하지 않습니다. 이런 산업 국유화의 특징은, 사회주의적인 전면 국유화와는 다르게 외래자본이 장악했거나 국내 기생 독점자본의 경제적 기반과 소유에 국한됩니다. 사람들은 주요산업 국유화를 사회주의라고 생각하는데 국유화 정책 자체가 곧 사회주의 전면화를 뜻하진 않습니다.

사회주의 제도 아래서 자본주의 시장경제를 활용하는 게 가능하듯 자주적 민주주의혁명에서 사회주의적 요소를 활용하는 건 외려 일반적 현상입니다. 경우에 따라선 정권이 국가자본주의 형태의 국유화를 단행하기도 합니다. 결국 여러 경제제도가 공존하는 셈이죠. 어떤 경제 운영 형태가 주도적인지는 전적으로 정권의 성격이 좌우합니다. 또 이런 형태를 장기적으로 보는가, 아니면 과도적으로 보는가 역시 정권의 성격이 좌우합니다.

자본주의의 틀을 완전히 벗어나는 건 사회주의 방식입니다. 혼합 경제제도를 과도적이고 잠정적 형태로 유지하다가 곧바로 전 사회에 걸쳐 전면적인 사회주의 개조를 추진하게 됩니다. 어느 방식이든 중요한 건 민중의 강력한 지지를 얻고, 민중과 함께 호흡하는 정권의 존재 여부입니다. 민중의 전폭적 지지와 열망 없인 이런 급격한 사회개조가 불가능하기 때문이지요.

자립적 민족경제노선을 아직도 민족폐쇄경제와 혼동하는 이들이 있는데 자립적 민족(국민)경제노선은 개방경제와 대립되지 않습니다. 중국이 추진하는 개혁개방정책도 자립적 인민경제노선에 기반한 겁니다. 자립적 경제노선은 경제생활과 건설에서 국가의 경제주권을 강화 발전시키는 방향에서 개방하고 무역도 하는 걸 가리킵니다. 협력에 기초한 세계화는 세계경제의 돌이킬 수 없는 추세입니다. 그러나 미국식의 일방적, 패권적 세계경제가 아니라 각 나라의 자립적 민족경제에 기초한 진정한 경제협력을 위해 새로운 세계화를 지향해야겠지요.

제국주의 침탈과 개입을 극복해낸 자립적 민족(국민)경제는 제국주의 나라들과 대등한 관계에서 자유롭고 개방적으로 교류협력을 합니다.

하지만 현실에서 자립적 민족경제노선은 제국주의 신식민정책, 신자유주의정책과 대결에서 이겨야하기 때문에 결코 순탄치 않은 길입니다. 또 1990년대 이후 사회주의 진영의 붕괴로 단기전이 아니라 장기전 양상을 보입니다.

자립적 민족경제와 제국주의 신식민정책은 양립할 수 없는 적대적 관계입니다. 여러 나라에서 자주정권이 등장하고 자립적 민족(극민)경제노선을 추구할수록 제국주의 신식민정책과 신자유주의정책은 파탄 나기 때문입니다.

자립적 민족경제를 추구하는 정권이 늘어날수록 제국주의 세계경제 질서와 수하 기구들(IMF, IBRD, WTO)은 힘을 잃고 미국식 세계화에 구멍이 뚫립니다. 최근 중국이 아시아인프라투자은행(AIIB)을 성공적으로 추진한 데서 보듯 자주적 나라들이 정치, 경제, 군사적 다극을 형성하고 지역차원에서 새 경제질서를 구축하면 끝없어 보이던 미국중심의 1극 체제도 물러설 수밖에 없지요.

진보개혁진영이 경제발전 전략노선를 구상하는데서 주로 나타나는 한계는 남한만의 반국(半國)적 관점과 미국식 세계화는 결코 못 막는다는 패배주의, 소극주의입니다. 남북 분리대결에 기초한 반쪽짜리 경제발전노선은 현실적이지 않고 미래지향적일 수도 없어요. 제도를 초월한 통일적인 자립적 민족경제 관점에서 공존하는 전망을 가져야 남북이 상생할 수 있습니다. 그래야 남한 진보개혁정권에 대한 제국주의 경제봉쇄와 제재에 공동 대응하고 남북 경제공동체를 중심으로 중국과 러시아, 아세안 등을 아우르는 새 경제공동체를 만들 수 있습니다.

남한만의 분리된 역량으로 사회민주주의 노선이 가능하다면 좋겠지만 이제껏 남한에 사회민주주의 복지노선이 정착하지 못한 데는 몇 가지 이유가 있습니다. 정치적 이유를 빼더라도 미국의 남북 분리지배전략에 따른 막대한 전시분단체계 유지(소모)비용이 첫째이고, 둘째는 초국적 외래자본의 한국 경제수탈체계 때문입니다. 셋째는 기형적 재벌중심의 자본주의 체계로 합리적 분배를 무시하는 전근대적 경제정책이 국민경제를 지배해 왔기 때문이지요.

한국사회에서 초보적 복지와 사회민주주의 경제발전전략이 성공하려면 위의 3가지 이유 중 어느 하나라도 해결돼야 합니다. 이는 한국 복지문제가 순수한 정책 차원의 문제가 아니라 근본적으로 자주 민주 통일의 과제와 긴밀히 연결돼 있음을 뜻합니다.

자립적 국민경제 건설을 위해 제국주의와 정치대립을 예상하지 않는 건 비현실적입니다. 국제사회에 영원한 적도 친구도 없고 중국, 베트남 사례에서 보듯 제국주의 나라와 영원히 적일 필요는 없지만, 대립 없이 새것이 탄생한 예도 없음을 알아야 합니다.

역사와 다른 나라 사례가 보여주는 건, 정치적 민주주의 없이 미국의 품 안에서만 진행하는 경제발전전략은 경제자립이나 진정한 복지와는 아무 상관 없는 수탈경제의 연장일 뿐이란 겁니다. 단기적인 발전

전망이 가장 현실적인 것처럼 보여도 실은 그게 가장 비현실적인 이유는, 정치와 경제의 상관관계와 제국주의 미국의 세계화 전략을 너무 가볍게 보는 순진한 진공상태의 경제발전전략이기 때문이지요. 경제를 구하는 근본방도는 경기회복 기술에 있는 게 아니라 근본적으론 정치와 철학에 있습니다. 복지와 자립적 민족(국민)경제로 나가면서도 제국주의 경제제재를 이겨내는 가장 빠른 길은, 정치 변화로 전면적 민족공조와 동북아 공조를 이뤄 새 길을 만드는 겁니다.

# 5

## 북한(조선)의 경제전략과 자립적 민족경제노선

민족 전체의 입장에서 보면 우리민족은 이미 사회주의와 자본주의 경제개발전략을 모두 경험하고 있습니다. 비록 분단으로 서로 다른 제도에 기반한 경제전략이지만 통일 이후엔 두 방식 모두 우리민족의 경제개발에 소중한 경험이 될 겁니다.

북의 경제개발전략을 있는 그대로 연구하고 이해하는데서 주된 장애는 남한 연구자들의 대북 적대적, 악마화 시각과 분단에 따른 반국(半國)적 관점입니다. 적대적 시각이 북의 경제개발전략에 관한 기본 개념 이해와 정보를 차단하고 왜곡한다면, 반국적 관점은 북을 일본 같은 남의 나라처럼 평가하고 남한 경제개발과는 관련이 없다고 강변하는 겁니다. 고구려, 백제, 신라가 하나로 통일되듯 우리도 가까운 미래에 하나가 될 텐데 말입니다.

남과 북의 경제개발전략은 모두 전후 '분단 전시체제'의 유지와 대응이란 근본 장애물에 크게 영향 받으며 추진됐습니다. 그래서 남과 북의 경제개발전략을 따로따로 분리해 파악하는 게 비현실적이며 비과학적인 결과를 낳을 가능성이 높지요. 남북의 경제개발전략은 제도는 다르지만 아이러니하게도 한반도 '분단 전시체제'라는 자궁에서 태어난 이란성 쌍둥이입니다.

해방직후 전쟁을 겪고 분단 전시체제가 공고화되는 과정에서 남북의 경제개발전략이 각각 수립되고 실행됐다는 점은 남북의 경제개발 정책사를 연구하는 데서도 대단히 중요한 요소의 하나입니다. 1953년 휴전은 전쟁상태가 '총'에서 '총과 전시경제'로 전화되는 과정이었지요. 경제개발이 단순히 민생경제 차원에서만 추진된 게 아니라 체제경쟁과 지속적인 '다음 전쟁준비' 차원에서 진행되었기 때문입니다.

북한(조선)의 경제개발정책을 한마디로 요약하면 사회주의에 기초한 자립적 민족경제노선입니다. 이 노선은 해방 후 현재까지 일관됩니다. 즉 북은 사회주의 경제체제를 세우더라도 민족 단위의 자기 완결적 산업구조와 기술력을 갖춰야 한다는 노선을 취했습니다. 1950~60년대 당시 국제 사회주의 진영에서 추진하던 노선은 소련중심의 선진 공업생산력에 기반한 '사회주의 국제 분업체계'였습니다. 비교우위에 근거한 분업체계에 사회주의 국가들을 편제한 다음 국가마다 특정산업을 육성토록 해 국가간 상품을 교환하는 체계입니다. 본질상 자립적 민족경제노선에 반하는 경향이지요.

이런 경제정책은 이론상 차이도 있지만 민족문제를 대하는 소련과 북의 시각차를 그대로 드러냅니다. 사회주의, 공산주의도 결국 개별

평양 스카이라인

국가와 민족국가 단위로 건설될 수밖에 없다는 게 북의 기본 입장이었습니다. 국제주의 원칙도 각 나라의 주체적, 자립적 민족(국가)경제와 정치, 군사적 자주권을 확보하지 못하면 실현 불가능하다고 북은 봤지요.

남과 북은 전후 반세기 이상 정치, 군사적으로 긴장관계에 있으면서도 경제력이나 경제관계는 앞서거니 뒤서거니 하는 시소게임을 계속해왔습니다. 전후 폐허 속에서 1980년대 초반까진 북이 빠른 속도로 남한 경제를 앞섰습니다. 88올림픽이 열리는 때를 전후해 이번엔 남한 경제가 북의 경제속도와 규모를 앞질렀죠. 1980년 통계를 보면 남한이 1000달러 국민소득 100억 달러 수출을 목표로 할 때, 북은 이미 국민소득이 2000달러에 다가서고 있었습니다. 물론 이는 국민복지와 무관한 단순 경제규모와 성장률 비교입니다. 그리고 GDP 산출방식도 자본주의와 사회주의는 상당히 다르구요.

1980년대 후반 이후 남한 경제규모가 급속히 팽창하는데 반해 북의 경제는 사회주의 진영의 붕괴라는 초유의 사태를 맞아 급격히 추락해 위기를 맞습니다. 1990년대는 격차가 더 확대되다가 남한도 IMF구제금융을 거치고 2000년대 본격적인 저성장 시대에 접어듭니다. 반면 2000년 이후 북 경제는 체제위기를 극복하고 플러스 성장으로 돌아섰으며 2010년대 들어선 본격적인 경제개발로 남한과의 격차를 줄이고 있습니다. 북은 지난 2016년 7차 당대회에서 '국가경제발전 5개년전략'을 발표했습니다. 통일 민족경제와 제2의 천리마(만리마) 기적을 만들자고 독려하며 새로운 경제도약을 준비하는 것으로 보입니다.

북한(조선) 경제발전전략은 사회주의 경제권 붕괴 전후로 크게 구분해 볼 수 있습니다. 사회주의에 기초한 자립적 민족경제노선엔 변화가 없지만 1990년대 중반 이후 추진된 경제개발전략은 정치, 경제, 군사가 합쳐진 사활적인 총노선이었다고 해도 과언이 아닐 것 같습니다.

1980년대 이전의 경제건설전략은 중공업 우선의 공업화 정책에 기초한 경공업, 농업 동시발전노선으로, 북은 사회주의 계획경제의 전형적인 발전모델에 충실했습니다. 자본주의 진영뿐 아니라 동유럽 사회주의와 비교해도 경이적인 경제발전 속도를 기록했지요.

특히 1960년대 말까지 전후(戰後) 불과 15년이 안 되는 짧은 시간에 사회주의 공업화를 완료하고 70년대 전력, 석탄, 강철, 비료, 시멘트 등 주요 공업생산물 1인당 생산량이 발전한 공업국 수준에 이릅니다. 물론 당시 남한의 박정희 정권에겐 엄청난 충격과 압력이었지요.

이때 주목할 경제정책은 자립적 민족경제노선과 함께 농업협동화와 사회주의 공업(기업)경영 방식의 정립입니다. 농업협동화는 농민의 자발성에 의존하는 한편, 현대적 농업기술 발전이 부족한 여건에서도 농업 생산관계를 개인농에서 협업농 중심으로 전화시켜갑니다. 이는 생산력이 준비돼 있어야 생산관계를 개조할 수 있다는 기존 견해와는 전혀 다른 방식이었지요.

또 사회주의 공업(기업)경영 방식을 개발하는 데선 대안전기공장을 모델로 한 '대안의 사업체계'를 완성합니다. 이게 맑스주의에 기초한 소련 기업경영 모델과 다른 점은 사회주의 공업경영의 기본을 사람들의 사상의식을 발동해 기술과 생산력을 높이는 이른바 '사람과의 사업방식'을 생산경영에 전면 도입한 겁니다.

사회주의 기업관리를 사람과의 사업을 기본으로 한다는 건, 생산의 주인인 노동자들이 관리에도 절실한 이해관계를 갖도록 깨우쳐 관리사업 전반을 스스로 이끌게 하는 걸 말합니다. 생산이 전체 사회발전에서 차지하는 역할, 생산목표량의 사회경제적 의미, 기술혁신이 생산에 미치는 영향 등을 자각하도록 하는 과정을 경영의 핵심 내용으로 삼는 겁니다. 즉 경영에서도 대중노선을 견지하면서 정치사업과 경제사업을 결합하고, 정치도덕적 자극과 물질적 인센티브를 결합하는 방법입니다. 이렇게 만들어진 경영모델이 바로 '대안의 사업체계'입니다.

# 6
## 북한(조선)의 경제전략과 선군경제

지난 1991년 소련 붕괴 이후 연이은 사회주의 경제권 해체는 빠른 속도로 발전하던 북한(조선) 경제에 결정적 타격을 가했습니다. 엎친 데 덮친 격으로 1994년 김일성 주석의 사망과 대규모 가뭄과 홍수 등 자연재해는 북에겐 전후 최대의 위기이자 시련이었지요.

미국은 당시를 북한(조선) 정권교체(이른바 적성국 레임 체인지 Regime change)의 호기로 보았고 빌 클린턴 정부는 전쟁을 불사한 북 점령전략을 모색했습니다. 실로 1990년대 중반은 북뿐 아니라 우리 현대사에서 전쟁재발 가능성이 급고조됐던 일촉즉발의 시기였습니다.

소련과 동유럽 등 사회주의 나라의 지원과 협조에 기반했던 주요 경제계획은 전면 재조정할 수밖에 없었고, 게다가 언제 전쟁이 터질지 모르는 초유의 위기상황이었습니다. 당시 북이 선택할 수 있는 정책 방향은 사회주의의 후퇴 아니면 미국과 전쟁을 불사한 맞대결뿐이었습니다. 또 일보 후퇴가 얼마나 지속될 퇴각을 가져올지 예측불가인 절체절명의 국면이었습니다.

그런데 북이 선택한 길은 외부의 일반적 예측과 달리 초강경 응수였습니다. 미국의 대북 침략전쟁엔 전쟁으로, 경제난국엔 경제도약을 위한 새로운 경제전략으로 맞대응하며 1996년 '고난의 행군'을 선포합니다. 북의 표현을 빌리면 "피로써 지킨" 자주권과 사회주의가 아니면 차라리 죽음을 택한다는 강경한 입장이었지요.

선군정치라는 용어는 1998년에 처음 등장하지만 고난의 행군 시기에 북한(조선)이 택한 정책기조는 선군 정치경제노선이었습니다. 선군정치는 한국 학자들이 일반적으로 생각하는 군을 동원한 비상 정치체제와는 다릅니다. 이는 단지 북에만 해당하는 게 아니라, 미국을 중심으로 한 침략적인 현대 제국주의 체제에서 다양한 진보정권의 생존과 발전을 보장하는 정치운영 방법이라 할 수 있습니다. 즉 현대 제국주의 체제 아래서 과도기적인 사회주의 나라와 진보적 나라들이 견지해야 할 정치군사적 대안을 일반화한 걸로 보입니다.

선군정치와 북의 경제발전전략은 하나로 연결돼 있습니다. 소련과 사회주의 진영이 없는 가운데 국방을 자력으로 해결해야 했는데, 자주국방 없이는 자주정치도, 자주경제도 있을 수 없음이 너무도 자명했기 때문이지요.

북은 대담하게도 한반도 전쟁의 원인을 제거할 자주국방 체계를 구상하는 동시에 사회주의 원칙에 기초한 자립적 민족경제노선을 더 강력히 추구합니다. 미국에 대한 수동적인 방어전이 아니라 앞으로 더는 전쟁을 일으키는 게 불가능한 환경을 만들려고 하지요. 본격적인 핵개발이 그겁니다.

동시에 경제 영역에선 사회주의 진영 없이도 한 나라가 어떻게 독립적으로 자립적 민족경제를 가동할 수 있는지를 증명하려합니다. 외려 사회주의 경제원칙 강화를 통해 경제부흥을 도모하죠. 돌아보면 북이 택한 전략은 대담한 것이었습니다. 절체절명 위기의 순간에 미래를 내다보면서 그처럼 원칙적이고 공세적인 전략을 구사한다는 건 놀라운 일이죠. 한국이나 국제 학계에서 북을 분석하는 시각은 대체로 이런 기본관점을 놓치고 있습니다. 그래서 북 경제의 전략과 실태를 분석하는데 오류가 많지요.

북이 전쟁 재발을 막으려면 미국의 핵 선제공격전략과 해·공군 중심의 기동전을 무력화해야 합니다. 북은 그 방법으로 대륙간탄도미사일(ICBM)과 핵무기 보유, 그리고 미사일방어시스템 구축을 택합니다. 현대전에서 핵보유국끼리 전쟁은 공멸을 뜻합니다. 북은 최근 자주 언급되는 국가핵무력 완성으로 세계의 '전략국가' 지위에 오르려는 계획을 중단 없이 추진합니다.

핵 억제력은 재래식 무기와 달라 숫자가 크게 중요하지 않아요. 수소탄 수십 기와 운반수단 수십 개만 있어도 핵무기 수백, 수천 개와 유사한 정치군사적 영향력을 갖게 됩니다. 지구상에선 전략적 미사일방어체계가 아직 미완성이라 핵보유국 사이엔 평화협정과 관계정상화밖에 없는 게 오늘날 국제정치의 현실입니다.

미국은 의심은 했으나 북이 감히 그런 전략을 실행할 수 있으리라곤 예상치 못했습니다. 미국이 구상한 북침전쟁 시나리오는 이라크전과 같은 국지전이었는데요. 그러나 북은 1998년 광명성 인공위성 발사(ICBM 능력 증명) 이후 2005년 핵 보유 선언, 지난해 수소탄 시험과 화성 14, 15호 대륙간탄도미사일 발사 등으로 결국 국가핵무력 완성을 선포합니다. 최첨단 신형 중단거리 미사일과 잠수함탄도미사일(SLBM)도 개발을 완료했지요. 중단거리 미사일은 미국 핵항공모함의 접근을 막고 해·공군 무력을 정밀 타격하기 위한 전술무기입니다.

이런 계획도 놀랍지만 더 중요한 건 군사전략을 경제발전전략과 연동해 추진한 겁니다. 일반적으로 국방비가 늘면 민간경제 부문이 줄고, 그게 또 장기화되면 전반적인 경제침체로 이어질 수밖에 없는데 북은 이런 약점과 한계를 극복하는 기발한 전략을 구사합니다.

애초 일반 중공업이 맡던 국가경제의 선도부문을 국방공업이 담당케 합니다. 그리고 국방공업의 중심고리를 첨단 로켓공업과 대륙간탄도미사일(ICBM), 핵 프로그램 개발에 맞춥니다. 사실 인공위성 제작 발사 기술과 ICBM 기술은 같습니다. 인공위성과 ICBM 발사의 성공은 첨단 컴퓨터, 정밀기계, 신소재, 인공지능, 자동원격제어 등 순수과학 및 응용기술의 집대성 없이는 불가능합니다. 북한(조선)은 산업 전반을 지식경제에 기반한 국방산업으로 재건한 겁니다. 이런 기술수준에 오른 나라는 선진국 중에서도 미국, 러시아, 영국, 프랑스, 일본 정도입니다. 더욱이 이를 독자 역량으로 구축한 나라는 없습니다.

항공우주산업을 선도하는 나라가 다가올 새 세기 산업혁명을 이끌 미래 선진국이라고 합니다. ICBM의 성공은 현대 과학기술의 종합적 성공을 의미합니다. 더욱이 외부 도움 없이 자력으로만 성공을 이룬 건 북의 과학기술 수준과 잠재력이 어느 정도인지 단적으로 보여줍니다.

북이 현재 추진하는 경제전략은 국방공업에서 이룬 최첨단 기술의 성과를 민간과 전체 산업부분으로 빠르게 확산하는 2단계 경제사업에 초점을 맞추고 있습니다. 최근 북이 주장하는 '경제의 개건 현대화'는 이런 과학기술 혁신에 기초한 현대화를 가리킵니다. 북이 에너지와 사회간접자본과 서비스 시설 면에서 아직 부족한 게 많지만 성장 잠재력은 매우 큽니다. 북이 주장하는 '단번도약' 경제발전전략은 기존 선진국을 따라가는(Catch-up) 전략이 아니라, 단번에 선진국을 능가하는 최첨단 지식산업 기반의 과학기술로 자본주의 경쟁력을 뛰어넘는 야심찬 전략입니다.

북에 관한 경제상황 정보는 미국 첩보전의 중요 표적입니다. 북은 대외적으로 정확한 경제성장률 수치를 공표하지 않아요. 매년 한국은행이 발표하는 북 경제성장률도 모두 임의방식에 의한 주관적 추정치입니다. 북한(조선)이 공개 않는 한 북의 경제 통계수치를 정확히 알 도리가 없죠. 1996~98년이 최악의 고난의 행군 시기였다면 2000년에 들어 플러스 성장을 시작했다고 추정되며 3개년 계획이 재개된 2006년 이후 전 산업부문이 과거와는 다른 새로운 전략에 의해 서서히 성장과

대동강 야경

생산속도를 높이고 있습니다. 특히 2013년 경제핵무력 병진노선이 채택된 이후 국방산업에 들어가던 자원이 민간부분으로 투입되며 경제성장속도가 빨라지는 것으로 추정됩니다.

2010년까지 국방공업, 중공업 우선정책과 농업-경공업 동시 발전정책에도 불구하고 농업 생산량과 경공업 분야의 발전은 상대적으로 더딘 상태였습니다. 앞서 2005년 북은 식량배급체계 정상화를 선언했지만 산업탄력성이 적은 농업 식량문제는 여전히 중요 문제의 하나였습니다. 2016년 열린 조선로동당 제7차 대회에선 오는 2020년까지 국가경제발전 5개년전략 수행 기간에 '식량문제, 먹는 문제'를 반드시 풀고자 알곡 생산목표를 정했고, 최근 FAO(유엔식량농업기구) 자료와 관련 연구논문에 따르면 북이 95% 이상 식량자급이 완성됐다고 합니다. 2012년 이후 남한의 식량 작물 생산량을 추월하기 시작했습니다. 농업부문에서 토지정리, 관계사업, 종자혁명을 통해 수년 내 식량 완전 자급화 목표를 거의 달성할 걸로 보입니다.

선군노선에 기반한 경제개발전략을 추진하며 북이 가장 힘들어했던 건 고난의 행군 시기 인민들에게 제대로 식량을 공급하지 못했던 거라고 합니다. 당시 쌀이냐, 자주냐의 갈림길에서 쌀을 택했다면 평화도, 자립적 민족경제도 더는 불가능했다고 북은 지금 평가합니다.

최근의 11축 최첨단 CNC(컴퓨터 수치제어) 공작기계 개발, 주체철 생산체계 완성, 주체비료, 주체섬유(비날론)의 생산은 자립적 경제에 기초한 '단번도약' 전략의 가능성을 보여줍니다. 경공업 제품은 여전히 남한이나 자본주의 선진국들에 비해 종류가 부족하고 질도 떨어지는 게 사실입니다. 최근 7차 당대회 이후 '탄소하나 화학공업' 창설로 화학공업과 경공업의 질을 높이려는 시도는 주목할 만합니다. 이건 화학공업의 혁명이라 할 만한 시도입니다. 쉽게 말해 기존 석유화학공업을 북에 무진장한 석탄자원으로 대체하는 시도입니다. 이 분야는 세계적 추세인 친환경 저(低)전력사용 미래 화학공업분야인데, 북이 국가경제발전 5개년전략 수행기간(2016년-2020년)까지 설비 건설을 본격 추진 중이고 상당한 시범연구 성과가 나오기 시작한 겁니다.

무역, 에너지, 운송분야도 인프라 투자 부족과 미국의 경제제재로 한계가 있지만 최근 본격 투자 준비를 시작하는 걸로 보입니다. 미국의 경제제재로 동병상련의 처지인 러시아와 전략적 동반자 관계를 맺고 그들의 동방정책과 연결해 개발을 꾀하고 있습니다. 2018년 3월 극적인 북중정상회담이 성사돼 혈맹관계를 완전히 복원하면서 중국을 통한 미국의 대북제재 전략은 파산 중입니다. 북중 경제협력은 사상 최고 수준으로 본격화 될 걸로 전망합니다.

식량난과 낙후한 사회간접시설, 그리고 부족한 에너지와 경공업 제품 실태만을 확대 과장하는 남한 언론과 미국 CNN식 보도에선 미래 북한(조선) 경제부흥의 원동력과 가능성을 찾을 수 없지요. 국내외 수구보수언론의 보도와 달리 현재 북 경제는 주요산업을 첨단 과학기술 기반 경제로 체질 개선하는데 성공해, 미래 성장 잠재력이 크다고 볼 수 있습니다. 지금은 흡수통일 비용이 필요한 게 아니라 거꾸로 세계적인 매장규모로 확인되는 북의 무진장한 석유, 희토류 천연자원과 최첨단 과학기술, 그리고 우주 로켓기술을 남북이 서로 합작해 상생할 길을 열어야 할 때입니다.

세계적인 최대 투자금융기관인 골드만삭스는 남북한이 점진적으로 평화통일을 이루면 장차 독일과 일본을 추월할 걸로 내다 봤습니다. 그리고 40년 뒤엔 세계 2위 경제대국이 될 거라고 예측했죠. 워런 버핏, 조지 소로스와 함께 세계 3대 투자자로 꼽히는 짐 로저스 로저스홀딩스 회장이 2016년 한 국내언론과 인터뷰에서 "한국은 그리 매력적인 투자처는 아니지만, 한반도 통일이 이뤄진다면 최고 투자처가 될 것이다. 남북한은 통일될 경우 세계에서 가장 역동적인 나라가 될 것"이라고 말한 바 있습니다. 반면 "한국의 인구 구조는 일본을 닮아가고 있다. 여성도 없고, 젊은이도 없고, 노인만 있는 나라다. 앞으로 10년 안에 노인 복지를 지원할 여력도 떨어질 것이며, 기존의 풍족한 외환보유량도 소진될 것이다. 통일하지 않은 한국은 거대한 '양로원'이 될 것이며, 그 문제는 매우 심각할 것"이라며 분단 상태의 한국 경제에 대해선 비관적 전망을 내놓기도 했습니다.

남북 경제협력이 활성화되고 북미간 적대관계가 해소돼 경제제재가 풀리면 북한(조선) 경제는 더 빠르게 비약할 수 있을 것으로 보입니다. 지금 남한 경제의 블루오션이 있다면 그건 바로 남북 경제공동체입니다. 남북이 상생하며 같이 성장하는 경제 철학의 대전환입니다. 통일 경제공동체라는 새로운 패러다임 전환이 필요합니다.

# 7

## 한국 경제 발전전략과
## 정치철학(1)

정치가 경제구조는 물론, 어떻게 경제전략까지 규정하는지 잘 보여주는 비교사례가 남북한 경제입니다. 미국이 현재 중동지역에서 벌이는 전쟁이 석유와 친미 자본주의 거점국가를 확보하기 위해서임은 다 아는 사실입니다. 돌아보면 미국은 2차 대전 이후 아시아에서 적대국 일본 부흥을 기본축으로 자본주의 유지, 확대정책을 취합니다. 신생 사회주의 국가 중국을 봉쇄하고 한반도 전체에 반공 친미 자본주의 체제를 세울 목적으로 전쟁까지 벌였으나 결국 한반도 분단체제가 형성됐지요.

분단체계는 '평화적인 분단체제'가 아니라 전쟁을 일시 중단한 '전시 분단체제'입니다. 정치환경이 다시 악화되면 언제든 전쟁이 재발할 수 있는 위험한 체제입니다. 따라서 전시 분단체제가 남과 북의 사회, 경제 전반의 분위기를 규정하는 1차 핵심요인인 건 당연합니다. 분단된 남과 북은 서로 정치경제적으로 영향을 주고받으며 경쟁할 수밖에 없는 관계입니다.

남한은 자본주의 경제임에도 박정희 군사정권 시기 국가주도 아래 북처럼 1962년부터 5개년 계획을 4차례 연속 진행합니다. 북의 천리마운동에 대응해 새마을운동을 벌인 것도, 서울 지하철을 서둘러 도입한 것도, 또 1970년대 자주국방을 명분으로 독자 방위산업과 핵무장을 추진하려한 것도 결국은 남북간 정책의 경쟁적 성격을 보여줍니다. 남북 모두가 전시 분단체제에서 속도전식으로 경제개발을 추진하고, 국방산업을 증강한 것엔 이런 배경이 있습니다.

해외에서 경제개발 성공모델로 극찬했던 '한강의 기적'과 사회주의 성공모델이었던 '평양의 천리마 기적'은 모두 분단의 아픔 속에서 탄생한 속도전의 결과였습니다. 북이 사회주의 진영과 협조하는 자립적 민족경제노선을 추구했고, 남은 한미동맹과 자본주의 진영과 결합한 '국민경제노선'을 추구했지요. 그런데 이게 결국 경제규모가 비약적으로 커짐에도 불구하고 자립적 한국 경제와 멀어지는 결과를 낳게 됩니다.

종속적 자본주의 경제의 특징은 경제가 발전하고 GDP 규모가 커져도 국민경제의 자립성은 외려 더 떨어지고 근로대중의 복지는 개선되지 않는데 있습니다. 반면 외래자본과 재벌의 영향력은 갈수록 커지는 근본문제가 있습니다. 해방 직후와 비교하면 한국경제는 2018년 현재 1인당 GDP가 417배나 증가했다는데, 당시에 비해 자신이 400배 이상 부자가 됐다고 생각하는 국민이 얼마나 될까요? 2015년 통계를 보면 한국 자산의 상위 10%가 전체 부(富)의 66%를 소유하고 나머지 하위 50%가 전체 부의 겨우 2%를 소유하고 있어요. 상위 1% 부자는 평균

주택 7채를 소유하고 전국 땅의 50% 이상을 차지했구요. 2017년 현재 노동자의 절반이 월 200만원도 받지 못하고 하위 30%는 최저임금 수준인 126만원도 못 받고 있습니다. 서민들은 근근이 생계를 유지하며 사는 정도 아닐까요? 경제성장의 성과는 모두 어디로 간 걸까요?

한국 경제전략은 전쟁 이후 미국의 원조경제 시기를 제외하면 크게 국가주도 경제개발 시기와 신자유주의 개방경제 시기로 구분할 수 있습니다. 그런데 이런 경제전략의 변화도 한국의 내적 필요가 아니라 미국의 세계전략과 아시아 경제전략의 변동에 따라 추진됩니다.

5.16군사쿠데타 이후 박정희 정권이 추진한 경제개발전략이 현재 한국의 기본 틀을 이룹니다. 정권이 정책을 만들고 정책이 경제구조와 산업구조를 만듭니다. 1960년대 북의 비약적인 경제성장에 자극받은 박정희 정권은 곧 경제개발 계획에 착수합니다. 굴욕적인 한일 국교 정상화를 서둘러 경제협력 명목으로 자금을 끌어들이고 미국의 차관도 대거 도입합니다.

자본주의 경제개발전략은 국민경제를 기준으로 크게 두 가지 방식이 있습니다. 하나는 국내수요(내수)와 국내산업 육성에 의한 내포형(內飽形) 발전방식이고 다른 하나는 국외수요(수출)와 수출산업 육성에 의한 수출주도형 방식입니다. 물론 둘을 적절히 배합한 방식도 가능하죠.

중국이 경제를 개혁개방하면서 가장 염두에 둔 전략이 개방을 통해 국내산업 연관효과를 극대화하는 거였습니다. 외국의 자본과 기술을 도입해 수출시장을 늘리면서도 전략적으로 국내산업을 육성합니다. 동부 해안지역 경제특구의 기술과 생산력을 단계적으로 서부 내륙으로 확대하는 방식을 취하죠. 최근 충칭 개발전략은 이런 내륙 연계 내수개발전략의 가능성을 보여줍니다.

내포형 발전방식은 자국의 기본산업을 아래로부터 건설하면서 노동자들의 구매수요와 연관산업을 단계적으로 확대하는 장점이 있지만 자체 자본과 기술의 한계로 기간산업 육성과 확대재생산에 상당한 시간이 소요되는 단점이 있습니다. 반면 수출주도형 방식은 외부수요를 개척하며 초기 노동집약 산업에서 기술집약 산업으로 빠르게 성장하는 게 가능하지만, 국내산업과의 내적 연관은 떨어질 수 있습니다. 수출대기업과 중소기업이 하청관계로 기형화되기도 하죠.

박정희 정권은 기업 규모를 키우고 성장속도를 낼 수 있는 수출주도형 경제개발정책을 택했습니다. 국내수요란 원칙적으로 자국 근로대중의 임금에서 나옵니다. 노동자대중의 월급이 올라야 국내수요가 늘고 그에 따라 다양한 상품생산과 연관산업이 발전합니다. 하지만 박정희 모델은 처음부터 근로대중의 저임금을 담보로 수출경쟁력을 확보했고 시장수요를 수출, 즉 해외시장에서 찾았어요. 그래서 수출이 늘어도 직접적으로 노동자대중의 임금과 국내수요는 크게 늘지 않았습니다. 이른바 '낙수효과'(Trickle-down effect. 落水效果)가 일부 있었지만 매우 제한적이었지요.

값싼 노동력의 대량 공급이 가능하도록 1970년대 저곡가 정책을 유지하면서 수출주도형 대기업, 재벌을 육성했습니다. 조세와 수출금융에 특혜를 줘가면서 1960년대에 재벌경제의 기초를 마련했습니다.

수출주도형 경제개발정책이 산업화 초기단계의 기술과 자금 부족을 극복하려는 일시적 조처였다면 이후 중국처럼 내수와 연관산업 확대 정책을 병행할 수도 있었습니다. 그러나 박 정권에게 정책 변화는 없었습니다, 결국 수출이 늘어날수록 외부시장과 내수는 더욱 분리되고 부익부 빈익빈이 심화되는 문제가 발생했습니다. 2015년 현재 한국의 GDP 중 무역(수출입)의존도는 84%에 이릅니다. 미국(20.1%) 일본(22.1%)에 견주면 비정상적으로 높죠.

미국 · 일본 차관 도입→군사정권 경제 주도권 장악→재벌 대기업 육성, 이런 삼박자에 따라 한국 경제의 기본 틀이 1960~80년대를 거치며 완성됩니다. 물론 개발정책은 처음부터 근로대중의 노동권과 국민복지와는 거리가 있었습니다. 박정희 정권의 목표는 재벌중심의 반공 자본주의 경제의 완성이었습니다. 박정희 정권이 전쟁하듯 경제를 밀어붙인 건 실제 끝나지 않은 전쟁이 체제경쟁으로 비화된 때문이죠.

한국 근로대중은 어느 나라 노동자보다 근면하고 성실했으나 민주노조를 불법시하는 정치적 억압 아래 경제운영방식 역시 비민주적일 뿐이었습니다. 그렇게 쌓인 정치, 경제적 모순은 노동자 전태일의 분신, 긴급조치 반대 학생시위로 불붙은 뒤 1979년 부마항쟁, 1980년 광주민중항쟁으로 이어지고 1987년 6월 항쟁과 7~9월 노동자 대투쟁으로 폭발합니다. 7~9월 대투쟁 당시 노동자들의 구호는 "우리는 기계가 아니다. 인간답게 살고 싶다"였습니다.

1990년대 초 사회주의 진영의 붕괴를 계기로 미국의 세계전략과 한국의 경제정책 및 운영방식이 크게 바뀝니다. 김영삼 정부 때부터 이른바 미국식 신자유주의 정책을 도입하기 시작합니다. 이 역시도 미국의 요구로 시작됩니다. 이후 1960년대부터 형성된 한국 경제구조가 일거에 새로운 구조로 변모됩니다.

1980년대 미국과 영국의 레이건, 대처 시절부터 경제의 국가 개입을 줄이고 시장 기능을 확대하는 이른바 신자유주의 또는 신보수주의 정책이 확대됩니다. 국가가 자본, 특히 해외 금융자본에 대한 규제를 풀어 전면 개방합니다. 선진국 금융자본이 국경을 초월한 개방과 세계화란 이름으로 추진한 새로운 자본 자유화가 신자유주의 정책의 기조입니다.

영미 중심의 초국적 금융자본주의가 제3세계 나라들의 경제를 바꿔 갑니다. 김영삼 정부의 '세계화' 구호는 사실 한국 경제구조의 전면적인 재편을 알리는 경제의 개방화, 미국화의 신호탄이었지요. 이게 1997년 IMF사태로 이어져 결국은 국가주도 박정희 경제개발모델을 전면 해체하기에 이릅니다.

# 8

# 한국 경제 발전전략과
# 정치철학(2)

국제적 시야에서 보면 1960~70년대 박정희식 경제개발모델은 새로운 게 아닙니다. 박정희식 모델은 미국의 원조, 차관과 재벌주도 성장정책을 기반으로 수립된 정책인데요. 미국이 아시아를 사회주의로부터 방어, 유지하기 위해 일본을 부흥시키고 한국과 대만 경제를 자본주의화해 빨리 성장시키려는 정책의 일환이었습니다.

미국의 원조와 차관은 2차 대전 이후 제3세계 경제의 사회주의화를 막고 친미정권 수립과 자본주의화를 촉진하는 주요 수단이었습니다. 정치적 독립을 달성한 제3세계 나라들이 경제 자립을 달성하기란 정치적 독립 이상으로 어려웠어요. 당시 새로 독립한 제3세계 나라들은 사회주의 진영과 자본주의 진영의 대결로 사회주의의 길, 자본주의의 길, 혼합형 국가자본주의 등 다양한 모색이 국제적 차원에서 논란이 되던 때입니다.

1980년대를 지나서야 아시아 자본주의와 한국 경제는 베트남 같은 도

미노식 사회주의화에 대한 우려와 위기감에서 벗어납니다. 외려 아시아 자본주의가 상대적으로 안정성을 확보함과 동시에 빠른 성장을 지속합니다. 특히 동아시아의 성장은 세계에서 '기적'이라할 만큼 빠르게 이뤄졌지요.

소련이 붕괴하고 아시아, 라틴아메리카 경제가 체제위기에서 벗어나 상대적으로 안정되자 미국 주도의 자본주의는 세계 자본주의 질서와 운용방식을 본격적으로 바꿉니다. 미국, 영국 등 제국주의 나라들이 먼저 케인스주의에 기초한 국가의 유효수요 창출 기능을 축소하고 자본의 자유로운 활동을 보장하는 공급주도 정책으로 전환합니다.

흔히 말하는 '신자유주의' 정책의 등장입니다. 신자유주의라는 말 자체가 어렵게 들리는데 자본 자유주의, 시장 만능주의로 이해하면 됩니다. 즉 초기 자본주의처럼 국가통제를 받지 않고 자본의 자유로운 활동을 보장하던 기조로 되돌아간 겁니다.

1980년대 미국은 레이건 정부 들어 이른바 '작은 정부'로 국가운영 기조를 바꿉니다. 부자들 대상 세율을 인하하는 동시에 복지를 축소합니다. 또 기업 규제를 완화하고 민영화, 자본 자유화 정책을 대폭 강화합니다. 관리금융체제에서 시장금융체계로 전환한 겁니다. 권력이 국가에서 시장으로 옮겨갔다는 말이 이때 나왔죠.

2000년대 한국 경제에 화두로 등장한 용어들은 사실 미국과 영국에선 이미 30년 전에 유행했어요. 물론 북유럽 나라들은 이런 미국식 자본

> **용어 해설**
>
> **케인스주의 [위키백과]**
>
> **케인스 경제학**(Keynesian economics)은 20세기 영국의 경제학자 존 메이너드 케인스의 사상에 기초한 경제학 이론이다. 케인스 경제학은 공공부문과 민간부문이 함께 중요한 역할을 하는 혼합경제를 장려한다. 이는 시장과 민간 부문이 국가의 간섭이 없는 상태에서 가장 잘 작동한다고 주장하는 방임주의적 자유주의와는 상당한 차이가 있으며, 실제로 케인스 경제학은 여러 경제학자들이 방임주의의 실패로 인한 것으로 여기는 문제점들을 해결하기 위해 개발되었다.
>
> **케인스의 이론**은 거시경제적 흐름이 각 개인들의 미시적 행동을 압도할 수 있다고 말한다. 경제적 과정을 잠재 생산의 지속적인 성장으로 보는 18세기 후반 이후 고전 경제학자들의 관점과는 달리, 케인스는 (특히 불황기에)경제를 이끌어가는 요소로서 상품에 대한 총수요를 강조했다. 이런 관점에서 그는 1930년대의 높은 실업률과 디플레이션에 대해 거시적인 규모에서 대처하기 위해 정부가 정책적으로 소비를 유도해야 한다고 논했다. 불황 시기에 정부가 지출을 늘리면 보다 많은 돈이 유동되므로 시민들의 소비와 투자가 유도되어 경제가 정상 상태를 회복한다는 것이 케인스의 주장이다. 이는 공급측면 경제학에 반대되는 의미로서 소비측면 경제학이라 할 수 있을 것이다.

주의를 채택하지 않고 나름의 사회복지 예산을 그대로 유지해 자본주의 내부모순을 완화하는 이른바 '조절 자본주의' 체제를 지속합니다.

1980년대 이후 미국은 자국 경제뿐 아니라 제3세계 나라와 세계로 신자유주의 정책을 확대합니다. 그 과정에서 멕시코, 아르헨티나, 칠레, 브라질, 페루 등 라틴아메리카 경제가 1980년대에 그렇게 구조조정 당합니다. 아시아권은 조금 늦은 1990년대 들어 전면적으로 관철되구요. 1997년 아시아 외환위기는 미국이 IMF 관리체제를 앞세워 이곳

나라들의 '경제 빗장'을 연 수법의 전형이었습니다.

한국도 예외 없이 병 주고 약 주기 행태에 그대로 당합니다. 'IMF 간판'을 단 미국의 요구에 따라 경제가 힘없이 구조조정 당하지요. 이로써 1980년대까지 유지되던 박정희식 모델은 해체되고 새로운 미국식 신자유주의 경제정책이 한국 경제를 유린합니다. 우리에게 IMF 사태는 뜻밖의 충격이었지만 미국에게 IMF 관리체제는 예정된 수순이었지요.

사회주의 붕괴와 북의 경제위기로 1990년대 들어 한국 경제는 체제경쟁이란 중압감에서 벗어납니다. 미국도 한국 경제의 안정과 성장을 틈타 개방정책을 강도 높게 요구합니다. 미국이 김영삼 정부에게 요구한 건 상품자유화가 아니라 금융자유화였어요. 레이건 정부 때부터 갖춰온 새로운 금융자유 자본주의를 이제 한국에 적용하기에 이른 겁니다.

미국의 의도는 장기적으로 한국 경제구조를 아예 뜯어고쳐 완전 개방형으로 개조하는 거였지만 첫 단계는 금융개방과 자유화였습니다. 금융자유화란 금융자본에 대한 정부 규제를 대폭 푸는 동시에 금융개방을 요구하는 겁니다. 미국의 요구는 1990년대 초 주식시장과 은행 개방으로 결국 관철됩니다. 물론 1997년 외환위기가 금융개방의 직접적 원인의 하나가 됩니다.

1997년 당시 미국이 실제로는 한국의 외환위기를 방치하고 IMF 관리체제로 유도했다는 사실은 이제 공공연한 비밀입니다. 미셸 초서도프

스키 교수의 저작인 〈빈곤의 세계화〉를 참고하기 바랍니다. 1980년대까지 한국 경제는 국가-은행-재벌 체계로 운영되는 강력한 국가주도형 관치경제였습니다. 미국은 서서히 한국 정부를 작은 정부, 시장규제 없는 정부로 만들면서 미국 금융자본이 한국에서 자유롭게 움직일 수 있는 공간을 확대해갑니다. IMF프로그램을 이용해 한국 경제기조를 충격요법식으로 해체하는데도 성공합니다.

그 결과 정부의 경제 개입은 줄고, 은행은 자율화되고 외국자본은 때를 만난 듯 새로운 금융기법으로 과거 우량했던 남한 기업들을 M&A(인수합병)합니다. 차관으로 한국의 경제 틀을 갖추고 직접투자로 저임금을 활용하다가, 한국의 기업과 시장이 제법 커지자 국제 금융자본이 우량기업을 통째로 먹어치우는 방법을 택한 거지요. 선진 금융기법으로 무장한 칼라힐, 모건스탠리 등 이름도 낯선 금융기업들이 '집장사' 하듯 기업을 사서 리모델링해 되파는 수법에 한국 경제가 꼼짝없이 당합니다. 2003년 론스타의 수법에 당시 외환은행 직원들이 얼마나 울었나요? 그리고 당시 매각된 대우자동차의 GM본사는 여전히 배짱과 '먹튀 논란'을 재현하고 있고, 노동자들은 현재도 고용 안정 없이 살아갑니다.

정부의 경제 개입이 줄고, 은행이 자유화되면서, 대기업들에게도 과거 같은 정부와 은행의 전폭적 지원은 없어집니다. 은행도 기업대출보다 안전한 가계 주택대출을 늘려갑니다. 결국 기업도 무리한 투자를 중지하죠. 좋은 말로 시장논리에 따라 경제가 움직입니다. 그러나 근로대중이 만든 이익과 국부(國富)는 대기업의 주주 구성이 외국인으로 바뀌면서 외국으로 줄줄이 대량 유출되기 시작합니다. 기업투자도 부진하고 경제 성장률 역시 구조적으로 저하되기에 이릅니다. 한국경제의 성장률 신화는 여기서 멈춥니다.

한국 경제의 동력과 구조가 이전과는 판이하게 바뀐 겁니다. 기업도 금융자본이 언제든 사고팔기 좋게 이른바 노동시장을 유연화합니다. 1980년대까지 한국사회에 유지되던 일본식 평생직장 개념은 하루아침에 무너지고 비정규직이 대량으로 구조화됩니다. 노동사회연구소 2016년 3월 자료를 보면, 한국 노동자 비정규직 수는 839만명이고, 비정규직 비율은 44%입니다. 그러나 사내하청 노동자들은 정규직, 특수고용 노동자들은 자영업자로 잘못 분류돼 있어, 실제 비정규직 비율은 50%를 넘을 거라 보고 있습니다. 정규직 대비 비정규직 임금은 49% 수준입니다. 한마디로 대한민국은 고용불안과 저임금이 만연한 비정규직의 나라가 됐습니다.

자유무역협정(FTA)은 말이 자유무역이지 현실에선 무역(대상)의 개념이 전통 상품에서 서비스, 투자, 지적재산권, 심지어 경제정책에 이르기까지 확대되면서 무역관계 이상을 뜻하게 됩니다. FTA는 수준이 'A에서 Z까지' 너무나 다양합니다. 단순 관세장벽일 수도 있고 심한 경우 경제를 통째 삼키는 경제통합일 수도 있어요. 미국이 한국에 FTA를 강요하고 서두른 건 단순히 한미 간의 경제문제뿐 아니라 장기적으론 동아시아 지역의 정치경제적 이해관계를 염두에 뒀기 때문이에요. 한반도 핵문제와 통일문제를 어떻게 해결하느냐에 따라 동북아는 물론, 아시아태평양 지역에서 미국의 주도권의 운명이 갈리기 때문입니다.

아시아 나라들이 자립적 국민경제의 방향으로 나가려면 미국의 신자유주의 정책에 맞서 공동 대응하는 새로운 개념의 지역 경제공동체 구상이 필수적입니다. 그래서 미국은 아시아에서 역할을 키우는 중국이 주도하는 아시아 경제공동체의 출현을 극력 저지하려 합니다.

자립적 민족(국민)경제는 북쪽만의 문제가 아니라 자본주의와 사회주의 제도를 함께 포괄하며 통일된 한반도에서 실현해야 할 경제노선입니다. 장기적이며 전략적인 경제건설 방향입니다. 자립적 민족경제노선은 저절로 완성되는 게 아니라 신자유주의 정책과 대립을 통해 극복해야 할 정치적 과제입니다. 조선시대 중국 밑에서, 일제시대 일본 밑에서, 그리고 해방 후 미국 밑에서 사는 게 현실적이고 행복했다고 믿는 의존, 예속 철학을 이제는 버려야 할 때입니다.

5장

# 자본주의 세계체제와 한국 경제

한가한 오후, 여의도 공원

# 1

## 자본주의 발전과
## 제국주의 세계체제

이번엔 세계화와 제국주의 개념을 알아보죠. 국내에선 벌써 김영삼 정부 때 세계화를 요란하게 떠들어 국민들이 익숙합니다. 하지만 세계화, 국제화가 이때부터 시작된 건 아니지요. 크게 보면 인류역사가 자본주의에 들어서고 독점단계에 이르러 자본주의 생활양식이 본격적으로 세계화됩니다. 역사상 처음으로 하나의 경제양식이 기존 경제양식을 먹어치우고 전일적, 지배적인 양식으로 자리 잡습니다. 물론 16~18세기 절대왕정과 중상주의로 힘을 키운 유럽 나라들이 라틴아메리카와 아프리카 나라들을 침략해 자원과 노동을 약탈한 역사가 있었지만, 이렇게 독점단계에 들어 팽창하고 침략적 성격을 가진 자본주의를 제국주의라고 합니다.

자본주의가 독점단계에 진입했다는 건, 자잘하게 경쟁하던 자본과 기업들이 치열한 경쟁을 거치면서 대부분은 사라지고 극소수만 살아남아 덩치가 공룡처럼 큰 거대자본이 됐음을 의미합니다. 자본의 특징은 지구 끝까지 이윤을 찾는 팽창욕입니다. 다른 저개발 국가에서 필요한 원자재를 강탈하고 자본을 투자해 상품을 팔고 노동을 착취합니다. 1921년 당시 영국은 식민지 지배로 전 세계 인구의 4분의 1에 해당하는 4억5800만 명 이상의 인구와 지구 육지 면적의 4분의 1에 해당하는 대략 3550만 제곱킬로미터(㎢)의 영토를 장악했습니다.

늦어도 20세기 들어 유럽 나라들에선 자본의 독점화가 빠르게 진행됩니다. 반면 조선과 중국, 인도 등의 자본주의 발전은 지체됩니다. 자본주의가 먼저 발생했다고 그 사회가 선진적이라고 보는 건 오류입니다. 문화 수준이 서구보다 높은 아시아 나라에서 생산력 발전은 정치, 사상, 문화적 요인에 따라 지체되기도, 촉진되기도 합니다. 당시 유럽 나라들이 여러 조건과 환경으로 생산력 발전이 선진적이었다고 봐야지요. 아시아 나라들은 19세기말부터 서구 독점자본주의에 침략 당하게 됩니다.

20세기 제국주의는, 과거 군사력을 앞세운 로마제국이나 상업을 통해 힘을 키운 유럽 절대군주들과 다르게 자본주의 성장의 필연적 결과입니다. 또 제국주의 나라들은 식민지를 만들면서 자기네 경제양식과 생활문화양식을 동화시키며 각 민족의 언어와 문화를 말살합니다. 자본주의는 가는 곳마다 모든 것을 자본주의 양식으로 획일화하며 영역을 확대합니다.

자본주의가 성장해 독점자본주의, 즉 제국주의가 되는 건 필연적인 자본주의 경제법칙입니다. 맑스와 레닌은 이를 〈자본론〉과 〈제국주의론〉에서 각각 과학적으로 증명했어요. 자본주의 세계체제는 자본주의가 만든 필연적 결과입니다. 독점단계에 들어선 영국, 프랑스, 네

덜란드, 독일, 스페인, 이탈리아 등 자본주의 나라들이 세계 각지에서 식민지 쟁탈전을 벌인 게 1, 2차 세계대전(제국주의전쟁)의 본질입니다. 20세기 두 차례 세계전쟁의 근본 이유는, 성장한 독점자본주의 나라들의 식민지 쟁탈전이 격화돼 나타난 자본주의 모순입니다.

이로써 지구상에선 소수의 제국주의 나라들이 독점자본의 위력으로 전 세계 나라들을 지배하게 됩니다. 제국주의 나라들은 선진적 군사 무기와 고도의 생산력으로 침략과 전쟁, 그리고 시장을 통해 전 지구를 장악합니다. 결국 세계는 소수 제국주의 나라와 다수 식민지 나라로 나뉘어 서로 다른 길을 걷게 되지요. 그게 인류역사상 한 번도 존재하지 않았던 첫 세계체제의 출현입니다. 인류역사의 첫 세계체제가 자유와 호혜평등이 아닌 침략과 약탈, 지배와 피지배로 이뤄진 건 자본주의의 큰 '업적'이자 불행입니다.

이런 자본주의 세계체제에 커다란 구멍을 뚫은 게 바로 유명한 러시아 혁명과 동유럽 사회주의 혁명이었습니다. 2차 대전 뒤 중국, 북한(조선), 베트남, 쿠바 등이 여기에 합류해 자본주의 세계체제는 파멸의 위기를 맞습니다. 세계는 자본주의와 사회주의, 그리고 과거 식민지에서 정치적으로 독립한 혼돈의 제3세계로 나닙니다.

20세기 전반기가 제국주의 나라들의 전쟁과 식민지 쟁탈로 얼룩졌다면 20세기 후반은 자본주의의 모순이 폭발해 제국주의와 사회주의의 대결, 그리고 제국주의와 반(反)신식민주의의 대결 역사로 기록됩니다. 20세기 후반에 제국주의 나라들끼리 싸움이 줄고 협조로 돌아선

건 새로운 사회주의 체제의 등장 때문입니다. 자본주의가 사회주의에 공동대응 못하고 두 차례 전쟁처럼 계속 서로 싸운다면 결국 자본주의는 망하고 사회주의화된다는 위기감에 미국을 정점으로 '현대 제국주의 체제'가 탄생합니다. 또 이런 새로운 국제환경이 20세기 중반의 냉전시대를 만들지요.

2차 대전을 거치며 급성장한 미국이 현대 제국주의 중심국가로 급부상합니다. 미국은 영국이 누리던 지위를 넘어 제국주의 맏형 역할을 자임하며 소련에 맞서지요. 서구 열강은 이제 맏형인 미국의 군사, 경제, 정치적 주도 아래 협조하고 다툼을 조정하는 체계로 바뀝니다.

미국을 중심으로 제국주의 나라들은 식민지에서 독립한 나라들이 소련과 중국에 영향 받아 사회주의 길로 가는 걸 막고 다시 자본주의에 편입하도록 공을 들입니다. 이걸 사회과학에선 과거 '식민지 정책'과 다르다 해서 '신(新)식민주의 정책'이라 부릅니다. 구(舊) 식민지 정책이 일제의 조선 병탄처럼 군사력으로 침략해 정치주권을 빼앗고 경제, 사상적으로 완전히 지배하는 식이었다면 신식민지 정책은 이런 방식이 더는 가능하지 않아 만든 겁니다.

신식민지 정책은 겉으론 일제 총독부 같은 직접 지배기구가 없어요. 대신 친미, 친서방 정권을 만들지요. 즉 친미 예속정권을 제3세계 신생독립국 등 여러 나라에 만듭니다. 한국의 이승만, 박정희 정권을 비롯해 베트남 등 아시아는 물론, 아프리카, 라틴아메리카 여러 나라에서 유사하게 나타납니다. 조직된 토착 군부를 지원해 친미, 친서방 군사정권을 만들기도 하지요.

제국주의는 경제적으로는 원조와 차관, 직접투자 방식으로 단계적으로 친미 예속정권과 협조, 동맹관계를 강화해 경제개발정책을 배후 지원합니다. 필요에 따라선 군대를 직접 주둔시키고 군사동맹도 맺습니다. 사상, 문화적으로는 신식민지 정부관료의 핵심 인력을 미국 유학파로 채우고, 군대의 고급장교들도 정기적인 교류를 통해 미국화합니다. 대중문화 역시 민족 전통문화 대신 미국식 개인주의, 향락문화를 선진문화로 포장해 판매하지요. 신식민주의는 고도화된 정치적 간접지배 방식과 경제적, 사상문화적 지배방식이 주요 수단입니다. 직접 지배하지 않고도 더 미국화된 자발적인 현지 지배층을 만들어 신식민지 지배체제를 공고화합니다.

그런데 1990년대 초 사회주의가 붕괴하자 미국의 신식민주의 정책은 이런 눈가림 술수마저 던져버리고 군사적 침략을 노골화합니다. 과거 사회주의 진영과 제3세계 나라들의 눈치를 보며 자제했던 침략적 본색을 드러내지요. 아프가니스탄과 이라크 전쟁, 1994년 한반도 전쟁 위기, 현재 시리아 전쟁, 우크라이나 사태 등이 그렇습니다.

미국의 퇴조는 21세기 국제관계의 새 방향을 전망케 합니다. 사회주의 진영의 붕괴에도 불구하고 일방적인 미국의 패권시대가 더는 가능하지 않음을 보여주고 있어요. 20세기 세계화가 침략과 지배에 기반한 자본주의 세계화였다면, 21세기 세계화는 호혜평등과 자주성에 기반한 새로운 세계화이길 여러 나라 민족과 민중들은 갈망하고 있습니다.

# 2

## 제국주의와
## 신자유주의

2차 대전 이전의 제국주의를 구(舊) 제국주의, 그리고 전후 미국을 중심으로 재편된 자본주의를 '현대 제국주의'라고 합니다. 현대 제국주의의 주요 특징의 하나는 제국주의 열강들이 과거처럼 서로 싸우지 않고 미국을 중심으로 담합하는 체제라는 점입니다.

또 현대 제국주의는 몇 가지 특징 있는 변화를 보입니다. 이 변화를 표현하는 용어가 '국가독점자본주의', '금융독점자본주의', '신자유주의' 등인데요. 2차 대전 이후 현대 제국주의는 미국을 중심으로 담합하고 직접 군사정치적 지배에서 '간접 지배방식'인 신식민주의로 바뀝니다. 또 제국주의 나라들 내부적으로는 독점자본주의에서 국가독점자본주의로 전환됩니다.

국가독점자본주의는 쉽게 말하면 국가가 독점자본주의의 모순과 위기를 구제하는 역할을 하는 자본주의입니다. 자본주의 근본모순은 생산력이 발전할수록 생산은 늘어나는데 이를 감당할 근로대중의 소비는 늘지 않는데 있습니다. 소비란 근로대중의 임금으로 발생하는데 기술이 발전할수록 거꾸로 고용이 줄고 소비 역시 줄 수밖에 없는 모순적 현상입니다.

물론 이런 문제가 발생하는 근본 원인은 자본주의 자체에 있어요. 생산력과 기술이 발달해 경제가 성장할수록 그 이익은 소수에 집중되는 체제 내적 모순입니다. 국제구호개발기구 옥스팜(Oxfam)의 보고에 따르면, 2017년 한 해 동안 창출된 세계 모든 부(富)의 82%가 상위 1% 부자들에게 갔다고 합니다. 영국 언론 가디언에 따르면 세계 부자 1%가 세계 부의 45%를 차지하고 있는데 2030년엔 64%를 차지하게 될 거라 하네요. 요즘 '4차 산업혁명'이 사람들 일자리를 빼앗고 임금을 낮추는 노릇을 하는 것처럼 말이죠. 사실 기술 발달 문제는 아닙니다. 문제는 공장과 기계, 도구 등 생산수단을 사적으로 소유하고 이윤을 소수가 독점하는 자본주의 운영방식 자체에 있습니다. 근로대중은 가난해 돈이 없는데 물건은 넘쳐나는 기현상입니다. 과잉생산 공황이라고 하죠. 자본주의 사회에서 주기적인 과잉생산 공황은 필연입니다.

과잉생산 공황이 일어나면 불행한 사회현상들이 나타납니다. 가령 쌀이나 우유가 과잉 공급되면 기업주는 버리는 걸 택합니다. 굶는 사람들이 있어도 차라리 땅속에 묻어버리죠. 왜냐면 기업주가 공황을 타개할 유일한 방법은 대중수요를 늘리는 것뿐인데 우유를 공짜로 풀면 당장의 수요뿐 아니라 미래 수요도 늘릴 수 없고 외려 줄기 때문입니다.

1929년 미국 대공황은 유례없을 정도로 심각했어요. 이런 자본주의 생산의 근본모순을 해결하기 위해 부르주아 학자들이 개발해낸 묘수는 정부를 강하게 만들어 새로운 수요(유효 수요)를 창출하는 거였습니다.

18~19세기 자유경쟁 자본주의 시기 '자유방임국가', '작은 정부'를 주장했던 자본주의 경제이론들을 수정한 겁니다. 2차 대전 후 거의 모든 서방 국가들이 수정된 자본주의, 즉 국가독점자본주의 체제를 택합니다. 쉽게 말해 현대 자본주의는 정부가 시장에 깊이 개입해 조정하지 않으면 자본주의의 위기와 주기적 공황을 더는 피할 수 없는 단계에 이른 겁니다. 이미 자본은 시장에서 자유롭게 살아가는 존재가 아니라 국가라는 후원자, 원조자 없이는 살 수 없는 신세가 된 거지요.

자본주의 모순을 근본적으로 해결하지 않은 채 모순을 완화, 변형시켜 문제를 해결하려던 학자가 바로 유명한 케인스입니다. 케인스의 해법은 의외로 간단명료해요. 그는 자본주의 사회의 모순을 인정하고 반복된 공황 문제를 풀기 위해 수요 부족을 해결하려 합니다. 그는 공황을 피하고 '새로운 수요'를 어떻게 만들어낼지 고심합니다.

그가 고안한 방법은 정부의 시장 개입과 역할 강화입니다. 세금을 국가가 더 많이 거둬 새로운 '유효수요'를 계속 만들어내는 겁니다. 1930년대 미국 뉴딜정책은 케인스의 견해를 정책으로 실현한 거죠. 독점 기업의 일자리 외에 정부가 대규모 국책사업을 추진해 새 일자리를 만들어 임금을 지불하고, 그 임금이 사회적 수요로 되게끔 하는 원리입니다.

1950~60년대를 지나며 국가독점자본주의는 유럽의 독점자본주의 나라들에서 정착합니다. 1929년 같은 대공황은 외형적으로 사라지고 공황의 주기와 형태가 복잡해지며 달라집니다. 또 정부가 만든 인위적인 유효수요를 민간부문에서 창출하지 않고 '군수산업'에서 만들어요. 이에 따라 현대 자본주의 경제가 급격히 군사화돼 '군산복합체'라는 거대 군수공업과 기업들이 선진 자본주의 나라마다 등장합니다. 오늘날 악명 높은 죽음의 전쟁상인인 군산복합체가 거대해진 기본 배경입니다. 군사무기가 우주화함에 따라 경제의 군사화와 우주과학이 결합됩니다. 산업의 군사화와 군산복합체의 거대화는 자본주의 모순의 필연적 결과입니다.

군수상품의 특징은 천문학적 비용을 써도 과잉생산 공황을 유발하지 않는 '특수상품'이란 점입니다. 첨단 무기시험과 훈련, 전쟁으로 그냥 무기를 소모하면 되죠. 다시 말해 생산을 많이 해도 공황이 발생하지 않는 무한소모 상품입니다. 생산력의 비도덕적인 인위적 소모이며 낭비입니다. 그래서 현대 자본주의는 반드시 적을 필요로 합니다. 전쟁의 명분과 군사적 대치가 계속돼야 엄청난 유효수요를 만들 수 있지요. 군수산업은 첨단기술 개발에 따라 신제품을 무한 생산하는 안정적인 소모사업이기도 합니다. 이게 미국 네오콘과 거대 군산복합체의 생존방식입니다.

군산복합체가 무기사업만 한다고 생각하면 오산입니다. 세계의 원자력발전 사업은 물론 정보통신, 금융, 우주산업, 항공, 석유, 식량, 철도, 철강, 컴퓨터, 인터넷, 언론, 영화, 대학, 스포츠에 이르기까지 이들이 손대지 않는 분야가 없어요. 록펠러-모건, 카라일, 록히드마틴 등이 움직이는 군산복합기업 그룹은 '군(軍)'의 냄새를 전혀 풍기지 않고 여타의 모든 영역으로 사업을 확장해 왔습니다. 언론은 말할 것도 없지요. 록펠러는 방송사 ABC와 CBS를, 로스차일드는 뉴욕타임스, 워싱턴포스트를, 모건은 CNN, 타임워너(Time, Life, Fortune지), NBC를 장악하고 있습니다. 유니버설, 파라마운트는 모건의 영화사고, 20세기 폭스의 최대주주는 록펠러죠. 지난 2016년 750만 관객을 동원한 영화 '밀정' 제작에 투자한 워너브라더스의 최대주주가 바로 미국 군산복합체인 모건과 록펠러입니다. 이들은 스탠포드, 예일, 하버드, 시카고 등 대학들에도 깊숙이 관여하고 있습니다.

미국의 군산복합체는 또 군사두뇌집단이자 정치가집단이에요. 이들은 수많은 연구소와 재단을 운영하고 기업들과 연관을 맺으며 다양한 인물들을 정계로 배출합니다. 부시 대통령, 딕 체니 부통령, 제임스 베이커 전 국무장관, 프랭크 갈루치 국방장관, 덜레스, 러스크, 키신저, 번즈, 머스키, 조지 슐츠, 올브라이트, 파월 등 역대 국무장관, 로버트 맥나마라 국방장관, 딘 러스크 국무장관, 윌리엄 로저스 장관 등 수없이 많은 정치인들이 군산복합기업 출신입니다.

자본주의 모순을 군수상품처럼 잘 표현해주는 것도 없습니다. 21세기 자본주의는 군수산업 없이는 더 이상 존립할 수 없는 수준입니다. 군수산업과 현대 제국주의 정치가 긴밀히 결합돼 있음은 이제 상식입니다. 군수산업 수요를 국가가 만들고 보장합니다. 수요를 위해 현대 제국주의 국가들은 가상의 적을 내세우고 필요하면 없는 적도 만들어냅니다. 미국이 군산복합체를 키우고 군수산업이 갈수록 비중이 커지는 건 이런 자본주의 자체의 근본모순 때문입니다.

미국처럼 군사부문을 강화하는 대신 케인스 이론을 조금 유의미하게 적용하면 북유럽 같은 복지국가 모델이 됩니다. 유효수요를 생산적으로 사용하는가, 아니면 소모적인 군수산업 비용을 늘리는가에 따라 북유럽 자본주의와 영미 자본주의처럼 차이를 보입니다. 북유럽 국가들은 국민 세금을 계속 늘려 전반적인 사회복지 서비스 자원으로 활용합니다. 자본주의 근본모순을 수술하지 않고 유효수요를 만들어 부익부 빈익빈 대립을 완화합니다. 또 공황의 내용과 주기를 구조적으로 변형하거나 흡수합니다.

물론 현대 자본주의에서 정부가 경제에 개입하는 방법은 이밖에도 다양해 순수하게 시장에 의해 움직이는 진공상태의 자본주의는 더 이상 지구상에 존재하지 않습니다.

국가독점자본주의와 함께 금융자본의 성장과 진화는 현대 자본주의의 특징입니다. 금융자본이 산업자본을 지원하던 단계를 넘어 금융자본도 독점화되고, 금융자본과 산업자본간 연계가 강화돼 결국은 금융자본이 산업자본을 지배하기에 이릅니다.

전후 풍미했던 케인스주의에 제동을 건 시도는 1970년대 이후 등장합니다. 1980년대 초 미국 공화당 레이건 정부와 영국 보수당 대처 정부가 도입한 시장중심주의입니다. 케인스의 수요창출에 대비해 '공급주의' 경제학이라고도 부르는 '신자유주의'입니다. 신자유주의라고 한 이유는 정부 개입에 반대하고 시장원리를 중시하기 때문입니다. 이때부터 '작은 정부'와 시장중심주의가 유행합니다. 그렇다고 이들이 정부의 시장개입 기능을 전면 부정하는 건 아닙니다. 상대적인 축소를 말합니다.

신자유주의는 국가독점자본주의를 대체하는 또 다른 필연적인 자본주의 발전단계가 아닙니다. 그렇다고 국가독점자본주의 전체를 부정하는 개념도 아닙니다. 그것은 케인스주의 정책이 자본주의 모순을 대체하는 대안 개념이 될 수 없는 것과 마찬가집니다. 신자유주의는 당시 갈수록 커지는 정부의 시장지배에 반발해 나타난 정부의 시장 조절기능 축소 입장일 뿐 자본을 지원하는 정부 역할 자체를 부정하진 않아요. 크게 보면 국가독점자본주의를 관리 운영하는 두 가지 경향 중 하나죠. 케인스주의가 수요측면에 초점을 맞췄다면 신자유주의는 공급측면(기업)과 통화조절(금리, 세제)을 통해 수요와의 충돌을 조절하는 겁니다.

현대 금융자본은 제국주의 국내에서 공급주의 정책과 슘페터주의 기술혁신을 매개로 새 시장을 창출하고, 금융을 통한 시장조정과 산업지배를 더욱 강화합니다. 대외적으론 다국적기업의 자본 직접투자 방식에서 금융자본을 통한 경제장벽 해체와 국제 금융시장 통합 방식으로 이동합니다. 초국적 금융기업과 펀드들이 지구촌 경제를 금융으로 좌우하는 사태가 속출합니다. 제3세계 나라 경제개입 방식이 원조→차관→직접투자→금융지배로 순차적으로 바뀝니다.

그러므로 신자유주의는 제국주의의 새로운 단계나 이름이 아니라 제국주의의 말기적 운영방식과 정책의 하나입니다. 이는 국가독점자본주의와 다른 새 경향이 아니라 국가독점자본주의 한 운영형태에 불과합니다. 신자유주의 정책은 국가독점자본주의를 부정하는 게 아니라 그를 기초로 합니다.

#  3

## 한국 경제의
## 영·미식 발전모델

한국 경제의 미래 대안모델은 집권당의 성격에 따라 달라집니다. 어떤 정권이 들어서느냐에 따라 선택이 다를 테니까요. 최근까지도 여러 정당과 진보성향 연구소들이 다양한 경제발전 모델을 논하고 있지만 체계적이지 않고 추상적 수준에 머물러 있습니다.

한국 경제의 대안은 크게 보면 두 가지입니다. 하나는 자본주의적 발전대안이고 다른 하나는 비(非)자본주의적 발전대안입니다. 자본주의적 발전대안은 자본주의의 틀을 벗어나지 않는 발전대안입니다. 비자본주의적 발전대안은 자본주의와 사회주의적 요소의 혼합양식이거나 사회주의적 대안을 의미합니다.

자본주의 발전대안은 다시 두 가지 방식으로 나뉩니다. 하나는 김영삼 정부와 김대중 정부가 길을 열고 노무현 정부가 완성하려던 영·미 추종 신자유주의 통상국가 발전모델이고, 다른 하나는 북유럽에서 시행되는 사회민주주의형 복지국가 발전모델입니다.

노무현 정부가 추진했던 영·미 모델부터 보죠. 노무현 정부는 초기에 북유럽형 사회민주주의 발전모델을 검토하는 듯했으나 곧 영·미식 모델로 돌아섰습니다. 영·미식 모델 추종이란 말 그대로 영국, 미국식 자본주의 방식을 따라가는(catch-up) 전략입니다.

쉽게 말해 작은 미국식 경제(small America)를 한국에 구현한다는 발상이죠. 당시 노무현 정부가 이렇게 방향을 급선회한 건 미국식 신자유주의 체제가 세계 자본주의의 대세로 될 수밖에 없다고 봤기 때문입니다. 노무현 정부는 자립적 국민경제노선 같은 확고한 경제철학관이 없었기에 경제정책의 중심을 대세와 미국 동향에 맞춘 겁니다. 미국식 모델이 시대의 대세라면 그를 거스를 게 아니라 먼저 닮고 선점하자는 논리였지요.

세계경제와 아시아 경제시스템이 미국식 신자유주의 모델로 바뀌는

한강야경

3  한국 경제의 영·미식 발전 모델

만큼 그에 순응 편승해 아시아에서 시장을 개척하자고 발상한 겁니다. 노무현 정부가 추진한 한미FTA와 '신통상국가' 전략은 미국의 압력의 결과인 동시에 미국 방식에 맞추지 않으면 한국에서 발전전략으로 가능하지 않다는 경제관료들의 사대주의 철학이 반영된 겁니다.

참여정부의 이런 경제정책의 문제점은 한마디로 자주적인 경제철학의 부재입니다. 자립적 국민경제와 민족경제노선은 시대에 뒤떨어진 정책이고 실현 불가능하다고 봤죠. 하지만 미국 경제에 통합되는 경제전략을 택하면 경제규모는 커질지 모르지만 부익부 빈익빈도 확대 심화되고, 수출과 내수는 더 분리됩니다. 삼성 같은 기업은 초국적 대기업으로 세계시장 확대에 날개를 달게 되지만, 무방비 상태의 농업과 수많은 중소기업은 생존의 기로에 놓입니다.

신자유주의 개방농정 아래서 한국농업은 전망이 불투명한 특수산업으로 취급됩니다. 국내 농업과 농촌이 피폐해지고 축소됐지만 아직 불씨는 남아있어요. 그러나 개방농성이 더 확대되면 전통적 농촌, 농업의 붕괴로 현재 25% 수준인 식량자급률은 더 추락해 머지않아 자급률이란 정책 개념조차 없어질지 모릅니다. 반면 재벌 대기업들과 일부 중견 제조업은 새로운 세계시장 확장 기회를 얻게 될 겁니다.

영·미식 자본주의가 금융, 법률, 회계분야의 서비스산업을 주도산업으로 할 수 있는 배경엔 경제외적인 국가 차원의 정보력, 정치외교력, 전통적인 시장지배력 등이 있습니다. 일본이 국제 금융산업에 진출하는데 매우 조심스럽게 접근하고 있어요. 일본이 영·미식 모델을 선뜻

택할 수 없었던 이유는 경제규모가 작아서도, 규제를 풀 수 없어서도 아닙니다. 일본의 종합적 조건과 현실에 맞지 않는 모델이라 판단했기 때문입니다.

한국이 과거 제조업 신화만 믿고 준비 없이 국제금융 무대에 진출할 경우 성장동력 기능을 하는 게 아니라 경제의 불안정성을 더 심화시킬 수가 있어요. 한국 경제가 생산력이 늘고 규모가 아무리 커져도, 국민 대다수가 안정된 일자리에서 하루 8시간 노동으로 여유 있게 생활할 수 없다면 그런 경제전략은 과연 무엇을 위한 걸까요?

아무리 경제규모가 커지고 재벌 대기업들이 세계 100대 기업에 많이 들어가도 그 이익은 대기업과 극소수 부유층에 집중될 뿐 국민대중 전체에게 돌아오지 않습니다. 2015년 통계로 우리나라 상위 10%가 국내 전 자산의 66%를 보유하고, 하위 국민 50%의 자산은 2%에 불과한 현실이 증명하는 건 뭘까요? 생산은 분명히 국내에서 이뤄져 한국 GDP로 산정되는데 실제 이익은 초국적 기업으로, 초국적 금융기관으로, 대재벌에게만 흘러가고 근로대중은 겨우 먹고 살 정도의 생활비만 벌 뿐입니다.

한국 경제가 이만큼 성장한 건 근면 성실한 근로대중의 노력 덕분입니다. 그런데 근로대중은 경제 성장만큼, 일한만큼 대접받지 못했어요. 과거 박정희 개발독재시대 노동자의 장시간 저임금 고통도, 농민의 희생도 결코 우연이 아닙니다. 경제 규모가 커져 조금 살만 하면 타격을 받아 다시 근로대중의 삶이 바닥으로 떨어지는 건 결코 우연이 아닙니다.

# 4
## 사회민주주의 복지국가론과 사회주의적 대안

영·미식 경제개발 모델의 한국판인 '신통상국가론'이 급작스레 추진되다가 2008년 글로벌 금융위기가 발생하자 이에 반대하는 흐름들이 형성됐습니다. 그 가운데 비교적 체계적이고 분명한 지향점을 제시하는 게 북유럽형 사회복지국가 모델입니다.

알려진 대로 사회민주주의(사민주의)는 사회주의와 다릅니다. 사민주의자들은 자본주의 경제제도를 원천 부정하지 않아요. 자본주의 체제에 대한 혁명을 직접 말하지 않죠. 자본주의 체제 안에서 사회주의적 요소를 점진적으로 성장시켜 의회민주주의를 통해 사회주의적 개조가 가능하다고 합니다.

주로 혁명성이 사라진 20세기 중후반 북서유럽 나라 정당들에서 이런 정치노선이 구현됩니다. 현재 선진국 자본주의는 영·미식 모델과 사민주의식 복지국가 모델로 나눕니다. 여론조사들을 보면, 한국민의 3분의 2 이상이 유럽형 사민주의 복지국가 모델을 선호한다고 나와요.

우리 국민들이 얼마나 골고루 잘 사는 복지국가를 갈망하는지 단적으로 보여줍니다.

사민주의 복지국가 모델을 주장하는 사람들은 정당과 사회단체에 다양하게 분포해 있습니다. 진보정당 안에도 적잖은 사람들이 이 노선을 지지하고, 노무현 정부 초기 이정우 교수와 정태인 박사 같은 학자들도 이런 경향을 보였어요. 이밖에 진보적 연구단체나 제도권 학회에도 이 노선을 지지하는 사람들이 적잖습니다.

한국사회에서 사민주의노선은 비현실적이라고 비판하는 이들도 사실 사민주의 복지노선 전부를 반대하는 건 아닙니다. 한국사회가 경제규모에 비해 절대적으로 복지 사각지대에 방치돼 있고 초보적인 경제적 민주화도 진척되지 않았음을 개혁진보세력은 인정하고 있습니다.

그런데 왜 한국형 사민주의노선이 한 번도 정책적으로 시도된 적이 없을까요? 민주정부를 자임한 김대중, 노무현 정부조차 그런 정책을 시도조차 못한 이유는 왜일까요? 그건 이들 정부가 지난 70여 년 동안 굳어진 분단유지 친미친재벌 경제개발정책에 손을 댈 수 없었기 때문입니다. 국내 경제정책의 주방향은 언제나 미국 경제정책에 정확히 동조돼왔기 때문이에요. 심지어 자본시장에 대한 통제력을 포기하라는 미국의 굴욕적인 무장해제 조치마저 '시장주의' 확장이란 논리로 한국정부는 수용했으니까요.

한국에서 복지예산과 사회적 서비스는 냉전 전시체제를 해체할 때 가장 이상적으로 실현될 수 있어요. 이는 상식입니다. 국방예산, 주한미군 주둔비용, 신무기 수입과 무기개발사업 등 분단체제 유지비용을 줄일 때 복지예산은 늘어나요. 복지혁명의 적(敵)은 1차적으로 냉전 전시체제를 유지하려는 세력입니다. 그다음 복지혁명의 적은 작은 정부, 규제 없는 시장만능주의를 주장하는 보수정치세력입니다.

이렇듯 복지혁명 실현 문제는 복지정책 자체의 문제가 아니라 정치방향의 문제입니다. 국내 진보세력 가운데 사민주의 복지를 지지하는 사람이 많지만, 사민주의 발전노선을 자기 이념으로 가진 사람은 상대적으로 적어요. 이는 사회복지노선 자체에 반대해서가 아니라 사민주의 노선이 전략적으로 추구하는 비현실적, 개량적 실현방법 때문입니다.

국내엔 사회주의를 직접 표방하진 않지만 그 노선을 지향하는 정치세력과 정당, 사회단체들이 있습니다. 하지만 현실 정책제안에선 사민주의 복지노선과 크게 다르지 않은 경우가 많습니다. 과거 민주노동당이 '사회주의적 이상의 실현'을 당 강령에 담았습니다. 하지만 구체적으로 어떤 사회주의를 지향하는지 세부 프로그램은 정확치 않았지요.

과거엔 소련, 중국, 북한(조선), 동유럽 사회주의 모델 등 명확한 목표와 상이 있었는데 최근 진보세력은 구체적인 프로그램이 없거나 너무 다양해 통일된 입장으로 설명할 수 없습니다. 국내 사회주의자들의 사상적 경향이 다양해 하나로 설명하기 어려워요. 주체사상을 제외하면 전통 맑스주의와 일부 트로츠키주의, 유럽 포스트맑스주의 경향 정도로 분류하겠습니다.

전통 맑스주의 사회주의자들의 견해도 다양한데 이들은 한국을 '자본주의가 성숙한' 사회로 보고 노동자-자본가 모순이 기본모순이라고 합니다. 기본과제도 독점자본주의를 바로 철폐하는 반(反)자본 사회주의를 주장합니다. 따라서 혁명이나 변혁의 기본세력도 노동자, 농민이 중심이라고 보지요.

이런 견해를 가진 사람들은 통일문제와 반제통일전선 형성에 관심이 적은 대신 노동자 계급운동에 관심과 기대가 큽니다. 한국사회 변혁의 당면과제는 '반제 민주주의노선'이 아니라 '반독점 사회주의노선'이라고 주장합니다. 여기엔 베네수엘라와 같은 21세기형 사회주의혁명을 주장하는 이들도 있는데 통일된 한국형 사회주의 개혁프로그램은 아직 보이지 않습니다.

#  5

## 자주적 민주주의와
## 자립적 민족경제노선

2010년대 한국의 정치혁명은 1980년대 군사독재 시절 주장하던 혁명 개념과는 많은 차이가 있습니다. 과거에는 비합법투쟁을 우선하면서 합법 진보정당의 가능성을 크게 보지 않았지요. 그런데 2000년대 들어 대중 저항과 결합된 합법 진보정당 또는 진보연합정당을 통한 집권 가능성을 주로 고려하고 있습니다.

진보정권이 선거를 통해 세워져도 외세와 이에 결탁한 국내 수구보수 세력과의 대립은 불가피합니다. 어쩌면 자주적 민주정권의 출현이 경제제도 혁명과 진정한 개혁의 출발일 수 있습니다. 새 정권이 광범한 국민대중과 함께 제국주의세력의 경제봉쇄와 정권붕괴 기도, 그리고 수구보수세력의 반혁명 정변을 이겨내느냐에 정치혁명과 경제제도 혁명의 성패가 달렸지요.

경제제도와 정책을 변화시키는데 국민대중의 힘에 의거해 함께 풀어가는 원칙은 매우 중요한 요소입니다. 경제제도 혁명의 성패가 국민대중의 제도개혁에 대한 열망과 정치참여에 따라 결정되기 때문입니다. 그래서 선거로 뽑은 권력의 힘만으로 경제제도와 정책을 변혁하긴 어렵습니다. 역사는 국민이 반드시 혁명과 개혁에 주체로 참여해야 성공할 수 있음을 보여주죠.

베네수엘라 민중이 세기를 이은 미국과의 대결을 통해 정치의식화된 건 결코 남의 얘기나 특수 사례가 아닙니다. 미국의 제국주의 세계화 경제정책에서 벗어나려는 나라들이 필연적으로 겪는 충돌과정이자 일반적인 국민 정치의식화 과정입니다. 한국에서 경제제도의 변경이나 근본적인 경제정책 수정은 정책의 선택 문제가 아니라 정치투쟁 그 자체입니다.

제3세계 반제민주주의 혁명은 누가 주도하느냐에 따라 그 앞길이 판이하게 다른 양상을 보입니다. 사회주의자들이 중심이 되면 혁명은 반제민주주의 혁명에서 사회주의 혁명으로 연속 진화하죠. 반제민주주의 통일전선에 참여한 중도 또는 민족주의 세력이 주도권을 쥐면 자본주의적 요소와 비자본주의적, 사회적 소유가 공존하는 과도적 단계가 상당기간 지속되구요.

자주적 민주주의(반제민주주의)노선의 경제정책은 초기단계에 자본주의 경제제도와 사회주의적 요소가 공존하는 사실상 혼합경제제도입니다. 중요산업의 국유화 정책으로 강력한 국가적 소유나 사회적 소유 부분이 발생합니다. 국유화 자체가 사회주의를 의미하진 않아요. 정권의 성격에 따라 국유화의 방향과 내용이 다르기 때문입니다. 자주적 민주주의노선은 자본주의 경제제도 위에서 사회주의적 부분을 보호하고 성장시키는 과정을 거칩니다.

자주적 민주주의 경제개혁에서 국유화보다 중요한 게 근로(국민)대중을 개혁과 경제혁명의 주체로 만드는 정치적 경제사업입니다. 과거 국가경영과 기업경영의 대상이었던 근로대중을 단계적으로 사업 주체로 만드는 창조적인 경영방식을 개발해야합니다. 강력한 국가와 국민대중의 정치적 지지가 없다면 이런 경제제도의 변화는 사실 불가능합니다.

중요산업 국유화도 전 산업이 아니라 외래자본과 재벌이 장악한 핵심부분이 1차 대상입니다. 특히 외래자본의 금융지배 중단과 투기자본 규제가 우선이죠. 금융은 산업의 젖줄입니다.

국가의 금융에 대한 지배기능이 우선 강화됩니다. 국제 금융자본이 '자유화'를 명분으로 무장해제한 국가의 시장 통제기능도 복구합니다. 한국은행의 역할 강화와 함께 산업, 상업, 기업은행 등의 민영화를 철회하고 국책은행 역할을 회복합니다. 저리(低利)의 서민 대출은행을 세우고 농협, 수협을 농어민을 위한 은행으로 정상화합니다. 수출주도형 경제개발 정책을 전면 재조정합니다. 수출과 내수가 동반 성장하는 경제구조로 단계적으로 바꿉니다. 수출을 죽이는 방식이 아니라 수출과 내수산업을 동시에 단계적으로 성장시키게끔 산업구조를 바꿔가죠.

동시에 사회적 일자리와 근로대중의 임금을 정상화하면서 내수산업을 늘립니다. 중소기업청의 기능을 정상화해 수출연관 중소기업만 아니라 내수기반의 중소기업 육성을 국가전략으로 추진합니다. 고질인 대기업-중소기업 불공정거래를 원천 중지시킵니다. 현재 일본에서 수입하는 중간재를 전면 수입대체하고 혁신 중소기업을 적극 지원 육성하는 게 중요합니다.

성장이 문제가 아니라 분배 없는 성장이 문제입니다. 분배 없는 성장 정책을 중지하고 사회복지제도와 노인, 환자, 어린이 돌봄 등 사회적 일자리를 대규모로 늘려야 합니다. 복지는 평화문제와 직결돼 있어요. 북한(조선)과 함께 냉전체제를 허물고 평화구조를 정착해 군비와 군 복무기간을 대폭 줄입니다. 국가예산의 국방비를 대거 사회복지 예산으로 전환합니다.

농업이 더는 비교열위란 이유로 공업의 희생양, 희생플라이 산업이어선 안 됩니다. 과거 경제개발 과정에서 농업은 어머니처럼 모든 희생을 감수했어요. 농업은 맏아들인 공업과 국민경제를 위해 모든 걸 아낌없이 줬는데 재벌은 끝내 어머니마저 팔아먹자고 듭니다. 농업을 멸시하는 정책에서 숭상하는 정책으로 바꿔야 합니다. 농업의 가치는 무궁무진해요. 농업은 바이오산업, 종자산업, 환경산업을 여는 미래산업이자 국민의 먹거리를 보장하는, 석유보다 중요한 사업입니다. 식량주권을 지키는 국가 기간산업입니다.

남북 경제공동체는 선택사항이 아니며 자립적 민족경제의 필수 구성

부분입니다. 단기적으론 외세의 경제봉쇄와 제재를 무력화할 수 있고, 장기적으론 두 체제의 장점을 살리며 단일한 민족경제공동체로 발전시켜갈 수 있어요. 남북이 서로의 장점을 살리면 적대적 경쟁이 아니라 상생하며 세계에 우뚝 선 통일 경제강국과 자립적 민족경제의 기반을 마련할 수 있습니다.

세계화가 미국식만 있는 게 아니라 자립적 민족경제에 기초한 새로운 주체적, 능동적 세계화가 가능함을 실증해야 합니다. 아시아 경제협력을 위해 중국과 러시아를 포괄하는 새로운 경제협력 방식을 개척해야 해요. 생각을 바꾸면 동북아시아부터 미국식 일방주의에 대항할 호혜평등에 기초한 새로운 경제질서와 협력방식을 개발할 수 있습니다.

# 6

# 통일경제와
# 아시아 경제공동체

남북 경제공동체 또는 통일경제에 대한 접근법도 정치적 입장과 철학에 따라 달라요. 통일 자체를 반대하는 냉전수구세력의 목표는 흡수통일이므로 공존과 상생의 경제공동체란 개념이 아예 없습니다.

중도보수세력의 남북 경제공동체에 대한 입장은 대체로 '국가연합'형 공동체입니다. 냉전수구세력과 다르게 북한(조선) 경제를 흡수통일 대상이 아닌 공존의 대상으로 봅니다. 하지만 민족 경제공동체의 구성부분으로 보진 않아요. 남과 북을 마치 나라와 나라 사이의 관계처럼 외교적으로 접근하는 경향이 강합니다. 북을 적대관계는 아니지만 중국이나 일본 같은 동반자관계 정도로 대하는 방식입니다.

한국 진보진영의 남북 경제공동체는 '연방통일'형이 주류이지만 중도보수세력의 '국가연합'형도 사실 혼재돼 있어요. 연방통일형 남북 경제공동체는 분단으로 인한 남북 경제의 적대성과 이질성을 극복하고 하나의 민족, 하나의 나라라는 입장에서 남북 두 지역의 경제를 통일해 가는 방식입니다.

중도보수세력의 경제공동체 구상은, 한국 경제를 위해 북한(조선) 경제라는 특수시장을 어떻게 활용할 건가의 입장입니다. 한국 경제가 북이란 새로운 시장에 투자해 러시아, 중국을 잇는 큰 동북아 시장을 만든다는 시장주의적 접근법이죠. 이런 견해는 북 경제의 점진적 시장경제화, 자본주의화를 추구한다는 점에선 수구보수세력과 본질적으로 차이가 없어요. 일부가 주장하는 남북FTA 발상도 남북관계를 나라끼리의 관계, 투자와 무역 중심의 관점에 입각한 근시안일 뿐입니다.

연방통일형 경제공동체는 남쪽 우선도, 북쪽 우선도 아닌 남북 민족경제 우선 입장입니다. 분단 이후 남쪽 경제는 규모와 생산능력이 커진 반면 경제주권의 예속화가 심화됐지요. 2000년대 후반 들어 북 경제가 재건의 토대와 여러 산업부분에서 최첨단 과학기술에 기반한 새 성장동력을 확보한 걸로 보입니다.

한국 경제가 외부 의존성이 심한데도 무역대국으로 성장할 수 있었던 건 근로대중의 성실성과 우수한 고학력 노동력 덕분입니다. 북한(조선) 경제가 어려운 가운데 다축CNC 선반과 인공위성을 독자 개발할 정도에 이른 건 경제의 계획성과 집중성이 높은 사회주의 경제의 장점을 보여주는 사례입니다. 새로운 지식기반경제가 사회주의제도와 결합할 때 비약적 성장이 가능함을 보여주는 단면이기도 합니다.

연방 통일경제는 서로 다른 제도의 장점을 살리고 단점을 보완하면서 서서히 8000만 통일 단일경제를 만들어가는 걸 목표로 합니다. 북 경제를 전면 시장화, 자본주의화하려는 시도는, 한국 경제를 전면적으로 사회주의화하려는 것처럼 비현실적이에요. 한국 경제도 부분적으로 사회주의적 국영화가 필요하듯, 북 경제도 자본주의 요소인 경제특구를 부분적으로 활용하는 게 과도적인 통일단계에서 현실적입니다.

꽃과 한강야경

70여년 분단경제는 서로 한쪽 다리와 한쪽 팔로만 살아온 세월처럼 부자연스럽습니다. 온전히 남과 북이 두 팔과 두 다리로 경제건설을 한다면 우리민족은 한강과 천리마 기적을 능가하는 '통일속도'로 새롭게 비상할 수 있습니다. 북의 정치적 단결력, 석유, 광물자원, 기계공업, 컴퓨터공학, 기초과학, 우주과학 기술 수준은 이미 세계적입니다. 남의 전자, 조선, 토건, 자동차, IT, 무역능력 또한 세계적 수준이지요. 이를 서로 자립적 민족경제 차원에서 아낌없이 주고받는다면 민족경제는 짧은 시간에 세계 3~4위 정도의 경제대국으로 성장하는 게 충분히 가능합니다.

동북아 경제공동체 구상 역시 정치적 입장에 따라 다릅니다. 냉전적 남북관계에 서면 동북아 경제공동체는 축소되고 긴장 속에 교류와 무역을 확대하는 것 이상으로 발전할 수 없어요.

새로운 동북아 경제공동체 구상의 중심은 남북 민족 경제공동체에 기반한 동북아 경제의 재구성입니다. 신자유주의에 맞선 각 나라의 자립적 국민경제를 지지, 지원하는 새 경제공동체를 지향해야합니다. 이는 현실적으로 정치외교력과 경제력이 결합되지 않으면 불가능해요. 이를 실현할 유일한 동북아 중심주체는 통일된 남북 연방공화국 밖엔 없습니다. 남과 북이 통일되고 중국, 러시아를 포함한 동북아가 냉전을 허물고 하나의 경제공동체로 거듭나는 겁니다.

새 아시아 경제공동체에서 일본의 역할은, 그 가능성에도 불구하고 미국 추종적 입장 때문에 주도적이지 못하고 수동적일 수밖에 없어요. 일본이 자국 주도로 구상하려는 엔화 중심의 아시아 경제공동체는 미국 주도 블록과 다를 바 없는 불평등 경제공동체일 가능성이 높습니다. 동북아 경제공동체의 새 모델을 만들 힘은 한반도 통일 없이는 사실 불가능함을 알 수 있습니다. 이는 우리민족의 통일과 통일경제가 지역의 평화뿐 아니라 신자유주의 체제를 극복할 새로운 상호협력에 기반한 지역 경제질서 구축에도 크게 이바지함을 뜻합니다.

6장

# 민족문제와 다른 나라 혁명

서울 현대미술관 돌담

# 1
## 맑스주의 민족이론의 한계

민족주의는 긍정적인가, 부정적인가? 민족은 미래에도 존재하는가, 소멸하는가? '민족'이나 '민족주의'만큼 진보와 보수를 막론하고 오해와 편견이 많은 주제도 드물 겁니다.

진보진영에서 민족문제에 대한 그릇된 견해가 생긴 건 제한적이고 부정적인 맑스주의 민족관에 영향 받은 탓입니다. 맑스가 민족주의를 부정적으로 본 건 유럽의 민족 형성 경험에 주로 의존한 때문인데요. 유럽에서 민족문제가 본격 제기된 건 유럽의 부르주아민주주의혁명 과정에서 자산계급들이 민족을 단위로 국가를 건설하면서부터라고 알려져 있습니다. 그러나 최근엔 유럽에도 이미 8세기경부터 민족과 민족의식이 있었다는 연구결과가 나오기도 했습니다.

맑스가 민족주의를 비판한 건 유럽 부르주아들이 자신의 계급적 이익을 민족이란 이름으로 포장하고 합리화했기 때문입니다. 즉 유럽 민주주의혁명 과정에서 부르주아가 자기 민족에 대한 지배권을 확립하고 통일된 민족경제 단위를 형성하려고 민족주의를 활용했다는 거죠. 민족주의가 추상적인 민족 전체의 이익을 앞세워 근로대중과 그들의 계급적 이익을 도외시해 근로대중의 계급의식 발전을 방해한다고 봤습니다.

맑스는 민족의 형성 문제를 유럽의 경험에 기초해 근대 자본주의 형성 과정과 연관 지어 이해했습니다. 이런 견해는 레닌, 스탈린에게도 계승돼 스탈린은 "자본주의 이전 시기에는 민족이 없었으며 있을 수도 없었다"고 했고, "민족은 자본주의 시대의 역사적 범주"라고도 했어요. 맑스주의 민족관은, 민족을 국가와 마찬가지로 계급과 함께 소멸하는 역사적 범주로 파악했습니다. 그런데 이런 견해는 유럽을 제외한 세계 여러 지역에서 이미 수천 년 전부터 민족을 단위로 사회경제활동을 해오고, 또 민족단위 국가를 만든 역사를 해석할 수 없습니다.

주체사상은 민족을 근대의 산물로 보지 않아요. 또 민족이 계급과 함께 미래사회에선 소멸한다는 맑스주의 민족이론을 부정합니다. 반대로 각 나라의 혁명은 민족국가를 단위로 완성되며 사회주의와 계급 없는 사회를 구현해간다고 주장하죠. 민족은 자본주의와 더불어 소멸하는 일시적 결합체가 아니라 역사와 함께 사회발전의 기본 단위를 이루며 계속 발전한다고 봅니다.

맑스주의는 민족문제를 근대 이후 시작된 문제로 파악하지만, 주체사상은 인류역사의 오랜 기간 계급 형성과 더불어 발생했고, 미래의 계급 없는 사회에서도 계속 내용을 달리하며 존속한다고 봅니다. 예를 들어 우리 민족은 대체로 고조선 시대에 형성됐다고 보지요.

역사적으로 큰 민족이 작은 민족을 예속하고 자주성을 유린하면서 민족들 사이에 대립과 불평등 문제가 수없이 발생했습니다. 개인과 마찬가지로 민족문제의 핵심은 민족의 자주성 실현문제입니다. 주체사상에선 큰 민족이든 작은 민족이든 상관없이 평등하고 상호 자주성을 존중하는 관계로 발전해야 한다고 봅니다. 이런 민족문제는 과거에도 있었지만 자본주의가 제국주의 단계에 들어서면서 전 지구적인 문제로 확대됩니다.

우리나라도 제국주의에 항거하는 근현대 식민지 반제민족해방운동 형태로 민족문제가 전면에 등장했지요. 오늘날 현대 자본주의 세계체제에서도 민족문제는 해소되거나 완화되지 않고 있습니다. 민족국가 사이의 차별과 억압은 더 다양한 형태로 심화되고 있어요. 자본주의 시대뿐 아니라 미래 사회주의 사회에도 민족문제는 남습니다. 민족들마다 정치, 경제, 문화의 발전 정도가 달라 민족이기주의와 민족자치, 그리고 자주성 실현 문제는 사회제도가 바뀐다고 저절로 해소되지 않습니다.

우리나라 근대 민족문제는 유럽과 역사적 배경이 전혀 다릅니다. 우리나라 근대 민족문제는 부르주아 민족주의에 의해 제기된 민족문제

| 용어 해설 | 민족 … 핏줄과 언어, 영토와 문화의 공통성에 기초하여 역사적으로 형성된 사회생활 단위이며 사람들의 공고한 집단. |
|---|---|

1 맑스주의 민족이론의 한계

가 아니라 제국주의의 식민지 침략과 지배에 따른 저항적 반제 민족 문제로 두드러지게 제기됐습니다. 앞서 본 대로 일본제국주의가 조선의 자본주의 발달을 차단, 봉쇄해 민족부르주아가 성장하지 못하고 제국주의 예속자본으로 전락했습니다. 정치주권을 일제에 빼앗겨 민족 자주권을 완전히 잃었고, 그에 따라 경제, 사상, 문화적 자주권도 빼앗기고 민족 전통과 자기 이름과 조상마저 빼앗겼지요.

유럽과 다르게 우리나라의 근대엔 민족문제와 계급문제가 동시에 중첩돼 나타났습니다. 일본제국주의의 침략으로 조선에서 발생하던 자본주의 생산양식이 거세되고, 제국주의의 요구에 따라 기형적 자본주의가 본격 이식됐습니다. 자본과 노동의 대립이 식민지 조선에서도 나타나 노동자계급이 1920~30년대에 걸쳐 본격적으로 형성됩니다.

그런데 유럽의 노동자계급과 다르게 조선 노동자계급의 적은 자국 자본가가 아니라 일본제국주의일 수밖에 없었습니다. 일제를 타도해 나라를 독립하고 정치주권을 쟁취하지 못하면 민주주의도, 노동해방도 불가능했어요. 즉 계급해방과 진정한 민주국가 건설의 과제도 민족해방이 선결되지 않으면 불가능했던 거죠. 그래서 우리나라뿐 아니라 중국, 베트남, 인도 등 식민지 나라에서 사회주의자와 민족주의자들이 연대해 제국주의에 맞서 투쟁한 겁니다.

그러므로 제3세계나 우리나라의 '민족주의'를 말할 때 두 가지 민족주의를 잘 구분해야 합니다. 하나는 부르주아 민족주의의 배타적, 부정적 경향이고, 다른 하나는 제국주의에 의해 제기된 식민지 민족문제를 해결하려는 긍정적 '반제민족주의'입니다.

민족주의에 대한 관점과 견해 문제는 여전히 해결해야할 과제입니다. 현 자본주의 시대가 제국주의 세계체제인 만큼 그에 따른 신식민주의 문제의 해결대안은 새로운 반제민족주의이기 때문입니다. 계급은 민족의 한 구성 부분이며 민족모순이 전면에 나설 때엔 계급모순은 민족모순을 해결한 다음에야 풀리게 됩니다.

제국주의 세계체제에서 한국은 어디쯤 놓여있는 사회인가요? 한국사회가 생산력과 자본주의 생산양식은 유럽사회 못지않게 고도화돼 있지만, 사회적 불평등은 더 심화되고 사회 전반의 민주주의와 민족적 자주성이 아직 확립되지 않은 이유는 무엇일까요?

흥미로운 건 박정희 시대를 풍미하던 국수주의적 부르주아 민족주의를 오늘날 보수진영이 더 이상 반기지 않는다는 겁니다. 보수진영이 1980년대까지 국가적으로 벌린 국수적 민족주의가 이젠 자본의 세계화에 걸림돌이 된다고 판단한 거죠. 오늘날 보수진영과 시장주의자들은 더 이상 민족을 얘기하지 않습니다. 민족은 허구와 상상의 공동체라면서 민족을 버리라고 합니다. 이들이 강조하는 건 이제 '민족'이 아니라 '국경이 없는 세계시민'입니다. 이건 세계화가 계속되면 민족 구분은 없어지고 세계는 하나로 된다는 제국주의자들의 세계시장 전략과 같습니다. 오늘날 20~30대가 민족주의나 민족의식(또는 민족 통일의식)이 이전 세대보다 약한 건 탈권위주의의 영향도 있지만 동시에 1990년대 이후 한국사회 전반에 보수의 이데올로기 사업으로 진행된

'탈민족주의' 영향과도 무관치 않습니다.

이런 보수진영의 흐름은 현실에서 다양하게 나타납니다. 우리나라 역사학에서 민족의 형성과정과 개념을 거세하려는 경향과 심지어 1990년대 초엔 우리말과 글 대신 영어를 공용어로 하자는 주장도 있었습니다. 또 민족문학을 구닥다리 시대 논리로 비하하는 경향까지 나왔지요. 이런 흐름은 결코 자연스럽게 나타나 유행한 게 아닙니다.

맑스주의 민족관의 부정적 영향과, 민족의 실체를 부정하고 파괴하려는 제국주의자들의 민족허무주의가 유행하고 뒤섞여 일부 진보와 보수가 민족주의에 대해 똑같이 부정적인 목소리를 내는 진풍경이 오늘날 한국에서 벌어지고 있습니다.

지식인과 각 정치세력들이 민족에 대해 다양하게 평가함에도 민중이 느끼는 민족의 역사적 실체와 민족문화 정서, 그리고 전통에 대한 긍지와 애착은 여전히 강합니다. 진보를 지향하는 사람들은 부르주아 민족주의의 배타적 위험성과 함께 반제민족주의와 원래 민족주의가 갖는 진보성과 긍정성을 동시에 이해하는 지혜가 필요합니다. 왜냐면 제국주의에 의해 제기된 한국 민족문제는 바로 근로대중이 계급해방을 위해 풀어야할 선차적 과제이기 때문입니다.

## 2

## 통일문제는
## 계급문제가 아니라
## 민족문제

통일이란 무엇일까요? 사람들은 막연히 남북이 하나가 돼 서로 방문하고 교류하는 정도로 생각합니다. 통일에 대한 견해는 진보, 보수를 막론하고 다양합니다.

먼저 보수진영의 통일관은 두 가지입니다. 하나는 '흡수통일론'으로 북한(조선)의 사회주의를 전복해 남한과 같은 자본주의 제도로 통일하자는 견해입니다. 당연히 적대적 통일방식이며 전쟁과 대결을 불사하는 위험한 통일관입니다. 미국과 국내 수구보수세력이 취한 입장입니다.

보수진영의 두 번째 통일관은 '현상유지 통일관'입니다. 말은 통일이지만 실상 통일방안이 아니라 '분단유지 관리방안'입니다. 과거 미국이 한반도에 적용한 '2개 한국정책'이 대표적이죠. 미국이 직접 전쟁으로 북을 전복하는 흡수통일 방식과 병행해 온 양면정책의 하나입니다.

이 정책의 핵심은 남과 북이 한국과 일본의 관계처럼 서로 별개인 나라로 사는 겁니다. 남과 북을 국제적으로 교차승인해 남북 정부와 국가의 정통성을 인정하되 개별 국가처럼 지내는 거지요. 상호불가침조약을 맺어 전쟁을 피하자고 하지만 하나의 국가로 통일하는 건 사실상 반대하는 남북 두 나라 연합국을 지향합니다. 이 방안은 통일방안이라기보다 분단유지방안이므로 통일을 미루거나 아예 하지 말자는 반(反)통일 방안입니다.

이제 북의 통일방안과 남한 진보진영의 통일방안이 남았습니다. 북의 통일방안과 남한 진보진영의 통일방안이 완전히 일치하진 않습니다. 하지만 시간이 흐를수록 하나의 나라, 두 개의 제도, 두 개의 정부에 기초한 공존형 연방제 또는 연합연방제로 합의돼가는 건 사실입니다.

진보진영에서 통일문제를 보는 시각이 다양하게 나타나는 건 통일문제를 민족문제의 특수한 형태로 보지 않고 계급문제로 보기 때문입니다. 이런 경향이 지금은 많이 줄었지만, 과거에 이른바 '좌파'가 통일문제를 계급문제로 본 건 이렇습니다. 남한 진보진영이 남한을 사회주의 사회로 만들어 북과 연합정부를 세우면 그게 바로 통일이라는 입장입니다.

수구보수세력의 흡수통일론이 적대적 통일론인 것처럼 남한 사회주

> **북한(조선)의 통일문제 정의**
> 우리민족에게 있어서 통일문제는 외세의 지배와 간섭을 끝장내고 남과 북의 전국적 범위에서 민족의 자주권을 확립하는 것이며, 또한 반세기가 넘게 갈라진 민족의 혈맥을 다시 잇고 하나의 민족으로서 민족적 단합을 실현하는 것이다.

4.27 판문점
남북 정상회담

의 제도 수립 이후 통일론도 적대적인 적화통일 전략입니다. 이런 입장에 서면 남한사회에서 우선 계급모순 해소에 집중하게 되고 남북공조, 남북교류와 통일운동을 경시하는 경향으로 흐르게 되지요. 또 통일운동을 민족문제 해결의 당면한 전민족적 중심과제로 보지 않고 남한 변혁운동의 부차적 문제로 보거나 아예 외면하게 됩니다. 1980년대 맑스주의 성향의 진보진영에 이런 입장이 많았는데 지금은 그리 많지 않아 보입니다.

그럼 통일문제가 자본주의나 사회주의 제도를 통일하는 문제가 아니면 무슨 문제일까요? 또 어떻게 공존공영하는 게 가능할까요? 통일문제가 무엇인지 정확히 알려면 거꾸로 분단문제가 어떻게 발생했고 본질이 무엇인지 살펴보면 됩니다.

1945년 해방이후 분단 과정을 얘기하자면 길데, 한마디로 분단은 외세의 한반도 분할지배정책에 의해 남한 단독정부가 수립되면서 시작됐습니다. 당시 좌우를 막론하고 누구도 해방이후 분단을 예상하고 분단이 이렇게 오래 가리라 생각한 사람은 없었어요. 분단은 사실 전형적인 제국주의세력의 약소민족 분할지배전략으로 중동과 아프리카 등지에서 사용돼왔으며 지금도 사용되고 있습니다. 해방이후 우리민족이 바로 미국의 분할지배전략의 희생양이 된 거죠.

물론 해방이후 새 사회 건설을 두고 좌우 이념대립이 있던 건 사실이지만 새 사회 건설방향은 우리 민중 자체의 민주주의적 선택에 따라 자주적으로 결정할 수 있는 민족 내부 문제였습니다. 역사에 만약은 없지만, 만약 미국의 간섭과 분할지배정책이 없었다면 해방 후 우리민족 자체의 힘으로 새 사회를 통일적으로 건설했을 겁니다. 우리민족이 자본주의의 길을 가든 인민민주주의 또는 사회주의를 선택하든 그건 우리민족 내부의 자주적 결정에 따라 선택할 문제지 미국이 간섭할 문제는 아닌 거지요.

미국이 2차 대전 후 한반도 문제에 깊숙이 개입하면서 특히 남한 정세에서 과거 일제가 하던 외부 거대세력 노릇을 미국이 하게 됩니다. 더욱이 주한미군이 주둔하면서 미국의 거대한 정치군사적 영향력이 한국사회 전반에 미치게 되지요. 남한에 정치적 자유와 자주적 민주주의가 확대된 게 아니라 미국의 힘에 의해 친일이 친미보수파로 바뀌면서 반제 민주주의를 지향하는 정치세력과 다시 대립합니다. 간단히 말해 분단문제는 우리 내부의 사상과 정견의 차이가 본질이 아니라 미국이란 거대한 외부의 힘이 민족문제에 개입해 분열주의정책을 실시하면서 발생한 문제입니다.

미국은 2차 대전 후 중국과 조선 등 아시아에 사회주의 확대를 막고,

자본주의를 방어하기 위해 패전한 일본을 시급히 부활시킵니다. 1949년 중국에 장개석 국민당 정부가 대만으로 쫓겨나고 중화인민공화국이 수립되자 미국은 경악합니다. 1950년 한국전쟁이 발생하는 국제정세의 배경이 됩니다. 한국전쟁은 국지 전쟁인 동시에 제국주의 세력이 동북아시아에 사회주의 진출을 막기 위해 신생 중화인민공화국을 상대로 벌인 국제 전쟁이기도 합니다. 이 전쟁을 통해 동북아에서 세력균형이 확인됐고 한반도는 초토화됐습니다.

지금 시리아 전쟁과 마찬가지로, 당시 미국이 한반도를 남과 북으로 갈라놓고 분열정책을 취한 건 미국중심의 자본주의 세계체제를 지키는 동시에 한국을 자본주의 시장으로 유지하기 위해서였죠. 한국에 민주주의와 인권 비슷한 걸 수호, 전파하기 위해서가 아닙니다. 이렇게 짚어보면 통일문제는 민족문제인 만큼 지금이라도 미국의 간섭과 지배를 배제하고 우리민족끼리 민주주의, 민족자주의 원칙에 따르면 사상과 제도의 차이를 넘어 함께 공존하며 충분히 풀 수 있습니다.

보수학자들은 남북의 국력차이가 10배가 넘고 국방비, 경제력 모든 분야에서 남한 승리로 끝났다고 주장합니다. 하지만 정작 외세 간섭 없이 미군을 철수하고 남북이 1대1로 연방제로 통일하는 방안에 반대하고 두려워하는 건 왜일까요? 사실상 남한의 수구보수세력은 미국의 힘과 머리 없이는 독자생존이 불가능하다고 보기 때문이지요. 만약 남한 수구보수세력의 주장이 맞는다면 연방제는 거꾸로 북한(조선)이 반대해야 합니다. 국력이 10배나 밀리니 통일을 하면 북이 먼저 흡수되거나 무너지는 게 정상일 테니까요.

이렇듯 통일문제는 사상이념 또는 계급문제가 아니며 외세에 의해 냉전이 초래한 특수한 민족문제입니다. 남한 민중은 두 가지 중첩된 민족문제(통일과 민족자주화)와 계급문제를 어깨에 지고 있습니다. 두 문제는 모두 제국주의 신식민지 정책과 분할통치정책으로 유지되고 있어요. 북한(조선)은 통일문제를 '전국적 범위에서 민족의 자주권을 회복하고 민족적 단합을 실현하는 민족문제'라고 정의합니다.

통일문제가 전민족의 문제인 만큼 추진세력과 양상은 남한사회의 자주화, 민주화운동과는 다릅니다. 우선 통일운동의 주체는 더 넓습니다. 분단으로 피해를 당한 남북 민중과 해외동포를 포함한 민족 전체입니다. 남한사회 계급해방 문제는 남한사회에서 파생하는 노동-자본의 대립관계를 근본적으로 해결하는 장기적 지향을 갖습니다. 하지만 통일문제는 자본가든 노동자든 민족분열에 반대하고 외세의 분열정책에 반대하는 민족적 양심을 가진 모든 세력이 참여하게 됩니다. 남한 정부 역시 통일문제에선 항상 타도의 대상이 아닙니다. 분열을 반대하고 공존을 원하면 협력의 대상이고 미국의 분열정책에 봉사하면 투쟁의 대상이 되는 거지요.

통일문제는 계급해방 문제와는 달리 남북이 외세의 간섭을 끝내고 통일정부를 구성하면 그것으로 일단락되는 문제입니다. 그러므로 통일의 원칙은 남한사회 변혁의 원칙과 차이가 납니다. 즉 계급을 폐지하는 혁명이 아니라 반제 민족자주, 전쟁 없는 평화, 민족대단결이 민족문제 해결의 대원칙이 됩니다.

# 3

## 연합전선(통일전선) 운동

유럽 같은 선진 자본주의사회의 변혁운동과 예속 자본주의사회의 변혁운동은 참여하는 세력에서 많은 차이를 보입니다. 선진 자본주의사회에선 주로 독점자본가와 노동자를 필두로 한 근로대중 사이의 계급적 대립이 변혁운동의 중심과제입니다. 계급계층 구조가 예속 자본주의 사회보다 단순하지요. 이에 비하면 예속 자본주의 사회의 변혁운동에 이해를 같이해 참여하는 계급계층은 선진 자본주의 사회보다 넓습니다.

2차 대전 이후 제국주의 식민지배로부터 독립하지만 다시 경제, 문화적으로 재수탈당하고 있는 제3세계 나라들에선 여전히 제국주의의 군사적, 경제적 침탈을 극복하는 게 전민중적인 사회변혁의 주요 과제입니다. 구(舊)식민지에서 정치적 독립을 이룬 나라들에선 유럽의 자국 중심의 노동-자본 대립과는 확연히 구별되는 사회구조와 모순들이 나타납니다. 많은 나라들이 전후 자립적 민족경제 수립에 실패하고 미국을 선두로 한 서구제국의 신자유주의 체제에 재편입되면서 외래세력에게 사상, 경제, 문화적으로 다시 수탈을 당하게 됩니다.

한국사회 역시 급속한 자본주의화와 경제규모의 성장에도 불구하고 정치, 경제적 자주성은 외려 심하게 훼손돼 있는데, 한국사회를 미국 중심의 서구경제에 일체화시키려는 경향마저 나타났습니다. 정치군사적 종속성은 국제사회에서 미국의 입장을 무조건 추종하는 데서 드러나지요. 아프가니스탄과 레바논 파병은 물론, 남북관계까지도 미국의 요구와 입장에 철저히 맞추는 모습이었습니다. 이명박근혜 정권은 군작전지휘권을 미국에 맡겨 놓고는 반환을 더 미루자고 구걸까지 했지요. 한국사회가 자본주의적 양적 성장을 이뤘는지 모르지만 정치경제적 주권과 사상문화 전반이 여전히 외세의 지배와 간섭 아래 있다는 건 산업화와 경제성장이 자주민주화를 저절로 보장하지 않음을 새삼 보여줍니다.

한국사회에서 변혁운동에 이해를 같이하는 세력의 범위도 자본주의 경제양식과 독점자본을 반대하는 세력만이 아니라 외세, 즉 제국주의 지배간섭을 반대하는 민족자주, 민주주의, 통일, 평화를 지향하는 세력 모두를 포괄할 만큼 광범합니다. 참여폭이 당연히 유럽 사회보다 넓지요. 사회과학에선 이를 조금 어려운 말로 변혁의 동력(주체)과 대상(반대세력)이라고 합니다. 동력이란 변혁운동에 적극 참여하는 계급계층을 일컫고 대상은 변혁운동의 결과로 극복, 해소돼야 할 상대방입니다.

1945년 해방 후 미국은 남한에서 반공을 기치로 민중들을 제압하고 친미 정권을 세우는데 성공했습니다. 이승만, 박정희, 전두환, 노태우 등의 역대 정권이 바로 그랬지요. 그뿐 아니라 문민정부, 국민의 정부, 참여정부조차 이미 50년 넘게 구조적으로 미국의 지배력이 강한 한국 정치 상황에서 기를 펴지 못하고 숙명처럼 굴복했습니다.

한국사회에서 경제규모가 커지는 만큼 자주, 자립, 민주주의가 확장 되는 게 아니라 거꾸로 경제적 예속과 숭미 사대주의가 심화된 거지 요. 정치적 민주주의는 민중들의 지난한 민주민권투쟁으로 조금 진척 됐지만 경제민주화는 외려 후퇴해 부익부 빈익빈이 더 심화됐습니다. 한국사회는 여전히 미국과 그에 결탁한 정치경제적 기득권세력이 장 악하고 있습니다.

유럽의 변혁운동세력이 노동자를 중심으로 자영업자, 중산층, 지식 인으로 구성된 비교적 단순한 형태라면, 한국의 변혁운동세력은 노동 자, 농민, 청년학생, 도시빈민은 물론, 양심적 지식인, 종교인, 자영업 자, 중소자본가에 이르기까지 광범합니다. 이유는 변혁의 대상인 제 국주의 외래세력과 결탁한 소수의 기득권세력에게 정치, 경제, 사회 문화 전반에서 모든 계급계층이 억압 수탈당했기 때문입니다.

이렇게 자본주의사회의 '자본가 대 노동자'라는 일반적인 대립관계를 넘어 이해관계의 공통성에 기초해 광범한 사회세력이 참여하는 결집 체를 '통일전선' 또는 '연합전선'이라고 합니다. 과거 유럽에선 나치즘 과 파시즘에 맞서 노동자 중심에 중간계급을 참여시킨 '인민전선' 형 태의 통일전선이 2차 대전 전후에 있었고, 비슷한 시기 식민지를 경험한 아시아 나라들에선 제국주의에 반대하는 모든 세력이 참여한 '민족해방전선' 형태의 통일전선 경험이 있습니다.

어쨌든 한국에서 진보세력이 집권하기 위해선 노동운동과 농민운동만으론 어려우며 자주민주화와 평화 통일에 이해관계를 함께하는 중산층까지를 아우른 광범한 세력을 결집해야 합니다. 그래서 일반적으론 그렇게 결성된 '통일전선'의 조직화 범위와 수준을 예비 진보정권의 수준으로 평가합니다.

집권을 준비해 온 정당이 있고, 그 정당을 지지하는 광범한 정치세력이 연합전선(통일전선)으로 결집해 정치력을 행사한다면 세상은 바뀌게 됩니다. 한국사회에서 노동자 농민에 기반한 진보정당운동과 함께 강력한 통일전선운동을 형성하는 걸 중요시하는 이유입니다. 유럽과 다르게 한국에선 다양한 중간층을 포괄하는 광범한 전선이 없으면 집권은 불가능합니다.

# 4

## 주체사상과 러시아 혁명

인류 문명사 반만년 가운데 20세기와 21세기는 혁명과 반혁명이 충돌하는 말 그대로 혁명의 시대입니다. 후대 역사가는 이 시기를 인류사의 대전환기로 기록할 겁니다. 20세기와 21세기가 사회주의 출현을 넘어 역사상 처음으로 전지구적 차원에서 유례없는 대중적 각성과 정치혁명을 동반한 시기이기 때문입니다.

평등하고 차별 없는 사회를 바라는 인류의 수천 년 투쟁이 양에서 질로 전화하는 시기가 20세기였습니다. 20세기의 혁명이 위대한 건 과거 폭동과 실패한 혁명과는 다르게 계급의 지배와 억압이 없는 사회를 처음으로 구현하려 했고 또 부분적으로 성공했기 때문입니다.

역사적 견지에서 볼 때 19세기가 인류 혁명의 준비기였다면 20세기는 시험기였고 21세기는 제국주의 몰락과 전지구적인 정치혁명 완성시대로 기록되리라 예상합니다. 20세기에 시작된 러시아를 필두로 한 혁명의 공과를 정확히 평가하는 건 21세기 사회혁명을 예견하고 준비하는 첫 공정입니다.

보수학자들은 20세기를 평가하면서 구(舊)사회주의 붕괴 이후 자본주의는 우월하며 영원한 체제라고 한목소리로 주장합니다. 주체사상은 이런 격동의 시대를, 우여곡절은 있지만 여전히 민중이 인류 역사상 처음으로 정권의 주인으로 등장해 자기이익에 맞게 세상을 운영하는 '주체시대'라고 규정합니다.

주체사상은 러시아 혁명을 맑스-레닌주의에 근거한 혁명으로 평가합니다. 동시에 러시아 혁명의 후대들이 맑스주의 정신을 계승치 못하고 그 한계를 극복하지 못해 좌절한 혁명으로 보죠. 주체사상이 평가하는 러시아 혁명의 한계는 크게 보면 맑스주의 유물론의 한계와 정확히 일치합니다.

맑스주의 유물론은 혁명을 주로 사회제도의 교체로 봤어요. 그래서 소비에트 정권을 세운 다음 낡은 자본주의 생산관계를 일소하고 새 사회주의 생산관계를 수립하는데 전력을 쏟았지요. 생산력과 경제력은 짧은 시간에 비약적으로 성장했고 구(舊)소련 사회주의는 단숨에 세계가 부러워하는 생산력을 과시하며 낡은 자본주의를 대체하는 새 사회모델이 됐습니다.

그런데 정권수립 이후 혁명 3세대, 4세대로 넘어가면서 문제가 심화됐습니다. 1917년 혁명 1세대로부터 멀어질수록 혁명은 현재진행형이 아니라 역사적인 과거가 됐고 새 세대는 혁명정신을 빠르게 잊어갔어요.

맑스주의 유물론대로라면 의식은 물질의 반영인 만큼 사회제도를 사회주의 생산관계로 바꾸고 정권도 사회주의 정권이므로 소련 대중의 의식은 당연히 사회주의 의식으로 충만해야 합니다. 그런데 현실은 반대로 사회경제제도는 모두 사회주의로 바뀌었는데 사람들 의식엔 개인주의와 자본주의 의식이 강하게 남아있었으며, 이는 시간이 지날수록 더 확산됐습니다.

후대로 갈수록 소련은 정치에서 집권당과 국가에 관료주의가 만연했고, 그 여파로 결국 생산력도 정체돼 갔습니다. 대중의 혁명적 열기는 이미 식었고 남의 나라 혁명에 관심이 점차 사라졌어요. 청년들은 사회주의 문화보다 미국과 서구의 대중문화를 즐기고 좋아하게 됩니다. 과거 고수했던 프롤레타리아 국제주의는 사라지고 흐루쇼프는 제국주의와 평화공존을 주장하고 나섰습니다. 제3세계 나라들에 대한 지원은 줄고 중국과는 패권경쟁까지 벌였지요. 결국 1980년대 고르바초프에 이르러 소련 사회주의는 제국주의와 싸움에서 무너진 게 아니라 내부 혁명동력을 잃어 사회주의 혁명역사를 마감하고 자본주의로 복귀합니다.

주체사상은 러시아 혁명의 실패를 한마디로 '사람'을 '혁명'화하는데 실패했다고 합니다. 혁명은 사회제도만 바꾸는 게 아니라 사회의 주인인 사람과 사회제도를 동시에 바꾸는 것이며, 중심은 사람을 바꾸는 거라고 봅니다. 사람을 바꾼다는 말은 사람의 정신혁명, 즉 의식을 바꾼다는 건데, 사람의 의식을 혼자 잘사는 개인주의 의식에서 더불어 잘사는 집단주의 의식으로 바꾸는 사회운동이 필요하다는 걸 뜻합니다.

이를 어려운 말로 사회주의의 '물질경제적' 요인 개조와 '사상정신적' 요인 개조라고 합니다. 사회주의의 주인은 근로대중이며, 이들이 의식적이고 자각적으로 새 사회 건설에 참여해 자신의 지위와 역할을 끊임없이 높이지 않으면 결국 투쟁으로 이룩한 사회제도마저 지킬 수 없게 됩니다.

사회주의는 제도를 세우고 생산력만 높이는 게 아니라 사람, 즉 주체를 세우고 창조적 역할을 높여가야 합니다. 사람이 나라와 세상을 평등하고 자주적인 세계로 만들려는 의식을 잃고 선대들이 만들어 놓은 풍요를 즐기고 만족하는데 그친다면 사회주의의 진보와 계속혁신 정신은 중단되고 맙니다. 사회주의는 제도혁명과 동시에 인간혁명입니다.

사회주의의 진보는 단순히 생산력 증대에 따라 '노동에 따른 공급'을 '필요에 따른 공급'으로 만드는 데만 있는 게 아닙니다. 사람이 세계의 진정한 주인으로 계속 혁신, 전진하게끔 의식을 고양하면서 사회제도를 발전시켜 가는 겁니다. 정상적인 사회주의는 사람을 변화시키는 '사상정신적 요인'와 사회제도를 변화시키는 '물질경제적 요인'을 동시에 개조해야 합니다. 그런데 러시아 혁명은 맑스주의에 충실했지만 그 한계를 극복하진 못했습니다.

러시아 혁명의 또 다른 오류는 민족문제 처리방식입니다. 앞서 설명했듯 민족이란 역사적 실체를 유럽 경험에만 근거해 좁고 제한적으로 해석해 민족문제를 단기간에 강압적으로 처리하려 했습니다. 소련 초기 사회적 융합을 위해 사회주의가 민족을 단위로 연방국과 자치권을 보장하며 성장 발전해야한다는 사실을 강조했으나, 체제가 안정되자 사회주의 내 민족문제를 편의적으로 처리했고 이는 민족 억압정책의 상처를 남겼습니다. 스탈린의 소련 내 약소민족에 대한 분산 이주정책도 이런 부정적인 민족관과 연관이 있어요. 명분은 1937년 소련과 일본이 대립하며 일본과의 연계성 차단이었으나, 우리 동포들(고려인)이 러시아 혁명에 헌신하고도 혁명 이후 푸대접을 받고 중앙아시아로 집단 강제이주와 유랑의 길을 걷게 된 배경입니다.

실제 러시아 혁명 이후 소련은 자국의 민족문제뿐 아니라 동유럽 사회주의 나라들과 관계에서 각 민족국가 실정에 맞는 자주적 사회주의 발전노선을 지지하지 않았습니다. 이는 소련식 사회주의를 종주국으로 인식하고 자립적 민족경제를 부정하는 경향으로 나아갔지요. 사회주의 나라들 사이에서 소련이 중심이 된 국제 분업체계를 우선시하고 자립적 민족경제에 기초한 사회주의 노선을 백안시했습니다.

1960년대 중-소 분쟁은 소련 내부 관료주의와 대외적인 대국주의, 제국주의에 대한 혁명성 약화 기류 속에서 나타났습니다. 중국도 등소평 등장 이후 소련과 비슷한 경험을 합니다. 중국은 경제적으로 부활해 다시 대국이 됐지만 과연 이상적인 사회주의 사회인지, 어떤 사회주의 사회로 가려는지 걱정 어린 시선들이 적잖습니다.

사회주의가 계속혁명과 혁명정신을 포기하면 반드시 노동자 국제주의 원칙을 잃고 자국 이기주의와 민족 이기주의가 부활한다는 건 20세기 사회주의 혁명의 커다란 교훈입니다.

# 5

## 주체사상과
## 중국 혁명

긴 역사적 시야에서 보면 인류가 계급 없는 평등사회를 지향하며 실제 입증한 사회혁명은 아주 최근 짧은 1~2세기 기간의 얘기입니다. 사회주의가 자본주의를 대체하는 하나의 사회제도란 의미도 있지만, 보다 근본적인 건 사회주의 혁명이 인류역사상 계속돼 온 사람의 사람에 대한 지배에 종지부를 찍는 최초의 혁명이란 겁니다.

인류가 얼마나 오래 역사를 만들어갈지 모르나 우리시대는 계급 없는 평등사회로 가는 실험의 출발점에 있습니다. 인류역사의 견지에서 보면 지금은 거대한 전환시대입니다.

주체사상은 거대한 전환시대에 자본주의에서 벗어나 사회주의 제도로 가는 길은 각 나라 실정에 따라 다양하다고 봅니다. 특히 서유럽의 자본주의 이행과정과 식민지를 경험한 자본주의 나라들의 사회제도 변화과정은 큰 차이가 있다고 보죠. 러시아 혁명이 유럽식 사회주의 혁명에 가까웠다면 중국과 북한(조선)의 경험은 식민지 사회가 사회주의로 이행하는 아시아식 사회주의혁명이었습니다.

북한(조선)은 러시아 혁명과 중국 혁명에 대해 발전 단계와 조건은 다르지만 모두 맑스주의에 기초한 혁명이라고 평가하고 있어요. 중국 혁명도 맑스주의의 이론적 한계를 극복하지 못한 한계를 보인다고 판단하는 것 같습니다. 물론 각국 혁명은 각국의 힘과 이론으로 독자적으로 밀고 가는 거고, 이를 대외관계에서 우선 존중하기에 북한(조선)은 '중국특색의 사회주의'를 전폭적으로 지지합니다.

소련 사회주의의 쌓인 한계와 문제점이 1960년대 이후 집중적으로 드러나 아래로부터 소련 사회주의의 사상적 대중 지반이 무너집니다. 이에 비해 중국은 1949년 건국 이후 대약진운동, 문화대혁명 과정에서 극심한 좌편향을 겪습니다. 1970년 후반엔 또 좌편향의 반작용으로 등장한 등소평의 '사회주의 초급단계론'을 실천하면서 우편향을 보이는 거 같습니다.

중국 혁명 과정은 크게 보면 모택동이 주도한 문화대혁명 시기까지와 등소평 시대부터 현재까지로 구분할 수 있습니다. 모택동의 '신민주주의론'에 기초해 중국 혁명노선이 큰 편향 없이 중국 실정에 맞는 사회혁명을 수행한데 반해 공산당 집권이후 모택동 노선은 심각한 편향을 드러냅니다. 대약진운동, 인민공사운동, 문화대혁명 등이 대표적인 좌편향 노선입니다.

모택동 사상을 그가 저술한 〈모순론〉, 〈실천론〉 등에 근거해 파악해보면, 맑스주의를 중국 현실에 맞게 적용한 사상으로 맑스주의 범주를 벗어나진 않아요. 〈모순론〉은 맑스주의 변증법의 내용을 중국 현실의 요구(반제항일투쟁)에 따라 심화 발전시킨 겁니다. 모택동은 모순, 즉 대립물의 투쟁과 통일의 법칙을 주요 모순, 모순의 주요한 측면, 모순의 보편성과 특수성 등으로 세분하고 심화 발전시켰습니다. 이런 〈모순론〉에 근거해 당시 중국사회 모순을 제국주의와 중국 인민간의 모순으로 규정하고 신민주주의론의 철학적 기초를 다졌습니다. 〈실천론〉역시 실천을 통해 진리를 발견한다는 맑스주의 인식론 범주를 벗어난 건 없습니다.

맑스주의자 가운데선 〈모순론〉과 〈실천론〉을 실용주의 철학으로 비판하는 이들도 있죠. 하지만 크게 보면 모택동 사상이 맑스주의를 중국 현실에 맞게 적용한 중국식 맑스주의라고 할 수 있습니다. 외려 문제는 1949년 혁명 이후 심각하게 드러난 중국 맑스주의의 한계이고, 이를 어떻게 극복하느냐였습니다.

인류역사상 사회주의의 실현은 단순한 정권교체나 사회변화만으로 가능하진 않습니다. 인류가 처음으로 자신의 사회생활 전 영역을 계획하고 지배하는 단계에 들어섰기에 특히 그렇습니다. 자본주의 경제논리는 중단되고, 사람이 경제를 지배하고 새롭게 건설하는 역사상 초유의 경험을 하게 됩니다.

이는 혁명투쟁 시기 정치투쟁을 중심으로 제기되고 발전했던 철학과 사상이론 문제가 경제와 사회문화 건설 등 사회 전 영역으로 급속히 확대됨을 뜻하죠. 동시에 그 내용이 사회주의 이전 사회에서처럼 사회의 부분적인 계획이 아니라 전 사회를 전면적으로 계획하고 지배하는 단계로 발전함을 의미합니다.

여기서 특히 경제와 경제제도를 사회주의 발전단계에 맞게 계획, 조절, 통제하는 문제가 전면적으로 등장하고 또 하나는 러시아 혁명 경험에서처럼 사회주의 사회에서 사상투쟁 문제가 본격적으로 제기됩니다.

맑스가 19세기에 이론적이고 추상적으로 제기했던 자본주의에서 사회주의로의 '과도기' 문제를 소련이나 중국, 북한(조선)은 혁명의 당면한 실천과제로 해결해야 했어요. 1960년대 진행된 중-소-북의 '과도기 논쟁'은 유명합니다. 어쩌면 과도기 논쟁의 연장선에서 오늘날 사회주의 논쟁이 전개되고 있다 해도 과언이 아닙니다. 북한(조선)은 일국에서 '사회주의 완전승리'라는 개념을 도입합니다. 생산력과 생산관계의 사회주의적 교체뿐 아니라 사람들의 사상의식 영역에서 사회주의 집단주의의 완성을 사회주의 승리로 규정합니다. 그리고 이를 다시 사상, 기술, 문화의 혁명, 즉 3대 혁명노선으로 요약, 공식화하죠.

소련은 맑스주의에 충실하게 생산관계를 사회주의로 개조하고 생산력 증대에 박차를 가해 사회주의 완료를 선언했어요. 그러나 그 뒤 사회주의의 사상적 기초가 무너지면서 결국 사회주의의 물질경제적 기반도 붕괴되는 과도기 실패 경험을 역사에 남기고 사라졌습니다.

중국은 사회주의 혁명 초기에 무리하게 생산관계의 수준을 전인민적 소유로 높게 설정해 추진하다가 등소평 이후 생산력 증대에 초점을 맞춰 사회주의 생산관계를 후퇴, 재조정하는 개혁개방을 단행합니다. 또 모택동의 문화대혁명은 사회주의 사회에서 사상혁명과 사상투쟁 과제가 공산주의의 높은 단계까지 계속된다는 이른바 '계속혁명' 노선인데, 이를 편협하게 적용하면서 사상투쟁과 기술혁명을 대립시키고 심지어 기술자와 지식인을 탄압했습니다.

현재 중국 사회주의 건설의 기본노선은 등소평 노선입니다. 등소평의 사회주의 초급단계론은 한마디로 정권을 노동자계급이 장악했지만 고급한 사회주의 생산관계를 수용할 생산력이 중국에선 아직 부족하다는 겁니다. 그래서 생산력 발전을 우선할 '사회주의 시장경제'를 도입해 공산당 주도 아래 장기적으로 사회주의 생산관계를 완성해간다는 이론입니다.

이런 생산력 우선주의 발전노선은 개혁개방으로 이어진 이론적 기초이며, 유명한 '검은고양이든 흰고양이든 쥐만 잘 잡으면 된다'는 명제를 남깁니다. 그리고 등소평 노선은 장택민(장쩌민)-호금도(후진타오)-습근평(시진핑) 체제에서도 기본노선으로 채택되죠. 문제는 생산력 우선주의 노선이 강화돼 국부는 비약적으로 성장하지만 그에 따라 빈부 격차와 부정부패, 관료주의 문제 등도 심화된다는 겁니다.

중국은 2000년대 들어 지속적인 경제성장 이면에 부익부 빈익빈 문제가 쉽게 해소되지 않고 있으며 사유재산을 공식 인정하는 물권법이 2007년 3월 전국인민대표대회에서 통과됐습니다. 중국공산당 4~5세대의 '균형성장과 조화사회' 슬로건에도 불구하고 사회주의와 자본주의 요소가 혼합된 중국공산당의 사회주의 건설전략이, 과연 초급 사회주의를 고급 사회주의로 안정적으로 구현할지 세계의 관심사입니다. 최근 발표된 시진핑 사상과 '중국몽' 계획이 주목됩니다.

중국공산당의 건설노선 역시 크게 보면 아직도 '과도기'를 시험 중이며, 맑스주의의 생산력-생산관계 조응이론의 틀을 벗어나지 않았습니다. 이처럼 인류사에서 계급 없는 사회 실현을 위한 혁명은 러시아 혁명을 시작으로 다양한 형태로 현재진행 중입니다. 각 나라의 혁명 경험은 일시적 성공과 실패에도 불구하고 인류역사의 견지에서 보면 모두 유의미한 '자본주의로부터 전환을 위한 다양한 실험'입니다. 거대한 전환시대에 각 나라 혁명을 이끄는 지도사상과 이론의 중요성을 실감할 뿐 아니라 당이 영도하는 혁명사상과 이론이 결국 당대뿐 아니라 혁명이후 거의 수 세기 이상을 좌우한다는 역사적 교훈도 새기게 됩니다.

# 6

# 주체사상과
# 베네수엘라 혁명

국내에서 베네수엘라 혁명을 '21세기 사회주의 혁명'이라 부르며 베네수엘라 모델을 따라하려는 경향이 한때 유행했지요. 베네수엘라 혁명이 지금은 미국의 경제제재와 보수야당들의 반발 등으로 난관을 겪고 있는데 크게 보면 아직 시작에 불과하다고 하겠습니다. 이른바 '21세기 사회주의 혁명' 모델로 평가하기엔 사실 이른 감이 있어요.

20세기 사회주의 혁명이 주는 큰 교훈은 '집권은 혁명의 시작'에 불과하단 겁니다. 70년 이상 집권했던 소련공산당도 혁명 과정에서 좌절해 사라졌고 집권 70년에 이르는 중국공산당도 사회주의로 가는 길에서 아직 혼돈을 겪고 있어요. 70년 역사의 조선노동당 역시 제국주의 봉쇄와 전복 기도 속에서 사회주의 완전승리를 위해 여전히 혁명을 현재진행 중입니다.

현대 사회주의는 일국 단위의 진공상태가 아니라, 강력한 미국 중심의 제국주의 연합세력의 포위 속에서 건설됩니다. 따라서 오늘날 사회주의를 지향하는 진보정당이나 혁명세력이 필연적으로 해결해야 할 공통된 제일 과제는 국내 반혁명세력뿐 아니라 제국주의세력의 장기적인 도발과 침탈로부터 혁명을 수호하는 겁니다. 둘째 과제는 사회주의 내부 문제로, 혁명의 성숙 과정에서 제기되는 '과도기' 문제를 해결하는 방법입니다. 생산관계 개조의 속도와 범위, 수준 문제가 당연히 제기되기 때문인데요. 동시에 지도자-당-대중의 정치적 유대와 연결을 강화하려는 정치사상운동 문제도 본격적으로 등장합니다.

베네수엘라 혁명은 분명히 이전 남미 좌파운동과는 다른 창조적이며 역동적인 대중 참여방식을 개발해가고 있지만, 20세기 혁명이 남긴 숙제에 새로운 창조적 대안을 제시하기보다는 아직 갈 길이 먼 시작 단계에 불과해 보입니다.

베네수엘라에서 '21세기 사회주의 혁명'을 이끈 우고 차베스(1954~2013)는 기존 남미나 제3세계 지역에서 풍미하던 모택동식 게릴라전과는 다르게 군을 중심으로 한 정치혁명으로 시작했어요. 1992년 군사쿠데타 실패 뒤 1998년 선거참여를 통해 대통령에 당선됩니다. 이후 본격적으로 대중의 지지를 조직하며 혁명적 조치들을 취해갑니다. 1999년에 개헌이 아닌 '볼리바리안 헌법' 제정으로 혁명의 법제도적 틀을 마련하고 2001년에 연이어 49개 개혁입법을 제헌의회에서 통과시키며 선거혁명을 제도혁명으로 전화해갑니다. 베네수엘라 혁명이 주목을 끈 것은 이때부터였지요.

남미에서 선거로 집권한 어느 진보정권도 미국과 결탁한 국내 자본가 등 반혁명세력에 이긴 사례가 없었기 때문입니다. 개혁이나 본격적인 혁명조치가 시작되면 예외 없이 가해진 미국의 경제봉쇄와 반혁명 군사개입에 좌절하거나, 아니면 제국주의와 타협하는 길로 갈 수밖에 없었지요. 이를 어떻게 극복할 것인가의 문제는 베네수엘라뿐 아니라 제3세계 진보집권 초기 겪게 되는 공통된 문제였습니다.

차베스가 걸은 혁명의 길을 보면 그 역시 진화했음을 알 수 있습니다. 차베스의 가장 큰 지도자로서 능력은 굴함 없는 자주적 지향과 대중과 소통, 호흡하는 현실 감각일 겁니다.

혁명운동에서 지도사상과 이론이 갖는 중요성에 대해선 이미 20세기 혁명운동 사례를 통해 수차례 확인했습니다. 그러나 베네수엘라의 미래를 결정할 '차베스의 사상'이 무엇인지는 정확히 알 수 없습니다. 차베스 스스로 트로츠키주의자라고 했는데 정확한 근거가 충분히 국내에 소개되진 않았어요. 그가 독자적으로 맑스-레닌주의 사상을 갖고 혁명운동에 나섰다기보다는 진보적인 애국군인으로서 혁명과정을 통해 성장하고 사회주의자로 진화했다고 보는 게 적절할 거 같습니다.

차베스가 집권 초 정당을 앞세우지 않은 게 역설적이게도 국민의 자발적인 정치조직이나 정치서클을 활성화하는 계기가 됐습니다. 하지만 혁명운동에서 당의 지도적 역할을 대신할 조직이나 방법은 없습니다. 이건 장기적 관점에서 보면 혁명의 계승성, 지도성 문제를 낳을 수밖에 없습니다. 20세기 소련공산당의 관료주의 문제는 당과 당의 지도성을 부정하는 문제가 아니라, 당원들이 대중과 분리돼 활동하는 관료주의, 형식주의 사업방식 문제였습니다. 차베스와 베네수엘라 혁명가들도 결국은 2008년 1월 베네수엘라 통합사회주의당(PSUV)를 창당합니다.

만약 2002년 4월 베네수엘라 민중들이 반혁명 쿠데타를 저지하지 못했다면 베네수엘라 혁명과 차베스는 역사의 무대에서 사라졌을지도 모릅니다. 정치지도자와 민중이 신뢰를 쌓아가며 상호 정치의식화되는 역동적 과정을 베네수엘라 혁명은 보여줬습니다. 볼리바리안 헌법을 통해 전 국민이 짧은 시간임에도 정치의식화되는 과정은 선거혁명으로 이뤄낸 진보집권 활동의 백미(白眉)라 할 만합니다.

베네수엘라 혁명 과정에서 중요한 점은 협동조합이나 노동자참여 국유화방식 등의 형식적 측면보다 대중의 잠재력을 확인하는 과정입니다. 대중의 혁명적 창조력이 발동되면 그 힘은 무궁무진하며 더 높은 곳을 향해 계속 전진합니다. 대중이 정치적으로 자각해 진출할수록 정치적 지도세력과 대중의 결합 문제는 혁명의 생명선이 되는 게 혁명의 발전법칙입니다.

볼리바리안 서클, 주민자치위원회, 노동자 공동경영, 협동조합 등 베네수엘라 혁명과정에서 나타난 다양한 정치, 경제 조직들의 공통점은 시의적절하게 대중을 정치, 경제사업의 직접 주체로 내세웠다는 점입니다. 물론 그런 결정을 이끈 건 차베스의 현실정치 감각이죠. 대중을 주체로 세우는 데서 혁명의 힘이 나온다는 혁명지도자의 절박한 자각일 겁니다. 모범적인 혁명은 그게 어떤 형태냐가 중요한 게 아니라 혁명 자체를 대중 자신의 사업으로 만들어내느냐의 문제라는 주체사상의 원리와 일맥상통하는 관점입니다.

혁명정당과 국가기구가 대중을 주체로 세우거나 발동하지 않는 관료주의적 방법으로 사업한다면 그 정당과 국가기구는 이미 혁명과 대중으로부터 멀어진 겁니다. 관료화된 당조직보다 차라리 자발적인 대중조직이 더 큰 힘을 발휘할 수 있음을 베네수엘라 경험은 보여줬습니다.

베네수엘라 혁명은 아직 초기단계이며 혁명의 성패는 처음처럼 지속적으로 민중을 혁명의 주체로 강화 발전시키는데 있습니다. 혁명과 건설의 모든 문제와 해법을 혁명의 주체인 민중을 강화 발전시키는 데서 찾고 민중의 역할을 계속 높이면 20세기에 여러 나라 혁명정당들이 해결하려던 숙제와도 다시 만나게 될 겁니다.

베네수엘라 혁명은 예상대로 차베스가 사망한 뒤 시련의 나날을 보내고 있죠. 혁명과 반혁명의 공방전은 더 격렬한 양상으로 전개되고 있습니다. 또 제국주의와 대결하는 과정에서 당과 지도자의 계승문제가 한 세대에서 끝나지 않는 문제로 얼마나 오랜 시간을 필요로 하는지 보여주기도 합니다. 베네수엘라 혁명이 발전하면 할수록 베네수엘라 민중은 20세기 혁명정당들과 맑스-레닌주의, 그리고 북한(조선)과 멀어지는 게 아니라 더 가까워지리라 생각합니다.

# 7

## 주체사상과
## 21세기 사회주의

2017년 촛불로 탄생한 문재인 대통령이 발의한 개헌안이 진일보했다고 화제가 됐지만 거기에 사상의 자유 조항은 없습니다. 여전히 사상의 자유가 보장되지 않는 한국에서 혁명적 사상이나 사회주의는 금기요, 터부의 대상입니다. 정치사상이나 사회제도에 대한 평가와 선택이 자유로운 사색과 토론으로 이뤄지는 게 아니라 법률로 규제되는 현실은 거꾸로 대중의 정치사상과 사회제도에 대한 생각의 변화가 얼마나 중요한지 보여줍니다. 사람들의 생각과 사상이 바뀌면 세상이 바뀌는 게 순리임을 자본주의 체제를 지탱하려는 자들은 잘 알고 있습니다.

과거 주체사상과 사회주의에 대한 탄압 방법이 노골적인 금지와 봉쇄였다면, 소련 사회주의 붕괴 이후 사상탄압 양상은 사회주의와 맑스-레닌주의나 주체사상을 한물간 옛 얘기로 취급하며 자본주의의 효율성과 비교하는 방식을 취합니다. 과연 사회주의는 철 지난 얘기일까요?

한마디로 자본주의 사회는 돈이 주인자리를 차지하고 이윤이 사업의 목적이고 자본가가 정권을 잡은 세상입니다. 그래서 자본과 돈을 왕처럼 여기는 가치관과 생활관이 체화된 사회입니다. 반면 사회주의는 근로대중이 정권을 잡은 세상입니다. 근로대중이 주인자리를 차지하고 사람의 이익과 편익이 사업목적이고 이윤은 그 다음이죠. 그래서 민중을 가장 귀하게 여기는 가치관을 교육하고 생활화하려는 사회입니다. 자본가 정권이 이런 '불순한' 생각마저 탄압하고 왜곡하는 이데올로기 투쟁을 체계적이고 선제적으로 하는 건 어찌 보면 당연합니다.

맑스가 파악한 자본주의 사회의 모순을 한마디로 표현하면 '사회적 생산과 생산수단의 사적소유 사이의 모순'입니다. 이것이 눈덩이처럼 커져 자본주의 사회의 다양한 모순을 파생합니다. 쉽게 말해 사회에 팔기 위해 상품을 생산하는데 상품을 만들고 파는 기업도 개인소유이고, 그 결과인 이윤도 개인에게 돌아가는 구조라는 겁니다. 결국 생산의 목적은 이윤이 되고 맙니다. 아무리 좋은 일도 이윤이 남지 않으면 사업하는 사람이 없고, 거꾸로 나쁜 일도 이윤이 남으면 어떤 명분을 만들어서라도 달려들지요.

사회적 생산과 '생산수단의 사적소유'의 대안 개념이 바로 '사회적 생산과 생산수단의 사회적 소유'입니다. 생산수단, 즉 공장, 기계 등을 국가나 협동조합 형태로 소유하고 운영, 관리하면 생산은 더 이상 이윤을 목적으로 한 돈의 논리를 중단하게 됩니다. 생산은 비로소 사람들의 사회적 필요에 의해 진행되지요.

이처럼 사회주의는 자본주의로부터 그 모순을 해결하기 위한 대립자로 출현한 거지, 인위적이고 주관적으로 만든 상상이나 이념의 가공물이 아닙니다. 자본주의에서 사회주의로 가는 역사적 실험은 20세기를 넘어 21세기에도 계속될 겁니다. 20세기 사회주의 실험은 자본주의에서 사회주의로 생산양식만을 교체하는 방식으론 가능하지 않다는 교훈을 남겼습니다. 사회주의 생산양식과 함께 단결과 협조에 기초한 새로운 인간관계와 의식혁명 없인 사회주의가 유지될 수 없음을 보여줬지요.

20세기 사회주의는, 개인의 경쟁과 이윤논리에 찌든 인간관계를 단결과 협조에 기초한 인간관계로 바꾸는 과정 없인 혁명이 성공할 수 없음을 보여줬어요. 동시에 사회적인 단결과 협조의 정신과 기풍 없이는 자본주의 생산력의 효율성을 이길 수 없음도 증명했습니다. 사회주의 생산력 발전의 우월성은 단순히 생산관계의 사회주의적 개조에서 나오는 게 아니라 생산과 사회의 주인인 근로대중의 자주성을 위한 의식적인 단결과 투쟁에서 나온다는 사실을 20세기 혁명은 실증합니다.

맑스주의를 계승한 주체사상은 책상에서 만들어진 사상이 아닙니다. 20세기 초 식민지 조선에서 조선의 선각자와 혁명가들이 민족해방과 계급해방이라는 역사적 투쟁과정에서, 맑스주의 이론을 창조적으로 응용하는 과정에서 탄생하고 발전시킨 사상입니다. 또 맑스가 이론으로 예상하던 사회주의제도를 직접 수립하고 운영하는 과정을 통해 사상,이론, 방법의 새로운 구성 체계로 새롭게 완성된 사상입니다. 맑스주의가 독일사상이 아니듯 주체사상 역시 북한(조선)의 사상이 아니며, 보편적 혁명사상입니다. 맑스주의나 레닌주의와 마찬가지로 이 사상의 창시자의 이름을 따라 김일성주의라고도 합니다.

20세기 혁명의 교훈은 21세기 사회주의가 사람중심의 사회주의임을 예고합니다. 20세기 사회주의 실험의 실패와 그에 따른 혼돈은 사람과 사회의 관계를 정확히 해명하지 못한 철학의 한계 때문이라고 볼 수 있습니다. 결국 사회주의는 생산양식의 교체인 동시에 생산양식의 주인인 사람의 혁명을 의미합니다. 그래서 그 혁명의 방향은 물질경제적 풍요만이 아니라 사람들이 의식전환과 사상혁명을 통해 서로의 자주성을 발전시키는 관계로 나아가게 됩니다.

21세기 혁명은 인간의 본질에 대한 탐구와 도전이 될 겁니다. 사람이 21세기 사회주의 제도의 주인이 되려면 인간에 대한 과학적이고 전면적인 이해 없인 불가능합니다. 그건 사회주의 사회가 돼야 처음으로 정치, 경제, 문화 등 생활 전반을 사람의 요구에 따라 계획하고 조절하기 때문입니다. '보이지 않는 손'의 시대는 끝나고, 보이는 손에 의해 의식적이고 계획적으로, 사람의 자주적 본성에 맞게 사회가 움직이는 단계에 들어서기 때문이지요.

보수학자들은 자본주의를 역사적 개념으로 보지 않고 인간이 만든 가장 우수한 제도로 칭송하며 인류와 더불어 영원할 거라고 떠듭니다. 하지만 거대한 역사의 줄기에서 볼 때 현대는 전환의 시대이자 가히 '주체시대'라고 할 만합니다. 인간이 역사상 처음으로 인간사회의 법칙을 장악하고 전면적으로 사회와 인간 자체를 재창조하는 시대, 그것이 바로 주체시대입니다.

민중이 사회의 부속물이 아니라, 근로대중이 사회의 주인으로 등장하는 역사상 초유의 실험기이며 전환기입니다. 20세기의 역사적인 진통, 산고를 끝내고 21세기에 드디어 새 시대가 만개하리란 예상은 지극히 자연스럽습니다. 거대한 역사적 전환기에 한두 세기는 매우 짧은 기간입니다. 20세기의 혁명이 21세기와 22세기로 이어지면 사람과 사회에 대한 본질적 이해는 더욱 깊어질 겁니다. 21세기는 가히 사회혁명의 시대이자 인간학 혁명의 시대라 해도 과언이 아닐 겁니다.

7장

# 문화와 철학 사상

# 1
# 문화예술과 정치사상

문화란 무엇일까요? 문화는 생각보다 포괄 범위가 큰 개념입니다. 정치활동과 경제활동을 제외한 사회활동의 거의 모두가 문화활동입니다. 넓은 의미에서 문화는 사람들의 '정신적 요구'를 충족시키는 창조물 모두를 일컫죠. 정치, 경제활동도 크게 보면 인간 정신활동의 창조적 산물이란 점에서 한 시대의 문화 범주에 포함됩니다.

문화의 형태는 교육, 학문, 문학, 예술, 방송, 보건, 체육 등 매우 다양합니다. 좁게 보면 교육, 문학, 예술 등으로 국한하기도 하죠. 문화는 이처럼 사람들의 다양한 활동을 포괄하는 개념인데요, 공통점은 사람의 정신 정서적 수요를 충족시키고 자질과 소양을 높인다는 겁니다.

문화생활은 사회제도에 따라 차이가 납니다. 사회주의 사회에서 문화생활 관리는 국가의 중요정책입니다. 문화활동은 계획적으로 진행되며, 거의 모든 사회구성원이 문화활동에 참여하죠. 문화활동 비용은 대부분 국가가 책임집니다. 국가가 어려서부터 문화예술적 자질을 가진 사람을 선발하고 육성합니다. 따라서 사회주의 사회의 근로대중은 문화를 상품으로 구매하는 시장 소비자가 아니라 문화활동의 수혜자이자 생산잡니다.

자본주의 사회에선 문화도 상품으로 판매되고 소비됩니다. 국가는 국민의 문화적 요구 일부를 담당할 뿐 대부분은 시장에 맡깁니다. 문화생활도 주로 시장의 상품으로 사고팔며 이뤄지죠. 교육, 문학, 예술이 자유 시장에서 상품으로 팔리면, 돈 있는 사람들은 다양하고 질 좋은 문화를 구매하지만, 먹고살기 바쁜 사람들은 문화생활에서 점차 소외됩니다.

아무리 능력과 소질이 있어도 돈이 없으면 재능을 쉽게 발견 못해, 결국은 자기도 사회도 모른 채 묻힙니다. 자본주의 사회에서 근로대중은 능동적인 문화활동에서 대부분 배제되고 방송이나 영상미디어 등 극히 일부 문화 상품시장의 수동적 소비자가 됩니다. 문화를 생산하는 주체가 아니라 대부분 생산된 문화상품의 소비자로 남게 되죠.

자본주의 사회에서 문화 생산자는 기업입니다. 문화상품은 기업의 이윤창출을 목적으로 생산되죠. 따라서 문화의 내용도 대중이 지향하는 정서나 요구와 동떨어지기 십상입니다. 건강하고 유익한 대중문화보다 자극적이고 인기에 영합하는 문화상품이 주류를 이룹니다. 근로대중의 건강한 시민의식과 고상한 문화정서를 함양하기는 차단당하고, 서구의 저급한 문화와 개인 이기주의적이고 자극적인 소비문화를 광범위하게 유포됩니다.

문화생활의 내용은 정치와 권력의 성격에 크게 영향 받아요. 사상과 마찬가지로 한 시대의 문화의 내용도 계급성을 띠며 정치정세에 민감하게 반응합니다. 한국 현대 문화예술계의 큰 흐름이 어떻게 세계정세와 한반도 정치상황에 따라 영향 받는지 예를 들어 보겠습니다.

분단과 전쟁으로 사상문화적 흐름도 좌우로 양분됩니다. 사회주의와 반미민족주의 경향의 사람들은 거의 북으로 갑니다. 우익민족주의와 친일친미 성향의 사람들은 남쪽에서 삽니다. 전쟁 이후 남북의 정권이 각각 반공과 반미반자본주의를 기치로 서로 다른 사상문화적 영향권을 만듭니다.

북한(조선)에선 부르주아 문화예술 경향을 비판하며 근로대중을 주체로 한 사회주의적 사실주의 문화와 예술작품이 주류를 이룹니다. 한국에선 1961년 박정희 군사독재 정권의 등장으로 4.19혁명 때 잠시 부활한 자유주의적 비판주의 문화와 문예 흐름이 다시 탄압받습니다. 1970년대 들어선 지속적인 반독재 민주화투쟁 과정에서 지식인, 대학

---

**용어 해설**

**문화** : 사람들의 정신적 요구를 충족시키며 사람들의 자질과 능력을 표현하고 담보하는 가치 있는 역사적 창조물의 총체. 사람들의 능력, 활동방식, 정신적 및 물질적 재부 등은 사람의 창조적 활동의 산물로서 문화를 이룬다.

**문화의 형태** : 교육, 과학, 문학, 예술, 보건, 체육 등 다양

**문화의 종류** : 정신문화, 물질문화, 생산문화, 생활문화, 세계문화, 계급문화, 세대문화, 성문화, 지역문화 등

생 중심의 초보적인 저항문화가 나타나는 한편 순수문학도 성장합니다. 〈창작과 비평〉과 〈문학과 지성〉이란 대표적인 두 경향의 문예지는 당시를 반영한 시대의 풍경입니다.

박정희 유신독재는 사상의 자유를 긴급조치와 국가보안법으로 완전 탄압하고, 정부를 비판하는 것조차 유신헌법으로 금지한 암울한 시대였습니다. 대학에서 맑스주의와 사회주의를 학술적으로 토론하는 것조차 국가보안법 위반이던 때였지요. 북한(조선)과 유신정권에 대해 토론하고 비판하는 것조차 금지되는 상황에서 문화와 예술이 무엇을 할 수 있었을까요? 문화와 예술은 사상과 표현의 자유를 자양분으로 크는 나무인데, 정부와 자본주의를 찬양하고 사회주의와 북한(조선)을 미워할 자유만이 주어졌던 당시는 사상문화의 암흑기였습니다.

당시 예술의 내용과 사상성을 강조하는 '비판적 사실주의' 경향은 탄압받고 '예술을 위한 예술'을 주장하던 예술지상주의와 모더니즘 경향은 득세하고 지배적 지위를 차지합니다. 1970년대 한국 문학, 음악, 미술, 연극, 영화, 교육 등 모든 분야에서 공통된 현상입니다.

유신정권의 붕괴와 1980년 광주민중항쟁은 한국 문화, 문예운동사에 획을 긋는 계기가 됩니다. 18년 장기독재 아래 사상과 표현의 자유를 억압당한 국민대중의 요구가 폭발적으로 분출했어요. 광주민중항쟁을 다시 총칼로 진압하고 이른바 '제5공화국' 전두환 군사독재가 등장하지만 민중은 더는 박정희 시대처럼 침묵하지 않았습니다.

군사정권의 탄압 속에서도 민중문화예술운동과 반미민족주의, 그리고 맑스주의와 주체사상 등 새로운 사상문화 조류가 봇물처럼 터져 나왔습니다. 1987년 6월 민주항쟁을 거치며 민중예술과 민족민주주의 지향의 문화가 개화하면서 부르주아 문학예술과 친미자본주의 문화 일색이던 정부 주도의 문화계엔 급속히 균열이 생기죠. 하지만 새로운 문화예술은 진보적 지식인, 대학생들의 전유물이었고 광범한 민중의 것은 아니었어요. 일반 국민은 TV, 영화, 스포츠 등을 통해 문화예술을 받아들이는 수동적 대중으로 남아있었습니다.

국내적으로 1980년 광주항쟁에서 1987년 6월 항쟁 때까지가 문화예술계가 겨울을 이겨내고 봄을 만든 시련과 성장의 시기였다면, 국제적으로 한국 문화예술계를 다시 전변시킨 사건은 1991년 소련 사회주의의 붕괴였습니다. 30년 분단과 독재의 어둠을 뚫고 겨우 좌우 균형을 조금씩 맞춰가던 민중문화예술의 흐름이 외부 충격으로 다시 흔들립니다.

1990년대 초 사회주의 진영의 붕괴로 세계의 정치균형이 깨지자 한반도에도 여파가 그대로 밀려옵니다. 북한(조선)은 '고난의 행군'이라는 정치경제적 시련기를 겪었고 한국에선 1980년대 이후 사회주의 지향의 민중문화운동이나 맑스주의적 문화예술이 급속히 퇴조합니다.

1990년대 초부터 미국의 요구로 시작된 한국 경제의 세계화, 개방화와 함께 문화, 예술의 시장 상품화, 개방화가 촉진됩니다. 국민을 위한 공공문화 정책은 더욱 축소, 약화되고 교육, 문화, 예술은 전면 상품화돼 시장에 지배당합니다. 1997년 IMF관리체제 이후 그나마 상품화된 문화시장마저 크게 붕괴되죠.

당시 지식인과 문화예술계엔 이른바 '포스트모더니즘', '포스트맑스주의' 등 사이비 맑시즘이 유행하며 맹위를 떨칩니다. 이런 한국 사회의 문화 흐름을 보면, 문화예술에도 계급성과 민중성이 있음은 물론, 문화예술이야말로 정치현실과 국제정세를 민감하게 반영하는, 생물과 같음을 알게 됩니다. 문화는 그야말로 그 시대와 정치의 또 다른 표현입니다.

# 2

## 포스트모더니즘과
## 문학예술

문화란 많은 사회분야를 포괄하지만, 주된 흐름을 이해하는데서 때론 문학예술 분야만 좁혀 파악하기도 합니다. 한 시대의 문화와 사상이 문학예술 분야에 가장 민감하게 반영돼 발전하기 때문입니다.

앞에서 1945년 해방 이후 정치 상황과 연관된 한국 문화의 흐름을 설명했죠. 이번엔 1990년대 이후 문화 경향에 대해 알아보겠습니다. 1980년대가 한국에서 맑스주의 부활의 시기였다면, 1990년대는 거꾸로 반(反)맑스주의가 태동해 국내 맑스주의를 잠식한 시깁니다. 1980년대는 맑스주의, 레닌주의, 모택동 사상, 제3세계이론, 소비에트 이데올로기, 주체사상 등 다양한 진보적 사상조류가 발전, 확산되면서 학생과 지식인층을 넘어 노동자계급으로 사상의 대중화가 막 시작되던 때였습니다.

그러나 1990년대 초 사회주의 붕괴 흐름을 타고, 대표적인 반맑스주의인 '포스트모더니즘'이 한국에서 크게 유행합니다. 포스트모더니즘이란 말이 생소하고 어렵지만 알아 둘 필요가 있습니다. 포스트(post)란 '후(後)' 또는 '탈(脫)'의 의미구요. 모던(modern)은 일반적으로 '근대'를 말합니다. 그래서 포스트모더니즘이란 '근대 후', '근대를 넘어' 혹은 '탈근대'를 뜻합니다. 자본주의 산업사회를 일반적으로 근대의 출발로 본다면 이를 넘어선 흐름이나 경향을 말하죠.

포스트모더니즘은 1960년대 유럽에서 유행했던 흐름입니다. 1970년대는 한국이 사상의 불모지였고, 1980년대는 광주민주항쟁 이후 한국 사회에 진보적 사상과 맑스주의가 급속히 도입되던 시기여서 포스트모더니즘이나 포스트맑스주의 같은 사이비 개량주의 사상은 들어올 틈이 없었어요. 그런 흐름이 소련, 동유럽 사회주의 붕괴 이후 빠르게 국내에 유입됩니다.

포스트모더니즘의 한 철학 조류인 포스트맑스주의는 한마디로 자본주의는 영원하며 전통적 사회주의는 망했다는 관점의 사상입니다. 근대 산업자본주의 시대에 맞던 맑스주의 이론이 정보과학기술이 발달한 후기 산업자본주의 시대엔 더 이상 맞지 않는다고 강변하죠.

이들은 서구 자본주의 사회가 1970년대를 지나며 전통적 계급사회가 해체되고 중산층 중심의 복지국가가 실현됐다고 주장합니다. 서구 자본주의가 1960년대 말과 1970년대 초를 기점으로 자유민주주의적 산업자본주의와 포스트 산업자본주의로 구분된다고 봐요. 특히 포스트 산업자본주의 시대 들어 서비스노동자, 지식노동자, 주변노동자들이 급증해 전통적 의미에서 '잉여노동'에 의한 노동 착취를 해명할 수 없다고 주장합니다.

따라서 사회운동의 주체도 전통적인 노동자와 근로대중이 아니라 복합적인 시민운동이 돼야 한다고 주장해요. 또 이들은 맑스주의를 노동자계급의 혁명사상 발전이란 관점에서 보지 않고, 맑스의 청년시기 저작과 후기 저작을 나눠 대립시킵니다. 그뿐 아니라 맑스와 레닌도 대립시켜 맑스주의의 혁명적 본질을 혼돈케 하죠.

포스트맑스주의의 한 흐름인 네오(Neo)맑스주의자들은 맑스의 고전인 〈자본론〉의 핵심인 '잉여가치론'을 부정합니다. 과학기술 발전으로 사람이 사람을 지배하던 시대는 가고, 기술이 사람을 지배하는 시대가 왔다고 주장합니다. 이런 포스트모더니즘이 문학, 예술분야로 스며들자 예술지상주의와 모더니즘 경향이 더 확대 강화됩니다.

모더니즘(modernism)은 알려진 대로 19세기 프랑스에서 발생한 부르주아 형식주의 문화예술 사조입니다. 상징주의로 시작해 초현실주의, 표현주의, 추상주의 등이 현대적 미감이라며 예술을 위한 형식미를 추구합니다. 기존의 리얼리즘과 합리적인 도덕, 전통적인 신념 등을 일체 부정하고, 극단적인 개인주의, 도시 문명이 가져다 준 인간성 상실에 대한 문제의식 등에 치중합니다. 이 사조는 문학예술의 사상성과 사회비평 기능을 부정하고, 미(美)는 그 자체를 위해 존재하고, 예술도 예술일 뿐 다른 사회적 기능이란 없다고 보지요.

이에 반해 사실주의(realism)는 모더니즘과 비슷한 시기에 사회모순을 반영, 비판하는 사조로 출현해 노동자계급의 성장과 투쟁에 함께하며 발전한 문예사조입니다. 사실주의는 역사적으로 현실의 문제와 모순을 피하지 않고, 이를 비판한 작품들을 통해 구현됐는데 노동자계급의 투쟁과 사상이 발전하자 '사회주의적 사실주의'로 진화하며 혁명적으로 발전합니다.

북한(조선)에선 문학예술작품이 현실 반영 차원을 넘어 근로대중을 교양하고 보다 발전된 삶의 관점을 주고 인도하는 '문화교과서' 역할을 맡는다고 해요. 예술은 단지 예술 자체가 아니라 근로대중을 위한 예술, 사회발전을 위한 예술이어야 한다는 거죠. 창작기법도 작품의 내용과 사상을 중시하며, 추상과 환상의 세계보단 현실을 충실히 반영한 사실주의적 기법을 기본으로 합니다.

포스트모더니즘은 그 명칭과 다르게 모더니즘에서 벗어난 게 아니라 기존 모더니즘의 형식주의마저 파괴하는 초형식주의 경향입니다. 대중이 이런 작품을 보면 내용이 무엇인지, 왜 이런 작품을 만들었는지 알 수 없어 결국 대중과 유리된 예술이 됩니다.

모더니즘과 리얼리즘은 현대 자본주의 사회에서 피할 수 없는, 대립하는 문학예술의 두 가지 큰 흐름입니다. 진보가 대중화되고 힘을 얻으면 리얼리즘이 강해지고 보수가 세력을 확대하면 모더니즘 경향이 강해지는 게 문화예술 흐름의 법칙과도 같습니다.

2000년대 이후 한국 문학은 민중예술과 리얼리즘 경향이 약화돼 소설과 시 등 문학작품에서 〈광장〉은 사라지고 〈나만의 방〉으로 계속 빠져들었어요. 사회성이 약한 개인주의적 소재가 주류를 이룹니다. 시 문학에서 뜬금없이 전통적 한국시의 서정과 형식을 무너뜨리는 경향이 나타납니다. 사실 이런 현상은 이유가 없는 게 아니라 현 시대의 분위기가 또 다른 차원에서 예민하게 반영된 결과라고 보는 게 타당할 겁니다.

# 3
## 맑스주의 미학과 주체미학

문학과 예술의 리얼리즘을 논하기 전에 우선 과학과 예술이 어떤 차이가 있는지를 살펴보죠. 과학이 왜 필요한지는 경험적으로 쉽게 아는데 문학과 예술은 어떤 필요 때문에 발생하고 지속되는 걸까요? 문학과 예술이 왜 필요한지 세상에 예술이 없고 과학기술만 있다고 상상하면 금방 느끼게 됩니다. 엄청 삭막하겠지요.

과학이 현실세계의 법칙과 지식을 탐구한다면, 예술은 현실세계의 아름다움과 추함, 숭고함과 저열함, 슬픔과 기쁨을 발견하고 형상화합니다. 과학이 현실을 '개념'을 통해 이성적으로 반영한다면 예술은 현실을 예술적 '형상'을 통해 감성적으로 반영합니다. 쉽게 말해 과학이 이성을 필요로 한다면 예술은 감성을 필요로 하죠.

과학이 진리를 추구한다면 예술은 진실성과 아름다움을 추구합니다. 자연과학과 사회과학이 자연과 사회를 변화, 개조시키는 유용한 지식으로 역할한다면, 예술은 사람의 사상정서적 소양을 높여 사람을 아름답고 진실한 사람으로 만드는 역할을 합니다.

이번엔 문학, 예술이 추구하는 아름다움에 대해 생각해 보죠. 세상에서 미(美), 아름답다는 건 무엇일까요? 아름다움은 어디에 있는 걸까요? 과학적 진리와 법칙은 현실 속에서 작동하지만, 예술작품은 현실의 반영이자 가공물이지 현실 자체는 아닙니다. 맑스주의 이전의 부르주아 미학에선 미는 사람의 감각이나 정신 속에 존재하는 거라고 했어요. 하지만 아름다움은 사람이 느끼지만 아름다움 자체가 사람 안에 있는 건 아닙니다. 가령 장미꽃의 아름다움과 향기는 객관적으로 현실에 있지요.

맑스주의 미학의 성과는 아름다움이 사람의 주관적 감각이나 정신에 있다는 관념론적 미학을 비판, 극복한 겁니다. 맑스주의는 아름다움 역시 객관적 현실에 존재하며, 그것을 사람의 뇌수가 감성적으로 반영한 거라고 파악했지요. 자연의 미는 자연에서 존재하는 색채, 균형, 조화의 미가 사람에게 반영돼 아름다움이란 종합적 느낌을 준다고 본 겁니다.

맑스주의 미학은 예술적 형상이 현실의 반영이므로, 사실적으로 현실을 반영하는 형상방법론인 사실주의 창작방법론을 개척합니다. 또 부르주아 예술이 주장하는 형식우선주의, 예술지상주의를 부정하면서

> **용어 해설**    **미학** … 현실의 미적 특성과 그에 대한 사람의 미적 파악의 일반적 법칙을 연구하는 과학

형식에 대한 내용의 우위성을 강조하지요.

사회에서 미(美)란 사람이 만드는 법과 정치, 경제제도와 그 운영의 조화를 말합니다. 법과 제도가 많은 사람(민중)을 위해 평등하고 조화롭게 만들어지고 운영될 때 사람들은 편안함과 오케스트라의 연주 같은 조화와 아름다움을 느낄 겁니다. 거꾸로 법과 제도가 소수의 가진 자들만을 위해 운영된다면 부조화와 불협화음의 추함을 느낄 겁니다. 맑스주의는 이런 의미에서 사회생활에서 아름다움이란 낡은 것이 아닌 새것, 소수의 가진 자가 아닌 다수 대중을 위한 것, 계급지배가 아닌 평등, 진보를 지향하는 거라고 봤습니다.

주체사상은 맑스주의 미학을 계승하면서 미의 대상을 자연, 사회, 사람 3가지로 보고 가장 기본이 되는 건 '사람의 미'로 파악합니다. 여기서 사람의 미란 미스코리아나 영화배우 같은 인물의 외형미가 아니라 사람이 가진 고유한 본성의 미를 말합니다.

물론 외형미는 사람이 가진 아름다움의 중요 부분입니다. 하지만 사람의 본질적 미를 구성하는 건 자연처럼 얼굴과 신체의 조화, 균형, 색감의 미가 아닙니다. 사람이 사람답게 생각하고 실천하는데서 나오는 '인간적인 미'입니다. 아무리 예쁜 미스코리아도 행실이 바르지 못하고 사람들을 위해 좋은 일을 안 하면 얼굴값 못한단 소릴 듣기 십상이고 결국 추해 보이죠. 사람의 미란 사람이 가진 고유한 속성인 '의식성'(사상의식)과 연관해 나오게 됩니다.

평양 만수대 군상

주체미학은 '사람의 자주적 지향과 요구에 맞는 것'이 아름다운 거라고 미적 현상의 본질을 새롭게 정의합니다. 사람의 본질을 규명하지 않은 상태에서 사람의 아름다움을 파악하기란 어려운 일입니다. 맑스주의 미학이 미의 객관성을 증명했습니다. 주체미학은 맑스주의 미학이 사회와 사람에게 미(美)가 무엇인가를 정확히 해명 못하고 새 것을 지향하는 경향성에 머물렀다고 봅니다. 왜냐면 사람의 본질을 해명하지 못한 역사적 한계 때문이지요.

만약 부르주아 철학처럼 사람을 동물처럼 약육강식의 존재라고 보거나, 순자의 주장처럼 날 때부터 천성이 악했다면 사람은 아름다운 존재가 아닙니다. 이런 입장이라면 사람은 원래 추한 존재이며 추한 운명을 못 면하겠지요. 그러나 원래부터 나쁜 사람은 없습니다. 사람은 원래 악한 존재가 아니라, 생활 속에서 협동을 지향하고 상호 자주성과 자유를 지향하는 존재입니다. 그 과정에서 인간적 아름다움을 느끼고, 창조의 과정에서 미를 느끼는 고상한 존재죠. 악한 건 사람의 본성이 아니라 사람의 본성과 맞지 않는 이기적이며 기형적인 사회제도입니다. 비인간적 제도가 사람들에게 강요하는 이기적 생존논리가 사람을 악한 존재로 만듭니다.

그래서 사람들은 자기 본성과 맞지 않는 사회제도를 자신의 자주적, 창조적 요구에 맞게 역사적으로 바꿔왔던 겁니다. 현실과 생활에 있는 사람의 미를 반영한다는 건, 현실 속에서 살아 움직이는 민중의 자주적이며 창조적인 생활과 그 지향을 반영한다는 뜻입니다.

사람의 자주성을 위한 생활과 사회적 투쟁은 낡고 보수적이며 추하고 부정한 걸 극복하기 위한 투쟁이므로 진보적일 뿐 아니라 정당하고 아름다운 감정정서를 지향하게 되죠. 사람은 미를 느끼는 유일한 존재입니다. 사람은 사회적 존재이기 때문에 미에 대한 해석과 기준도 사회, 역사적으로 형성, 발전합니다. 주체미학은 자연의 아름다움과 사회에서 느끼는 아름다움이 다르고, 사람의 미도 본질적으로 사람의 사상의식과 연관돼 있음을 새롭게 발견했습니다.

'사람이 꽃보다 아름답다'는 말은 자연에 존재하는 조화, 균형, 향기, 색의 아름다움보다 자주성을 위한 사람의 생활과 투쟁에서 드러나는 사람들의 고상하고 생활적인 아름다움이 세상에서 제일 아름답게 느껴진다는 미학적 표현일 겁니다.

# 4

## 인간학으로서
## 문학과 예술

문학과 예술은 어느 경향을 막론하고 사람의 감정과 정서를 순화, 정화하는 기능을 합니다. 역사상 무수히 많은 문학, 예술 작품들이 창조됐습니다. 근대 자본주의 사회에선 노동자계급의 새로운 철학, 사상이 발전하면서 문학, 예술을 창작하고 감상하는 관점도 변했지요. 문학, 예술의 사실주의 경향은 맑스주의 이전에도 세계 여러 나라 문학, 예술에서 나타났습니다. 다만 '비판적 사실주의'를 넘어 본격적인 사실주의 단계에 진입한 건 맑스주의 이후입니다.

문학예술에 대한 관점과 경향은 문학과 예술이 무엇이고 역할은 무엇인지에 대한 태도에서부터 갈립니다. 만약 문학과 예술을 현실과 분리된 예술을 위한 예술이나 유흥과 '고급한 오락'으로 본다면, 작품의 내용과 형식 역시 이와 연관돼 발전할 겁니다. 현실의 사실적 묘사보다는 환상적 묘사를 선호하고 작품의 소재 역시 마찬가지겠죠. 예술을 현실과 생활로부터 분리해 예술을 위한 예술로 가두려는 경향이 강해질 겁니다.

문학과 예술은 인간미를 찾는 '생활의 미학'이란 관점을 갖게 된다면, 창작할 작품의 내용은 인생과 사회의 본질, 그리고 생활 속에서 벌어지는 살아있는 인간문제, 운명문제를 담게 될 겁니다. 이런 작품의 묘사가 생동감 있는 사실적 묘사를 선호하게 됨은 당연하겠지요. 또 예술은 우리가 일상적으로 고민하는 인간문제에 해답을 찾아나가는 예술, 즉 현실과 생활을 위해 복무하는 예술로 발전해 갈 겁니다. 이런 관점에 서면 문학과 예술은 인생과 인간문제의 본질을 다루는 '인간학'이 됩니다. 그런 뜻에서 문학을 '인생의 진실을 알려주는 거짓말'이라고도 하죠.

사회과학이나 철학이 인간문제를 다루는 방법이 추상적 이론화라면, 문학과 예술이 인간문제를 다루는 방법은 구체적 형상화입니다. 과학이 개념(논리)적 사유를 필요로 하고 문학, 예술은 형상(감상)적 사유를 필요로 하죠. 형상적 사유란 마치 영화를 볼 때 등장인물의 말과 행동을 통해 생각하는 것과 같은 방법입니다. 영화나 드라마를 보는 건 논리적 사유과정이 아니라 스포츠나 일상생활을 보는 것 같은 형상적 사유과정이죠. 사람은 원래 다양한 방법으로 생각합니다.

문학과 예술이 사람에게 주는 감동은 자연, 사회과학이 사람들에게 주는 깨달음과는 종류가 다릅니다. 문학과 예술도 과학과 논문 이상으로 사람들의 자주적 사상의식 형성에 큰 영향을 미칩니다. 문학, 예술이 사회과학 이상으로 중요한 이유는 문학, 예술이 누구나 쉽게 접하고 흥미를 느끼며 받아들일 수 있는 대중성 때문입니다.

문학과 예술이 대중의 사상의식에 미치는 영향력은 우리가 생각하는 것보다 크고 강해요. 자본주의 문학과 예술은 마치 가랑비처럼 소리 없이 젖어들며 자본주의 사상을 유포하는 생활 속의 부드러운 선전선동입니다. 혁명가들의 선전선동은 외침이라 티가 나지만 자본주의 선전선동은 자본의 다정한 일상적 속삭임입니다. 자본주의 사회에서 홍보와 흥행을 위해 상품으로 쏟아내는 기형적 문화, 예술의 홍수 속에서 보통사람들이 건강하고 자주적인 생활 감정을 발전시키기는 결코 쉽지 않죠.

문학과 예술이 인간의 본질문제를 다루는 인간학이라고 해서 거창한 투쟁과 사회개혁 문제만 무겁게 다룬다면 활동가나 혁명가들만 찾을 겁니다. 문학과 예술이 인간문제의 본질을 다룬다는 의미는 민중들의 생활 속에서 발생하는 다양한 인간문제와 모순의 연관고리를 찾고 선별, 가공한다는 뜻입니다. 그러므로 인간문제의 본질을 다루려면 사람들이 구체적으로 살아가는 생생한 생활문제와 '생활의 본질'이 무엇인지를 깊이 이해해야 하죠.

생활의 본질이란 무엇입니까? 앞에서 여러 번 말한 대로 사람의 생활은 '자연을 정복하고 사회를 개조하는 사람들의 다양한 창조적 활동'입니다. 생활은 사람의 자주성을 실현하는 창조적 과정이자 구체적 현장입니다. 생활의 자주성을 위한 민중의 활동과 투쟁은 사회제도의 변혁 한 가지만이 아닙니다. 수천수만 인간사의 생활 요소요소에 너무도 다양하게 있죠. 사람을 중심으로 문학, 예술의 방법을 개척하면 예술의 주제와 소개를 획기적으로 다양화하면서도 인간의 본질적인 내면 문제를 다룰 수 있게 됩니다.

수많은 생활 현장에서 일하는 사람들은 모두 구체적이고 개성적입니다. 세상에 똑같은 사람은 한 사람도 없죠. 사회과학이 이론상 '노동자'라 추상한 사람들도 현실에서 보면 모두 천차만별입니다. 노동자들도 보수적이고 때론 반동적이기도 해요. 같은 정치 강령에 동의한 당원들도 개별적으론 모두 다른 정치관과 인생관을 갖고 있습니다.

모든 사람은 사상과 행동에서 각기 다른 구체적인 자기법칙을 갖고 있어요. 그렇기 때문에 같은 문제를 대해도 판단, 평가하는데 사람마다 차이가 나죠. 비슷한 건 있어도 똑같은 건 사실 없습니다. 세상에서 가장 고급한 존재인 사람의 사상, 감성과 심리는 다양하고 풍부하며 사람들은 각기 다른 심리세계와 자기논리를 갖고 있습니다.

만약 작가가 이런 인간과 생활의 본질을 잘 이해하지 못한다면 인간 문제를 다루는 문학, 예술의 근본문제는 다루지조차 못할 겁니다. 우리시대의 진짜 작가, 대작가란 시대의 모순, 발전 방향과 본질을 파악하는 감각과 함께 사람들의 심리와 정신세계에 정통한 심리학자적 자질이 있는 작가들일 겁니다.

# 5

# 북한(조선) 문학예술
# 창작방법의 혁명, 종자론

북한(조선)은 문학, 예술을 생활의 교과서이자 산 인간과 실생활을 그리는 인간학이라고 합니다. 그래서 문학과 예술은 인간의 실생활과 현실을 구체적이고 진실하게 그려내는 창작방법을 기본으로 하게 되지요. 북이 주체문학, 예술을 사회주의적 사실주의를 넘어, 자주성 실현을 위한 인간학으로 올려놓으면서 문학 창작의 형상방법에도 혁명적 변화가 일어납니다.

주체문학과 예술에서 큰 변화는 '종자이론'이란 창작방법론의 정립으로 이뤄집니다. 북에선 이를 인류가 불을 발견한 것에 비유하며 문화, 예술 발전의 새 전환의 계기라고 평하죠. 실제 '종자론'이 제시됨으로써 북한(조선) 문예 창작방법의 특성과 그 합법칙성에 관한 문예이론이 새롭게 정리됩니다. 현대 북 문예물들 가운데 종자론에 근거하지 않은 문학, 예술 창작물은 없다고 해도 과언이 아닙니다.

그럼 문학, 예술작품의 '종자'란 과연 무엇일까요? 종자란 '씨앗'과 같습니다. 식물의 씨앗 속엔 나중에 아름다운 나무와 꽃으로 자라날 모든 요소가 간직돼 있죠. 그래서 북에선 종자를 '작품의 핵으로, 작가가 말하려는 기본문제가 있고, 형상 요소들이 뿌리내릴 바탕이 있는 생활의 사상적 알맹이'라고 합니다. 생소해 이해가 쉽지 않을 겁니다.

종자이론이 문학, 예술에만 적용되는 건 아니에요. 종자는 인간의 사유활동을 집중적으로 필요로 하는 모든 창작물에 공통적으로 나타납니다. 인간의 모든 작품은 아무리 복잡하고 다양한 형상이라도 반드시 일정한 생각의 핵심적 씨앗이 있기 마련이지요.

인간 사유의 창조물인 자연과학, 사회과학, 인문과학, 예술작품 등은 모두 중심(핵)이 있지요. 자연 유기물의 세포에 핵이 있는 것처럼 인간의 정신적 창조물에도 창작자의 기본 의도와 지향이 체현된 핵, 알맹이가 있어요. 따라서 종자는 문학이론을 넘어 인간의 정신활동에 의해 창조되는 모든 대상물에 나타나는 고유 속성이라고 합니다.

문학, 예술 작품의 종자가 자연과학이나 사회과학의 종자와 다른 건 검증된 개념이나 발견된 이론의 씨앗이 아닌, 구체적 현실에서 독창적으로 발견한 생활상의 사상적 알맹이란 거죠.

'종자'를 예를 들어 설명해보지요. 맑스의 저작 〈자본론〉의 종자는 '잉여가치 법칙'입니다. 맑스는 복잡한 자본주의의 본질을 분석하면서, 모든 가치는 노동으로부터 나온다는 사실과 자본주의 사회는 잉여가치의 착취로 유지된다는 사실을 발견했습니다. 맑스는 잉여가치론을 핵으로, 자본이 발생, 축적되고 자본주의 경제구조가 발전하는 과정을 전면적으로 해명했습니다.

북의 문예이론서에서 자주 거론하는 종자의 예를 보면, 안중근 의사의 이토 히루부미 척살을 담은 소설 〈안중근, 이등박문을 쏘다〉의 종자는 '이등박문이 죽어도 침략자는 남아있다'라고 합니다. 또 발자크의 장편소설 〈고리오 영감〉의 종자는 '자본주의 사회는 혈육 사이에도 금전관계 외엔 그 어떤 관계도 허용되지 않는다'라고 해요.

이런 예로 알 수 있는 건 문학, 예술 작품의 종자는 주제, 소재, 사상과는 다르지만 이들 세 요소를 모두 안에 품고 있단 겁니다. 그래서 종자를 주제, 소재, 사상을 유기적으로 통일시킨 작품의 기초이며 핵이라고 해요. 종자는 작품의 내용뿐 아니라 형상적 요소도 규정합니다.

주제는 작가가 말하려는 기본문제입니다. 작가는 종자를 찾기 전 주제를 먼저 생각할 수 있어요. 가령 '진보정당 대중조직사업 활성화 문제'가 중요하다고 판단해 이를 주제로 작품을 구상 할 수 있죠. 하지만 실제 작품 창작 단계로 들어가서도 구체적인 종자를 잡지 못하면 창작의 속도와 형상화는 더뎌집니다. 작품의 주제 역시 종자에 의해 규정되기 때문인데요, 북에선 이를 종자에 의해 흘러나오는 작품의 생리적 과정과 창작의 합법칙적 원리 때문이라고 합니다. 말이 좀 어려운데요, 종자를 제대로 잡아야만 그로부터 주제와 구성, 소재가 뿌리내리고 사상의 알맹이도 키울 수 있다는 얘깁니다.

따라서 앞서 제시한 주제에서 창작속도를 내려면 '당 선전홍보사업을 강화해도 사람(정치)사업 없인 대중사업에서 성공할 수 없다'는 작품의 씨앗을 발견하고 세워야 합니다. 그래야 창작은 본격화되고 작가적 상상을 통해 인물들과 사건을 구체적으로 형상할 수 있습니다. 작품에서 사상이란 작가가 내세운 기본문제, 즉 주제에 대한 예술적 해답을 이릅니다. 한 작품에 종자는 하나지만 사상은 한 작품에도 여러 가지 다양할 수 있어요.

문학예술사에서 '무엇을 기초로 작품을 창작할 것인가'는 해명 못한 근본문제였습니다. 작품 구성의 기초는 무엇인가의 문제도 논란거리였지요. 북에선 종자이론을 정립함으로써 문학, 예술 작품 창작의 근본원리와 합법칙적 과정을 새롭게 정의합니다. 북은 종자의 발견으로 문학, 예술의 새로운 지평을 열었다고 합니다. 종자이론은 맑스주의 사실주의 문화예술 방법론을 한 단계 성숙시킨 문학, 예술이론의 혁명적 발견이라고 주장합니다.

# 6
## 종자론과 창작의 원리

그런데 종자가 어느 작품에서나 뚜렷이 나타나는 건 아닙니다. 종자는 사람들이 살아가는 현실을 바르게 반영한 사실주의 작품에서 핵으로 기능하지만, 모더니즘 경향의 작품에선 아예 필요 없거나 발견하기 어려워요. 왜냐면 작가가 종자를 찾는 과정엔 생활 속에서 발견하고 형상화한 인간문제, 사상성, 철학적 깊이 등이 포함되는데 모더니즘 작품들엔 그런 요소들이 필수적인 기본 내용이 아니기 때문입니다.

사회주의 예술과 근로대중을 위한 예술이 사실주의를 지향하는 이유는 문학예술이 산 인간과 실생활을 그려내 생활에 도움 되게 하기 위해섭니다. 생활에서 가장 주된 문제가 인간의 운명 문제인 만큼 문학과 예술이 인간 운명과 관한 어떤 문제를 제기하고 해답을 찾는지에 따라 작품의 사상예술성이 규정됩니다.

생활에서 인간 문제는 다양하며 본질적인 것도 있고 비본질적인 것도 있지요. 인간 문제 가운데 가장 본질적인 건 운명 문제입니다. 사람들의 운명을 결정하는 인간 문제란 바로 인간의 자주성에 관한 문제, 자주적 삶의 문제입니다. 그러므로 작품에 담을 종자를 찾는 과정은 다양한 생활 속에서 자주적인 인간에 관한 문제를 찾는 과정이 되죠.

작품은 하늘이 내려준 '영감'으로 창작되는 게 아니라 작가의 인간생활에 대한 깊은 탐구와 사색을 통해 종자를 찾아야 창작됩니다. '종자는 생활 속에 있다'는 말은 생활에서 종자를 완성품처럼 찾으려 할 게 아니라 사람들의 생활 속에서 사회적으로 의미 있는 형상의 첫 '사상적 알맹이', '사상적 실마리'를 찾아야 한단 겁니다.

사람의 생활은 늘 새 문제를 제기하고 실현하는 생동한 과정입니다. 낡은 것과 새 것이 모든 영역에서 긴장된 관계로 있고 새 흐름이 물결처럼 계속 출렁이는 게 사람들의 생활입니다. 그게 바로 '생활의 변증법'입니다. 특색 있는 종자란 생활 속에서 새롭게 제기되는 요구, 새롭게 발전하는 진보적인 것, 긍정적 측면입니다. 사람들의 생활과 동떨어진 독방에선 결코 근로대중의 생활 속에서 새롭게 싹트는 요구와 시대의 흐름을 포착할 수 없죠.

'작품의 종자를 잡았다'는 말은 작가가 새롭게 형상할 사상적 알맹이를 발견했다는 뜻이죠. 이 종자엔 주제, 소재, 사상이 종합적으로 체현됩니다. 동시에 형상의 싹이 있어요. 여러분이 지금 읽고 있는 이 책의 종자는 무엇일까요? 한번 생각해 볼까요? 이 책이 예술작품은 아니지만 하나의 종자가 있습니다. 그건 '주체사상은 맑스-레닌주의를 계승 발전시킨 인간중심의 새로운 현대 철학사상이다'입니다. 따라서 북한

(조선) 또는 운동권만이 아니라 사회주의, 자본주의 어디에서나 보편적으로 적용되는 철학사상이란 겁니다.

작가들이 종자를 잡지 못한 채 창작에 들어가면 작품의 뚜렷한 목적과 의도를 세우지 못했기 때문에 불필요한 형상이 늘고 속도가 나지 않는다고 해요. 종자를 잡았다고 바로 좋은 작품이 완성되는 건 아니지만, 좋은 작품의 출발점인 건 맞습니다. 종자를 찾았다면 작품의 내용과 형식, 창작의 속도와 질을 담보하는 핵심요소를 장악했다고 볼 수 있지요. 맑스주의가 독일사상이 아니듯 주체사상은 단순한 북한(조선)사상이 아닙니다. 종자론 역시 사회주의나 북한(조선)만의 문예이론이 아니라 보편적인 사실주의 문예창작 방법론의 하나입니다.

사실주의도 시대에 맞게 창조적으로 변화 발전합니다. 사실주의 창작방법을 작가적 상상력과 대립시키는 건 오류입니다. 사실주의가 사진처럼 현실을 고스란히 반영한 자연주의 기법을 일컫는 건 아닙니다. 사실주의 창작방법과 형식이 모더니즘의 형식 변화보다 부족할 이유는 없어요. 하지만 다양한 형식의 추구는 내용을 위한 방편이어야 하죠. 형식 파괴와 변화 자체가 의미를 갖는 건 아닙니다.

사실주의 문예창작 방법론인 종자론은 내용이 구체적이고 방대한데 사실 전문적인 문예창작론은 필자의 능력 밖의 분야입니다. 여기까지가 정치사상적 측면에서 얘기할 수 있는 영역이므로 그치도록 하겠습니다. 나머지 더 깊은 문제는 문예창작가들의 편견 없는 탐구와 토론을 기대해 봅니다.

젊은 문예창작가들이 별 볼일 없는 지나간 일본 좌파의 황당한 '근대문학 종언'을 논하기보단 새로운 시도를 했으면 합니다. 문학인들이 좋아하는 '경계 넘기'를 통해 남북의 문학을 아우르는 작품의 탄생을 기대한다면 지나친 욕심일까요?

# 7

## 2000년대
## 한국 문학의 경향

문학을 문학 안에서만이 아니라 사회정치적 입장에서 볼 수도 있죠. 사회가 문학이나 문화에 갖는 관심은 문학평론가들의 평가와는 다릅니다. 정치는 주로 작품이 대중의 세계관, 인생관, 의식세계에 어떤 긍부정적 영향을 주는가 하는 정치사회적 문제로 파악합니다. 가령 영화 〈국제시장〉, 〈명량〉, 〈변호사〉, 〈1987〉나 소설 〈남한산성(김훈)〉, 〈삼미 슈퍼스타즈의 마지막 팬클럽(박민규)〉, 〈도가니(공지영)〉 등이 대중의 정치의식에 어떤 영향을 미치는가입니다. 누가 베스트셀러 작가이고, 그의 창작기법이 어떤지가 관심사가 아니라, 대중의 자주적이며 창조적 생활을 개척하는데 문학작품이 어떤 긍부정적 영향을 주는가가 본질적 문제입니다.

사회정치적 입장에서 문학을 평가한다는 건 문학이 본질적으로 시대의 사상과 정치를 반영할 수밖에 없다는 관점에서 문학을 본다는 뜻입니다. 문학과 예술이 한 시대 대중들의 정신세계에 미치는 영향은 정치집회와 사회과학 학습 이상으로 클 수 있어요. 문학예술은 과학과 논문이 대신할 수 없는 '인간의 아름다움을 만들고 공감케 하는' 고유영역과 감성적 호소력이 있기 때문이지요. 문학예술이 정치만으로 풀 수 없는 시대의 과제를 해결하는데 긍정적 역할을 할 수 있음을 인정하면 문학과 예술의 역할은 우리가 생각하는 것보다 커집니다.

문학예술이 정치와 분리된 거 같지만 문학예술은 언제나 한 시대의 정치 조류와 정확히 조응하며 발전해왔어요. 한국문학도 예외 없이 한국정치 현실로부터 지대한 영향을 받으며 전진과 후퇴를 함께 했죠. 분단으로 민족문학이 남과 북으로 나뉘어 서로 전혀 다르게 발전한 현실 자체가 정치와 문학의 관계를 상징적으로 입증합니다.

예술 중에서 특별히 문학을 거론하는 건 역사적으로 문학의 흐름이 나머지 예술 경향을 선도해왔기 때문이에요. 동시에 문학이 문화, 예술 전반의 기본 콘텐츠를 제공하는 저수지 역할을 하기 때문이죠.

대중이 본 문학의 문제는 문학계 내부에서 얘기되는 것과 차이가 있지만 공통점도 있어요. 우선 문학의 대중 기반이 약화된 문제입니다. 2000년대 한국 문학이 대중들로부터 유리돼 점점 문학과 문학평론이 문학인들만의 잔치나 대화로 그치는 현상이 뚜렷합니다. 민중이 애독하고 시대를 대표하는 대표작이 없는 게 외려 특징이 됐어요.

문학의 지반이 좁아지는 이유로, 지식 산업사회의 등장과 그에 따른 미디어, 인터넷환경의 발달을 듭니다. 독자수가 원천적으로 줄었다거나, 문화예술의 시장상품화로 갈수록 순수문학의 영역이 축소된다고 말하기도 해요. 그러나 문학이 독자들을 잃는 근본 이유는 좋은 작품이 나오지 않는데서 찾아야할 겁니다. 시대의 다양한 요구를 반영하면서도 흥미진진한 작품들이 계속 나오고 시대와 인생의 문제들을 다방면적으로 재밌게 묘사하는데 독자들이 외면한다면 그게 더 이상한 일이죠.

1990년대 세계적인 정치사상적 혼돈은 한반도와 한국 사회문화 전반에 커다란 충격이었습니다. 문학만 영향을 받은 게 아니라 정치, 경제, 사회, 문화 전반에 걸쳐 진보적 민족주의나 사회주의 경향은 퇴조하고 미국식 세계화와 보수주의 사상조류가 강화됐죠.

1990년대는 한국에서 군사독재가 끝나고 문민정부가 들어서 초보적 민주주의가 시행되던 때입니다. 그러나 외부적으론 냉전붕괴가 마치 해저지진처럼 거대한 해일로 한반도 전역에 밀려오던 시기였어요. 1994년 북미대결이 한반도 전쟁위기로 비화되고, 미국의 전면개방 요구를 수용하면서 한국 자본주의는 1997년 IMF관리체제로 들어갑니다. 이때 포스트모더니즘이 사상문화계 전반에 급속히 퍼지면서 사회주의 리얼리즘과 민족문학은 크게 위축됩니다.

포스트모더니즘의 영향으로 문학계에선 '1990년대 이후 민중이 사라졌다'는 말까지 나옵니다. 정보기술 산업사회에 민중은 사라지고 혁명성이 없는 '다중'(multitudes)만 남아 민중문학을 추구하는 게 허상을 쫓는 일이라 말하기에 이릅니다. '다중'은 유럽에서 1970년대 이후 포스트맑시즘 사조로 유행한 민중의 대체 개념입니다. 1990년대 문학이 사회와 현실에서 멀어져 개인 내면으로 돌아간 건 이런 시대상을 반영합니다. 계급이나 민족이 사라지고 디아스포라(흩어짐, 이산離散)라는 말과 주체가 사라지고 타자(他者)라는 말이 크게 유행합니다.

1990년대를 거치며 사회운동 퇴조, 전향과 함께 문학도 혼돈상태를 겪어요. 당시 문학이 비평할 수 없는 지경에 이르거나 상업용 비평만 남게 된 건 무엇을 기준으로 어떻게 평가해야할지 모른 채 남이 하는 말을 따라 중얼거리는 사상적 혼돈 때문이었죠. 문학이 스스로를 추스르기 어려웠던 상황에서 대중과는 더 멀어지게 됩니다.

2000년대 들어 한국 문학의 대표 장르인 소설, 시 모두에서 형식의 파괴가 많아진 건 내용이 중심을 못 잡고 후퇴할 때 생기는 현상입니다. 장르 파괴와 읽어도 무슨 내용인지 도무지 알 수 없는 시와, 읽을 땐 웃지만 다보면 황당하기 만한 소설이 한국을 대표하는 문학의 새 경향이 된다면 대중이 문학을 외면하는 추세를 막지 못할 겁니다.

대중이 김훈, 무라카미 하루키, 박원서 작가 등의 소설을 좋아하는 건 역설적으로 글의 내용과 경향은 상당히 다르지만 난해한 한국 문학이 나아갈 묘사 방향에 대한 힌트를 보여주고 있다고 봐요. 한국 문학이 대중과 소통 없는 '외계 언어'로 자기세계 표현에 만족하는 모습이 언제 멈출지 모르겠네요. 대중이 이해 못할 외계 언어보다 사람들이 대중문학이나 통속적 장르문학을 선호하는 건 어쩌면 당연한 일입니다.

작가들은 순수문학, 통속문학을 구분하지만 독자들은 통속이든 순수든 재미있고 인생에 의미 있는 감동과 메시지를 준다면 모두 좋은 문학이라 여길 겁니다. 그런 의미에서 한국 문학의 위기는 문학 환경의 급격한 변화 문제라기보다 문학 생산자들의 내부 문제로 보입니다. 대중은 여전히 심금을 울리는 문학을 좋아하며, 그런 작품을 지금도 기다리고 있습니다.

# 8

## 민족문화와 한국문화

밥이나 빵을 먹고사는 것처럼 사실 사람들은 매일 문화를 먹고삽니다. 밥이나 빵에 육체적 영양소가 있다면 문화엔 정신적 영양소인 가치관, 생활방식, 사상이 녹아있지요. 음식을 먹으면 맛을 느끼지 영양소의 변화나 신체의 변화를 느끼는 사람이 없듯, 다양한 문화를 재미로 즐기는 동안에도 사람들은 자기도 모르는 사이 사고방식과 가치관에 끊임없이 영향을 받습니다. 문화는 보슬비처럼 사람들을 서서히 내면에서부터 적시며 생각을 바꿔갑니다.

한국 사람은 주로 한국문화 속에서 살아갑니다. 그런데 한국문화와 민족문화는 좀 다른 개념입니다. 사람들이 '민족문화'라고 하면 무언가 낡고 시대에 뒤떨어진 고물 취급을 하는데 그건 오해입니다. 민족문화는 민족의 형성과 함께 오랜 역사 과정을 통해 형성돼 왔어요. 또 민족문화는 정치혁명과 사회개조가 민족국가 단위로 이뤄지는 만큼 미래에도 중요합니다. 민족문화는 민족과 함께 가꾸어 나갈 미래문화이기도 합니다.

우리나라의 민족문화는 다양한 시대, 계급, 계층의 문화를 포함하고 있어요. 고대 귀족문화, 봉건 양반계급문화, 자본가계급문화, 노동자 계급문화, 중산층, 서민 대중문화 등 다양한 시대적, 계급계층 문화들이 하나의 민족문화에 녹아 있습니다.

우리나라가 분단되면서 민족문화도 둘로 갈라졌습니다. 북한(조선)은 사회주의에 기반한 민족문화의 내용을 갖게 됐으며 한국은 자본주의와 제국주의 문화에 크게 영향 받는 민족문화입니다. 분단으로 인해 남북의 민족문화가 이질화되고 있어요.

혹자는 사회주의와 민족문화를 적대관계로 보는데 그렇지 않아요. 사회주의 사회에서 민족문화의 낡은 요소는 사라지고 근로대중에 기초한 민족문화는 전면 개화됩니다. 민족문화가 역사적 개념인 동시에 민족의 내일과 함께 하는 미래 개념인데 비해 한국문화는 민족문화의 한 구성부분이며 한국에 국한된 겁니다.

민족문화를 세계문화와 연관해 보면 세계문화는 각 나라의 민족문화 발전과 함께 풍부해지죠. 민족문화는 원래 다른 민족의 문화, 세계문화와 영향을 주고받으며 발전하므로 민족문화 자체는 폐쇄적 태도와 아무 관련이 없어요. 내 것과 우리 민족문화만 우수하다는 국수주의적 문화관과도 관련 없구요. 이것은 진정한 민족주의자가 진정한 국제주의자란 말과 상통합니다.

현대 한국문화의 성격은 '분단 전시체제' 문화인 동시에 자본주의, 제국주의의 문화적 영향력이 지배적입니다. 전시체제에서 비롯된 군사문화는 역사적으로 냉전적, 적대적 체제가 지속되면서 사람들의 생활 속에 녹아있습니다. 정치적으로 분단과 전쟁, 그리고 군사정권이 오래 유지되면서 군사문화는 한국문화의 원형적 요소를 이루게 됐어요. 죽이지 않으면 죽게 되는 환경이 전쟁문화이므로, 과정의 합리주의보다 결과가 모든 걸 말해주는 성과지상주의, 실용주의 문화가 지배합니다.

군사문화의 다른 특징은 속도입니다. 빨리 총을 쏘는 쪽이 살아남는 문화에서 속도는 생명이죠. 군사문화의 속도는, 몰살당하는 것보다 몇 명이 희생되더라도 속도를 내야 나머지가 살 수 있다는 관점을 인정하는 살벌한 문화입니다. 한국인의 '빨리빨리' 문화는 조상에게 물려받은 게 아니라 주로 분단 전시체제에서 나온 현대의 산물입니다.

한국인은 경제건설도 실제 전쟁 치르듯 했어요. 경부고속도로, 서울 지하철, 구로공단 등 '우리도 한번 잘살아 보자'는 구호를 내걸고 전투처럼 해치웠지요. 냉전 군사문화의 또 하나 특징은 흑백문화입니다. 아군이 아니면 적이어서 사상의 자유란 원천 불가합니다. 중간지대가 없고 학문적 자유가 전혀 허용되지 않아요. 이는 토론 없는 일방주의를 효율성으로 미화하는 문화입니다. 한국인의 몸속엔 자기도 모르게 이런 부정적 문화가 체화돼 있습니다.

1990년대 이후 문민정부, 국민의 정부, 참여정부가 들어서 냉전이 서서히 해체되면서 군사문화는 퇴조하고 자본주의와 신자유주의(제국주의) 문화가 본격화됩니다. 1950~80년대 한국문화엔 봉건문화가 잔존하고 군사문화가 겹쳐있었죠. 자본주의적 개인주의 문화가 급속히 도입되긴 했어도, 집단적 공동체 문화와 정서는 바로 해체되지 않고 강하게 온존했습니다.

그러나 1990년대 들어 전통적인 농촌 공동체 문화는 해체되고 자본주의적 개인주의, 자유주의 문화로 대체됩니다. 자본주의 개인주의 문화는 한국문화의 중심을 차지했어요. 분단 전시체제에서 비롯된 군사문화와 냉전문화는 약해졌지만 상대적으로 자본주의적 개인주의 문화는 급속히 강화됐지요.

한 사회에선 지배계급의 문화가 주류이고 노동자계급의 문화는 비주류입니다. 한국문화에선 자본주의 문화와 미국중심의 신자유주의 문화가 지배문화이고, 진보적 민중문화는 비주류문화, 저항문화입니다. 중산층은 대체로 지배문화를 쫓는 경향이 강해요. 한국의 민중문화는 민중이 주체가 되는 진보적 문화를 지향하지만, 국가주권과 생산수단을 장악하지 못한 상태에선 비주류로 머물게 됩니다. 시대 상황과 정치정세에 따라 민중문화가 부침하는 건 당연한 사회현상입니다.

대중문화란 한국의 다양한 계급계층이 즐기고 만드는 문화란 뜻입니다. 시장과 문화상품에 의해 주도되는 문화도 있고, 이와 관계없는 자생적 문화도 있지요. 1990년대 이후 한국문화의 중심과제는 제국주의 세계화, 개방화로부터 민족문화를 지키고 발전시키는 겁니다. 한국 대중문화가 근로대중이 중심이 된 자주적 민족문화로 발전하는가, 아니면 제국주의 하위문화로 남는가는 정치운동과 문화운동 주체들의 노력에 달려 있습니다.

# 9

## 2000년대
## 한국의 문화전쟁

현대 제국주의는 대리정권을 앞세운 군사동맹과 경제, 문화사상을 중심으로 한 간접지배가 특징입니다. 특히 제국주의가 금융자본주의를 통해 국경 없는 지구적 금융지배체제를 만들면서 사상, 문화적 침투를 보조수단으로 활용하고 있습니다. 차이는 있지만 조지프 나이(Joseph S. Nye)는 '소프트 파워'란 개념을 사용하는데, 군사 경제력보다는 문화적 매력을 통해, 명령이 아닌 자발적 동의에 의해 얻어지는 능력을 말합니다.

한국에서 벌어지는 사상문화 전쟁의 양상도 다양합니다. 우선 미국중심의 제국주의적 문화 침탈과 자주적 민족문화는 정면충돌합니다. 북의 사회주의적 민족문화가 한국 사회에서 소통되는 건 국가보안법으로 엄격 차단됩니다. 북의 사회주의 문화와 남의 민중문화가 상승효과를 보며 하나로 결합돼 독자적인 민족문화로 완성, 발전해야 하는데 원천 금지되지요.

세계화 시대에 벌어지는 문화전쟁의 양상 중 하나는 민족 개념을 말살하려는 겁니다. 지금이 일제 강점기인지 반문하실 분도 있지만 사실입니다. 현대 제국주의자들의 신자유주의 세계화전략에 방해되는 게 강한 민족주의와 민족문화거든요. 제국주의 신식민화 전략은 제3세계 나라들의 국경과 영토만 인정할 뿐 독자적인 민족문화와 생활방식은 미국화, 세계화, 시장화의 걸림돌로 여깁니다. 제국주의자들이 신식민지 지식인들을 통해 유포하는 이론의 하나가 문화다양성이란 명목 아래 민족 개념 자체를 지우려는 겁니다. 일제 당시 우리말과 역사를 지우려는 행태와 본질이 같습니다.

최근 국내에서 여러 매체를 통해 민족의 실체와 민족 개념 자체를 허물려는 위험한 기도들이 계속되는 건 우연이 아닙니다. 북에선 고조선 역사를 민족사의 실체로 규명하는 작업이 진행되면서 고대 문화재 발굴 복원과 단군조선의 역사를 실체로 규명했어요. 반면 2000년대 이후 한국 주류학자들은 공공연히 민족의 실체를 부정하면서 민족문화도 모두 허구라고 주장합니다. 우리민족이 '민족'이란 '용어'를 사용한 건 근대 들어서지만 언어, 지역, 혈연, 문화적 공통성에 기초해 민족을 형성한 건 반만년 전부턴데요.

제국주의자들이 민족 개념의 해체로 노리는 건 문화사상적 차이와 장벽을 근본적으로 제거하는 일체화입니다. 1990년대에 허황된 영어공용화론이 등장한 것도 결코 우연이 아닙니다. 언어와 문화가 일체화된다는 건 가치관, 생활방식과 시장이 일체화되는 과정의 시작을 뜻하죠. 미국과 한국의 일체화를 원하는 자들의 주장은 과거 일본이 내선

일체를 주장하던 것과 비슷해요. 미국과 대립하지 말고 민족을 버리고 우리가 미국화돼 미국 체계에 편입되면 더 잘 살게 된다는 논립니다.

과거 박정희식 국수주의적 민족주의를 강조하며 국기에 대한 맹세를 주도했던 구세대 보수주의자들은 최근의 이런 경향을 의아해하죠. 부르주아 민족주의의 모자마저 과감히 던져버린 국내 신자유주의자들의 민족 소멸 논리가 과연 미래에 어떻게 평가될지 궁금할 따름입니다.

또 다른 문화전쟁은 시장과의 전쟁입니다. 순수문학예술과 인문학은 시장에서 예술성과 대중성을 동시에 만족시키지 못하면 살아남을 수 없는 환경에 처했습니다. 민중문화예술운동은 더욱 심각합니다. 순수문학은 대중성 상실로 장르문학에서 경쟁력을 잃고 밀려나고 있으며, 한국 영화와 드라마는 1990년대 이래 꾸준히 성장해 〈별에서 온 그대〉, 〈대장금〉, 〈겨울 연가〉 등 독자적인 한류 시장을 형성하기에 이르렀으나 사회성과 진보성이 뚜렷한 종자가 있는 작품은 별로 없습니다.

대중문화 가운데 방송드라마, 영화, 음악분야의 발전은 좀 더 의미가 특별합니다. 제한된 문화여건에서 일반인들이 접할 수 있는 문화, 예술이 바로 이들 분야이기 때문입니다. 이들 분야가 발전하려면 정치 환경 말고도 콘텐츠의 질을 높일 순수 문학예술분야의 소재 등이 풍부해져 다양한 양질의 시나리오를 공급해줘야 해요.

순수문학이 발전하려면 건강하고 낙관적인 사회 분위기에서 다양한 인문학적 상상력을 흡수할 수 있는 여건이 만들어져야 하죠. 최근 민중적 시각의 재야 한국사학이 대중화되면서 〈정도전〉,〈 뿌리 깊은 나무〉 같은 새로운 내용과 참신한 관점의 방송사극이 출현하는 현상은 인문학과 예술의 상호관계를 단적으로 보여줍니다.

2000년대 이후 한국문화는 진정한 세계화, 개방화가 아니라 문화 양극화, 문화 식민화, 문화 분단시대에 있다고 하겠습니다. 이를 극복할 통일문화, 민중문화, 자주적 민족문화의 길은 아직 멀고 험해 보이네요.

8장

# 사업 방법론과 사상

대동강 인민문화궁전

# 1

## 맑스주의 방법론과
## 주체의 방법론

사람들은 흔히 자신에겐 인생을 사는 어떤 방식이나 특별한 방법론이 없다고 말하죠. 하지만 사람은 누구나 나름의 방법론을 갖고 살아요. 그리고 사람의 인생을 사는 방식이나 일을 벌이는 방법은 사회환경과 사람들의 철학, 사상에 큰 영향을 받습니다. 사람들이 자기 방법론이 없다고 하는 건 그걸 특별히 의식 못하기 때문이죠.

관념적, 종교적 세계관을 가진 사람들은 살면서 제기된 문제를 해결하기 위해 주로 초월적인 종교적 방법론을 택하고, 유물론적 세계관을 가진 사람들은 유물론적이고 현실적인 방법론을 선호하죠. 나름 합리적 사고를 한다는 사람들은 경험에 기초한 귀납적 또는 논리에 따른 연역적 방법론을 택합니다. 대부분 사람은 이런 방법들 모두를 뒤섞어 선택하며 살아갑니다.

방법은 현실과 세계를 인식하고 개조하는 방식, 수법입니다. 방법론엔 철학적 일반적 방법론과 개별과학이나 사업영역의 방법론이 있어요. 여기서 말하는 방법론은 사람의 활동을 기본으로 세상을 개조하고 발전시키는 가장 일반적인 '철학적 방법론'입니다. 즉 자연개조, 사회개조, 인간(의식)개조를 위한 정치. 경제. 문화 활동 등에 모두 관통되는 일반적 방법론 얘기죠.

세상을 변화, 발전시킨다는 말은 세상을 구성하는 자연, 사회, 인간을 개조 변화시킨다는 겁니다. 세상을 변화시키는 사람들의 활동과 능력은 사람들의 인식능력과 실천능력에 의해 좌우되죠. 따라서 세계를 파악하는 인식활동의 방법론과 실천활동의 방법론이 철학적 방법론의 기본 범주가 됩니다.

맑스주의는 과학적이며 합리적인 유물변증법적 방법론을 내놓았어요. 이 방법론은 사람이 객관적 물질세계를 있는 그대로 역사적이고 구체적으로, 또 변화발전 과정 속에서 봐야 한다는 걸 원칙으로 삼습니다. 유물론적 방법론은 가령 행복은 마음의 수양에만 있다거나 행복은 기도하는 자의 것이라는 등의 주관적 방법론을 부정합니다. 행복은 현실세계를 변화시켜, 즉 투쟁해 쟁취한다는 게 유물론적 문제해결 방법론입니다.

변증법적 방법론은 자연과 사회 모두에 대립물의 투쟁과 통일이란 변증법적 법칙이 관철되므로, 세상을 고정(형이상학)적으로 보지 말고 변화발전(변증법)의 관점에서 보고 개조해야 한다는 방법론입니다. 맑스주의 방법론에서 가장 비판하는 건 주관주의적 방법론과 고정적 기계론적 방법론입니다.

모든 걸 객관적 조건, 법칙, 환경에 맞게 풀어야 함을 강조합니다. 사물을 대상의 특성에 맞게 다룰 걸 강조하죠. 쉽게 말해 맑스주의 방법론은 사물을 생겨먹은 대로 다루는 방법론입니다. 즉 세상이 유물론적이고 변증법적으로 움직이기 때문에 사람의 방법론도 유물변증법적이지 않을 수 없단 거죠.

맑스주의 방법론과 주체사상의 방법론은 어떻게 다를까요? 주체사상의 방법론은 맑스주의 방법론을 계승하면서 중요한 내용을 추가했습니다. 우선 주체의 방법론은 맑스주의 방법론인 대상의 본질과 특성에 맞게 다루는 걸 한 측면으로 하고, 여기에다 사람의 이해와 요구에 맞게 다뤄야 함을 새롭게 제기합니다. 후자의 측면이 주체의 방법론을 이해하는데 핵심이에요.

사람의 요구와 이해관계에 맞게 세계를 다룬다는 건, 세계를 객관법칙에 맞게 다룰 뿐 아니라 인간과 세계의 상호관계에 작용하는 법칙도 동시에 감안한단 겁니다. 인간과 세계의 상호관계란 사람이 세계의 주인이고, 세계가 사람의 요구와 이해에 따라 개조되는 관계를 말합니다.

맑스주의는 정신이 우선인가, 물질이 우선인가 문제를 철학의 근본문제로 삼고 물질이 1차적이고 의식이 2차적이란 철학적 원리로부터 유물론적 방법론을 발전시켰습니다. 주체사상은 사람이 세계의 주인인가 아니면 종속적 순응자인가의 문제, 즉 세계에서 사람이 차지하는 지위와 역할이 무엇인가를 근본문제로 제기하고 사람이 모든 것의 주인이고 모든 것을 결정한다는 원리를 발견했습니다.

1 맑스주의 방법론과 주체의 방법론

이로써 주체의 방법론은 객관세계를 중심으로 반영한 방법론의 한계를 넘어섭니다. 사람과 세계의 관계는 사람이 주도적이며, 세계는 사람의 요구와 이해관계에 의해 개조되는 대상으로서 사람과 관계한다는 방법론을 새롭게 내놓은 거죠.

이는 주체사상의 방법론이 사람을 중심으로 한 방법론이란 뜻입니다. 즉 모든 활동에서 사람의 요구와 이익을 첫 자리에 두고, 진행과정 역시 사람의 활동에서 나타나는 창조적 능력을 발동하고 키우며 풀어가는 방법론을 말합니다. 즉 세상에 사람의 자주적 요구보다 중요한 건 없고 세상에 사람의 창조적 능력보다 강한 힘이 없다는 게 이 방법론의 출발점입니다.

맑스주의는 고유한 방법론을 갖고 있지만 이를 독자적인 구성체계로 두진 않았어요. 맑스주의는 철학, 경제학, 과학적 사회주의를 3대 구성체계로 하죠. 주체사상은 사상-이론-방법의 체계를 갖고 있습니다. 철학분야에서 맑스주의는 변증법적 유물론과 사적 유물론으로 구성돼 있고, 주체사상은 철학적 원리, 사회역사원리, 지도적 원칙으로 구성돼 있습니다. 주체사상은 방법론을 전체 사상체계에서 하나의 독자적인 구성부분으로 두고 있습니다.

맑스주의가 노동자계급의 해방을 위해 현실을 정확히 포착, 반영한 평면적 지식체계를 중심으로 구성된 것과 달리 주체사상은 민중의 운명을 개척하기 위한 사람중심의 입체적 실행체계로 돼있습니다. 사람의 활동을 중심으로 세계를 개조하는데 필요한 사상-이론-방법의 체계를 갖추고 있는 거지요.

주체사상이 구성체계에 따로 방법론을 둔 이유는 방법론을 그만큼 중시한단 의미죠. 주체사상은 철학사상의 임무를 사람(근로대중)의 운명문제에 올바른 해답을 주는 거라고 봅니다. 그러려면 현실세계 변화발전의 합법칙성을 반영할 뿐 아니라 인간 활동방식의 합법칙성도 옳게 파악해야 한다고 보는 거지요.

맑스주의는 노동자계급의 입장이 역사의 발전법칙에 조응하니 현실을 왜곡 없이 정확히 반영한 지식체계(진리)를 만들면, 그게 노동자계급의 이해관계와 일치해 세상을 필연적으로 변혁할 수 있다고 봤죠. 현실을 정확히 반영한 지식(진리)를 중심으로 세상을 다루는 방법론과, 노동자계급, 민중의 상태와 요구를 중심으로 문제를 다루는 방법론은 큰 차이가 있을 밖에요.

실례로, 맑스주의와 주체사상이 종교를 대하는 입장과 태도를 보면 극명한 차이가 드러나죠. 맑스주의는 종교를 '인민의 아편'이라고 해요. 현실을 정확히 반영한 지식 차원에서 종교를 보면 거짓일 뿐이며 사람들에게 왜곡된 세계관을 줍니다. 하지만 주체사상은 종교를 제거와 탄압의 대상으로만 보진 않아요. 종교가 사람들의 어떤 요구와 지향을 반영해 나왔는가라는 관점에서 보면 평가는 달라질 수 있습니다.

유물론 입장에서 종교는 현실을 정확히 반영 못한 의식형태지만, 기독교는 로마제국 시절 억압받는 민중의 요구를 반영해 성장하고 전파됐어요. 현대사회에서도 종교는 긍부정적 기능을 모두 갖고 있구요. 종교는 주로 기득권세력의 일부로서 자본주의 체계와 궁합이 맞는 지배층의 세계관 기능을 합니다. 반면 민주주의와 정의 실현에 앞장서기도 하고 험한 세상 의지할 데 없는 민중의 안식처가 되기도 해요. 민중이 새로운 세계관을 갖기 전까지 종교적 세계관에 의지하는 건 불가피해 보입니다. 사람의 지향과 요구를 중심으로 종교를 보지 않고 유물론 입장에서만 평가한다면 종교는 어서 사라져야 할 대상일 뿐입니다.

맑스주의는 노동자, 민중을 위한 사상입니다. 하지만 철학적 측면에서 보면 사실 맑스주의에 고유한 '가치체계와 가치관'은 없어요. 여기서 가치체계, 가치관이 없다함은 값어치를 매기는 기준과 순서의 체계가 없단 뜻입니다. '2+2=4', '지구는 둥글다', '자본주의 사회는 계급사회이다' 등 진리들이 아무리 많아도 이게 가치의 순서와 체계를 표현하진 않죠. 가치와 가치관은 사람과의 연관 속에서 비로소 생겨납니다. 사람(민중)에게 가장 이익을 주는 진리와 방법이 제일 우선할 가치 있는 지식이겠죠. 지식과 진리에 사람의 요구와 이해관계가 반영될 때 비로소 가치관과 철학적 가치체계가 드러내게 됩니다. 따라서 맑스주의는 투쟁하는 '인생관' 이상으로 인생관 문제를 정립할 수 없었습니다. 인생의 가치가 무엇이고 가치 있는 삶이 어떻게 구현되는지의 문제는 모두 가치관과 관련돼 있어요.

맑스주의에 고유한 가치관이 없는 건 물질 일반에 대해 해명하면서 사람이란 가장 고급한 물질, 즉 세계의 주인 지위를 갖는 사람에 대해 철학적으로 해명하는데 이르지 못했기 때문이에요. 물질 일반과 함께 '사람이라는 물질' 운동의 본질이 해명돼야 비로소 사람을 중심으로 한 철학적 가치관과 가치체계의 규명이 가능하죠. 이걸 어려운 말로, 주체사상에 이르러 가치와 지식(인식)이 하나로 통일됐다고 표현합니다. 이로써 세계관과 인생관이 하나로 통일됩니다.

이런 방법론의 질적 변화, 방법론의 혁명은 변혁 실천과정에서 사람중심의 방법론으로 체계화됩니다. 즉 사람이 자주적, 창조적, 의식적 존재인 만큼 사람의 이익을 중심으로 사람의 자주성, 창조성, 의식성을 높여 모든 문제를 풀어가는 방법론의 일대 혁명이 일어나게 됩니다.

# 2
## 사람 중심의 방법론

사람 중심의 방법론은 혁명이나 진보운동 등 어느 특정 분야에만 국한되는 게 아닙니다. 인간 활동의 모든 분야에 적용되는 철학적 방법론이에요. 철학적으로 사람중심이라 하지만, 사회역사에서 사람은 역사의 주체인 민중이므로 민중중심의 방법론이라 합니다.

사람은 언제 가장 신명나게 일할까요? 스스로 의미 있다고 판단하고, 절실히 필요하다 느낀 일을 할 때가 아닐까요? 그리고 일한 결과가 자신과 전체에 이익을 주고 사회적으로 온당하게 평가받을 때가 아닐까 합니다.

바꿔 말해, 사람은 어떤 일이 자기 요구에 맞을 때, 자신의 힘과 능력으로 일을 충분히 해낼 수 있을 때, 일의 결과가 개인과 사회에 유익한 결과를 줄 때 신명나게 자발적으로 일한다 하겠습니다. 이를 철학 용어로는, 사람의 본질적 특성인 자주성, 창조성, 의식성이 가장 잘 발양될 때 열정적으로 활동한다고 표현합니다.

사람중심의 방법론을 맑스주의의 주요 개념인 물질, 경제적 이익과 조건, 객관적 환경, 기술력 등을 중심에 둔 방법론과 견줘 설명하기도 해요. 여기서 사람중심의 방법론이란 단순히 사람을 차별 없이 민주적으로 대하는 방법만 뜻하는 게 아닙니다. 사람의 본질적 특성에 맞는 과학적 방법론을 가리킵니다.

방법론에서 '자주적 입장'을 취한다는 건 주인다운 태도를 갖고 자각적으로 일한다는 걸 말합니다. '창조적 방법'을 적용한다함은 사람들의 창조적 능력과 적극성을 최대한 끌어낸다는 거구요. '사상의식을 중심으로 풀어간다'는 건 단순히 사상학습을 한다는 게 아니라 일의 목적과 의미를 자각하게끔 충분히 각성시켜 활동한다는 얘깁니다.

이는 사람의 본성에 맞는 방법을 취할 때 과정과 결과 모두 만족스러울 수 있단 얘기죠. 맑스주의의 방법론은 유물변증법의 방법론입니다. 사물 특성에 맞는 방법론을 써야 가장 성과 있는 결과를 얻는다는 방법론입니다.

사람의 본질적 특성과 세계와 사람의 관계를 새롭게 과학적으로 해명한 조건에서 주체사상이 사람의 특성에 맞는 방법론을 새롭게 개척한 건 어찌 보면 당연한 결과입니다. 사람이 모든 것의 주인이고 모든 것을 결정한다는 새로운 철학원리에 따른다면 사람을 위하고 사람의 역할을 높여 문제를 해결하는 방법론에 이르게 됩니다. 방법론이 현실세계의 물질적 합법칙성을 반영할 뿐 아니라 사람 자신의 지향과 요구를 반영하는 방법으로 발전한 겁니다.

역사적으로 계급사회에서 지배계급의 방법론은 정치든, 경영·경제든 민중을 활동의 주체로 만들기는 사실 불가능했습니다. 고대, 중세는 물론, 근대 자본주의 사회에 이르기까지 민중은 정치, 경제 등 모든 영역에서 실제 일의 담당자임에도 철저히 국가주권과 생산수단 소유에서 배제된 수단에 불과했어요. 맑스는 이를 '소외'란 철학적 개념으로 표현했습니다. 이런 계급사회에서 지배층이 쓰는 방법론은 관료적이고 강제적인 규율, 물리적 폭력일 뿐입니다.

현대 자본주의 사회에서도 사람의 노동은 이윤을 만드는 도구 이상의 의미를 지니지만 현실은 그렇지 않죠. 현실에서 노동은 자본에 종속된, 생각하는 유연한 기계정도일 뿐이죠. 허나 노동은 누군가의 직업이며 인생입니다. 노동은 노동자 자신과 사회를 위해 생산에 필요한 전반 과정을 함께하는 창조행위여야 합니다.

낡은 계급사회에서 자본가의 노동관은 관료적, 강제적 방법론과 맞물려 조응합니다. 진보적 철학사상이 변증법적이고, 주체적 방법론과 상호 조응하는 건 결코 우연이 아닙니다.

이제 주체적 방법의 기본내용인 자주적 입장 견지원칙, 창조적 방법 구현원칙, 사상을 기본으로 하는 원칙에 대해 간략히 살펴보죠. 3가지 원칙을 구별했지만 사실 이는 우리 민중이 일상생활에서 자주 사용하는 방법을 체계적으로 정리한 내용입니다. 진보정당이 집권하면 이런 방법론과 원칙은 당이나 국가, 대중단체 전 영역으로 확대되지만, 집권 전 주체적 사업방법은 진보정당이나 단체들에 제한적, 부분적으로 구현됩니다. 또 성공한 모범사례 뒤엔 언제나 이와 유사한 원칙이 관철됨을 발견하게 됩니다.

진보집권 이전 주체적 활동은 정부기관이 아닌 자발적인 주민단체 또는 진보정당, 단체, 노동조합, 학생회 등을 통해 부분적이고 맹아적으로 구현됩니다. 최근 서구의 선진기업에서 제한적이나마 노동자의 주체성과 창의성을 활용하려는 시도가 있지만, 이는 사람을 위한 게 아니라 궁극적으론 이윤을 위한 생산성 향상 방법으로 시도되는 정도입니다.

자주적 입장을 견지한다함은 사업에 참여하는 모든 사람이 주인다운 입장을 갖는다는 걸 말해요. 사람의 창조력은 주인의 입장에 설 때 가장 잘 나타나죠. 사람의 열정과 창발성은 자주적 자각에서 촉발됩니다. 임금인상 투쟁도 자신과 동료 노동자 모두를 위해 필요하단 절실한 자각에서 시작됩니다.

또 사람의 자각은 사람의 사상의식이 발동되는 과정을 동반합니다. 사람의 사상의식을 높이고 발동하는 사업을 다른 말로 사상사업, 정치사업이라고 해요. 일반적으로 개인이나 단체, 기업 등이 정치사업을 한다면 특정 이익 실현을 위한 공작, 정략 등 부정적 의미로 사용하는 경우가 많네요. 그러나 여기서 말하는 정치사업이란 음모나 회유 등 정략적 행위를 가리키는 게 아니라 대상의 각성을 위한 의식화 공정을 말합니다. 어떤 일이든 목표와 의의, 수단과 방법 등에 대해 정확히 알게 하는 과정이지요. 그래서 정치사업은 일의 진행을 위한 행정실무사업, 기술경제사업 개념과 구별해 사용합니다.

'정치사업 우선'이란 말은, 사업을 진행하는 공정에서 '사람과의 사업', 즉 사람들이 해당 사업의 주인, 주체로 참가하도록 교양과 토론을 내실 있게 해 이해를 높인 다음 사업의 기술실무적 역할 분담이나 대책을 새운다는 뜻입니다. 모든 일을 사람들의 자각과 열의에 기반해 진행하기 위한 의식화 공정을 최우선시 한다는 거죠.

창조적 방법을 구현하려면 민중이 무궁무진한 창조력의 원천이란 관점을 갖는 게 중요합니다. 대중의 단결에서 나오는 힘이 크다는 걸 믿지 못하면 사업을 대중에 의거해 진행할 수 없고 시도조차 못합니다. 선각자적인 소수가 의미 있는 건 그들에 의해 대중이 공동의 목표를 세우고 자신들의 창조력을 발동하는 대중운동을 펼쳐나가기 때문입니다. 선각자들이 정치적으로 서투르면 대중과 분리되고, 결국은 자기들의 창조력과 헌신에만 계속 의존하게 돼요. 이런 사업과 활동은 성공하기 어렵죠. 변혁은 원래 대중 자신의 사업이기 때문입니다.

사람들의 자주성, 창조성, 의식성을 높이는 방법인 자주적 입장 견지 원칙, 창조적 방법 구현원칙, 사상을 기본으로 하는 원칙 등은 따로따로 분리된 게 아니라 긴밀히 연관된 사업 원칙입니다. 사상의식을 기본으로 해야 자주성, 창조성이 발양되고, 자주적 입장에 설 때 비로소 창조적 시야가 열립니다. 또 창조적 방법이 구현돼야 자주성이 강화되는 상호의존 관계입니다.

주체의 방법론은 사업과 투쟁의 과정을 실제 성과를 거두기 위한 실천 과정으로 봅니다. 그런 동시에 사람들의 의식성과 창조력을 높이고 단결력을 높이는 사람 성장의 연속 과정으로도 봐요. 이 방법론의 핵심은 사업과 사람을 동시에 성장 발전시키는 거죠. 이렇듯 모든 일을 할 때 사람과의 사업을 맨 앞에 두고 일을 전개해서 사람중심의 방법론이라 부르는 겁니다.

# 3

## 정치사업과 사상사업은 사상의식과의 사업

'사상을 기본으로 하는 원칙'은 사상개조(의식개조)와 정치사업이 중요한 만큼 모든 사업에 앞세워 진행하라는 겁니다. 주체사상에서 말하는 사상사업이란 맑스주의에서 말하는 사상학습이나 교양사업과는 다릅니다.

오랜만에 주체사상에서 말하는 사상이란 무엇인지부터 다시 정리해보죠. 주체사상에서 밝힌 사상의식 또는 사상이란 개념은 맑스주의에서 사용하는 이데올로기 기념과는 다릅니다. 먼저 주체사상은 의식성을 사람의 본질적 속성의 하나라고 해요. 즉 사람의 모든 활동은 의식에 의해 규제된다고 봅니다. 그리고 사상의식의 개념을 새롭게 정의합니다. 사상의식은 물질의 단순한 반영이 아니라 세상의 주인인 사람의 이해와 요구까지를 반영한 의식이라고 합니다.

사상의식의 주된 측면을 자주적 사상의식과 노예적 굴종의식(의존의식)의 대립과 통일로 설명합니다. 자주적 사상의식은 단순히 진보적,

사회과학적 지식이 아닙니다. 자기운명의 주인이란 자각과 이를 실현하려는 의지라고 하죠. 따라서 자주적 사상의식의 소유자는 진보적 지식을 가진 민중이 아니라, 자기운명을 개척하고 사회를 개조할 '의지'를 가진 민중입니다. 즉 자기 운명은 자신이 개척하는 만큼 민중의 운명은 민중 자신, 민족의 운명은 민족 자신이 개척한다고 믿고, 또 이를 개척할 힘도 자기(민중, 민족)에게 있다는 '자각과 의지'를 담은 의식의 소유자입니다. 그러므로 자주적 사상의식을 가진 민중은 운명 개척을 위한 조직활동에 자발적으로 참여합니다. 그렇지 않은 민중과는 매우 다른 운명을 살아가는 게 당연합니다.

주체사상은 나아가 역사와 사회개조에서 민중의 자주적 사상의식이 결정적 역할을 한다는 '사상(결정)론'으로 발전해요. 사상론은 객관 조건과 기술을 무시하고 정신력만 있음 승리한다는 주장과는 달라요. 외려 사람의 자각과 정신력을 앞세워야 객관 조건과 기술환경을 더 잘 활용한다는 뜻이죠. 의식개조와 정치사업 선행의 원칙은 이런 사상론의 원칙을 구현한 갑니다.

주체사상에서 말하는 사상사업은 사상교양이나 학습을 통한 의식화뿐 아니라 본질적으론 사상의식을 '발동'하는 폭넓은 개념입니다. 즉 사람의 모든 활동에서 사람의 의식, 사상의식이 주된 작용을 하는 만큼 사상사업을 핵심 요소로 선차적으로 다루는 겁니다.

맑스주의에서 사상과 이데올로기가 노동자계급의 입장에서 현실을 바르게 반영한 진리와 지식의 체계를 말한다면 주체사상의 사상의식은 사람의 운명과 활동을 결정하고 규제하는 실천행위의 뿌리를 일컫습니다. 주체사상은 사람의 지식과 다른 사상의식의 역할을 새롭게 발견해서, 사상의식이 사람의 실천 과정과 결과를 좌우하는 근본 동인이라고 강조하는 겁니다.

그래서 주체사상의 사상사업은 지식을 얻는 단순 학습 차원이 아니라 개별적 인간의 요구와 지향에 대한 이해(理解)와 인간의 개조, 변화 차원에서 제기됩니다. 또 사상의식이 사람의 모든 활동을 규제하는 결정적 요인이란 '사상론'에 따라 인간혁명(인간개조)의 내용은 사상개조, 사상혁명으로 귀결됩니다. 주체사상이 제기하는 사상사업은 자연개조, 사회개조와 함께 사상혁명을 통해 인간혁신, 인간혁명이 가능하다 주장하는 가장 적극적인 인간의식 개조론입니다.

사실 혁명이란 사람의 의식변화로부터 시작되며, 사람의 의식혁명 없이는 사회제도 변혁도, 생산력도 제대로 발전시킬 수 없습니다. 그러므로 주체사상에서 사상사업이란 다양한 사람들의 사상의식 수준과 상태를 파악하는데서 시작하는데 이를 통한 사상개조(의식개조) 사업과 사상의식을 직접 발동하는 정치사업을 포괄하는 넓은 의미로 사용합니다.

사람의 사상의식을 발동하는 정치사업의 본질은 어떤 사업에 임하면서 그 목표의 달성이 자신의 이해관계와 직결됨을 자각하고 이를 일치시키는 겁니다. 사상사업과 정치사업은 상호 영향을 줍니다. 사람이 근본적으로 진보적 세계관과 인생관을 가져야 진보운동에서 주인다운 태도를 갖게 되고, 또 정치사업이 잘 돼야 주어진 사업에서 자각성과 적극성을 높일 수 있습니다. 그래야만 다시금 사람들의 근본적인 사상의식 변화를 추동하게 되지요.

사상개조(의식개조)사업은 근본적으로 사람들의 세계관과 인생관을 바꾸는 대단히 복잡하며 거창한 사업입니다. 당연히 자연개조, 사회개조와 마찬가지로 상당히 오랜 기간에 걸쳐 전개되는 복잡한 전략적 사업일 수밖에 없어요. 학습교양뿐 아니라 실제 다양한 영역의 실천사업과 조직활동(평가와 성찰, 수양)을 통해 장기간에 걸쳐 이뤄집니다.

그래서 사상중심 원칙은 사람의 모든 활동을 관통하는 일반원리로서 사람의 사상의식을 다루는 총체적 방법론이 되는 겁니다. 주체사상의 사상사업은, 모든 사업의 처음에서 끝까지 관통하는 인간 활동의 핵심원리로서 사상의식을 인식하고 이를 발동하는 사업이죠. 이런 사상론을 올바로 이해하는 게 북한(조선)의 모든 사업방식을 이해하는 기초입니다.

# 4
## 정치투쟁과 정치활동

정치운동은 크게 정치투쟁과 정치활동으로 나뉩니다. 정치투쟁이 사회제도를 둘러싼 적대세력 사이에서 진행되는 운동형태라면, 정치활동은 새 사회를 바라는 민중 내부에서 일어나는, 즉 비적대적인 동지관계에서 일어나는 활동입니다.

계급적, 민족적 대립이 있는 사회에서도 정치운동은 정치투쟁과 정치활동으로 함께 전개되지만 주된 측면은 정치투쟁입니다. 반면 계급적 대립이 해소된 사회에서 주되는 정치운동은 정치활동이지요.

정치투쟁의 방법은 '전략·전술'이란 개념으로 표현합니다. 정치투쟁과 사회변혁이 주로 적대적 세력과의 문제인 반면 정치활동은 민중 내부의 정치지도 집단과 대중의 관계 문제입니다.

따라서 정치활동에선 운동 주체인 민중 내부를 단결, 단합시키기 위한 의식화, 조직화 문제, 지도와 대중의 결합 문제, 정치지도자와 정치활동가의 관계 문제, 혁신적 사업방법과 민중적 사업작풍 등의 문제가 다뤄집니다. 이와 관련해 북한(조선)에서 지도예술, 영도예술 등 '예술'이란 말을 쓰는 건 그 활동이 사람을 대상으로 하기 때문입니다.

정치투쟁은 계급투쟁, 민족해방투쟁 등 다양하지만 역사상 정치투쟁의 최고 형태는 사회변혁과 혁명입니다. 혁명이 일어나는 조건은 자주성을 구속하는 사회의 정치, 경제적 요인들입니다. 그러나 혁명의 직접적 원인은 민중들의 자주적 요구와 그를 실현하려는 준비된 힘입니다.

혁명역량이 객관적 모순과 생산력에 비례해 증가하는 건 아닙니다. 아무리 객관적 모순이 심화돼도 민중의 정치, 사상적 의식수준이 낮다면 민중은 모순을 참으며 순응합니다. 거꾸로 객관적 모순이 폭발하지 않아도 사람들의 정치, 사상적 의식수준이 높고 조직화 수준이 높다면 민중은 자신의 정치, 경제적 요구를 강력히 주장하며 혁명적으로 진출할 수 있어요.

자연을 개조하는 사업에서 과학기술이 필요한 것처럼 정치투쟁에도 과학적 전략전술이 필요합니다. 전략은 혁명단계의 모든 과정에 전국적 범위에서 관철해야 하는 일반적 투쟁방침이고, 전술은 일정한 소시기에 한정적으로 적용하는 구체적 투쟁방침입니다.

정치투쟁에서 전략과 전술은 투쟁의 목표, 수단, 방법을 규정하고 적절한 시기와 장소를 선택하는 겁니다. 맑스주의 전략전술과 주체의 전략전술의 가장 큰 차이는 철학적 원리의 차이에서 비롯됩니다. 맑스주의 전략전술이 혁명승리의 객관적 요인, 경제와 물질적 요인을 중시하는 것과 달리 주체의 전략전술은 주체적 요인, 즉 민중의 의식화, 조직화 상태와 민중의 자주적 요구에 강조점을 둡니다.

민중의 조직화 상태란 개혁과 혁명을 지도할 당, 통일전선조직, 대중단체의 수준과 상태를 말하고 민중의 자주적 요구는 광범한 민중의 정치의식 수준과 상태를 이릅니다. 주체사상은 혁명적 정세를 판단하는 데서도 맑스주의와 차이를 보여요. 객관적 조건뿐 아니라 민중을 중심으로 결정적 시기를 판단하죠. 즉 주객관적 요인을 통일적으로 살피되 민중의 주체적 역량의 성숙과 준비정도를 중심으로 판단합니다.

주객관 정세에서 지배세력보다 민중의 힘이 우세할 때를 '결정적 시기', 민중의 역량이 상대적으로 열세인 시기를 '준비기'라고 합니다. 오랜 준비기를 거쳐 민중의 주체역량이 성장하고 주객관 정세가 혁명에 유리하게 전개될 때 '결정적 시기'에 이르렀다고 볼 수 있어요.

혁명의 투쟁과 대상, 세계혁명의 전망에서도 맑스주의와 주체의 전략전술은 차이를 보이는데, 맑스주의가 19세기 구미 선진자본주의를 대상으로 하고, 주체사상은 제국주의-식민지 세계체제에서 민족해방혁명을 경험하며 새로운 철학과 방법론을 세웠기 때문입니다. 두 사상은 계급문제와 민족문제를 해결하는 순서에서도 차이가 나요. 주체의 전략전술은, 세계적 범위의 혁명은 여러 나라에서 동시혁명으로 진행되는 게 아니라 개별국가 단위로 준비된 혁명역량만큼 세계혁명이 전개된다고 합니다.

민족을 떠난 계급이 있을 수 없고, 혁명운동이 개별국가나 민족을 단위로 전개되는 상황에서 계급문제와 민족문제가 결합돼 있는 사회에선 민족문제를 먼저 해결해야 계급문제를 해결할 수 있다는 입장입니다. 한국사회가 그렇죠. 두 문제가 겹쳐져 있는 데선 민족문제를 해결하는 게 계급해방의 선결조건입니다. 이게 유명한 '자주 없이 민주 없다'는 구호의 유래입니다.

민중 내부의 정치운동인 정치활동에 대해 보죠. 정치활동이 잘 돼야 정치투쟁에서 승리할 수 있어요. 정치투쟁을 아무리 잘 하려해도 민중이 분열돼 있고 사람들의 정치적 요구가 낮으면 정치투쟁은 승리할 수 없습니다.

정치투쟁의 최고형태가 혁명이고 정치활동의 최고형태는 당적 지도입니다. 정치집단 중 정당을 대신할 정치지도조직(leader)은 없기 때문입니다. 모든 대중과의 활동이 지도를 의미하진 않아요. 교육, 선전, 문화 활동은 대중활동이지만 이를 모두 지도활동이라고 하진 않죠.

주체사상에서 말하는 지도란 민중 내부의 지도집단(그룹)이 대중과의 관계에서 진행하는 '정책적 지도'입니다. 어느 나라나 민중의 지도부는 당(黨) 형태를 취합니다. 그러므로 지도의 문제란 민중 내부의 정치지도자(지도그룹)-당-대중의 관계가 어느 수준인가가 핵심입니다. 정치지도자와 지도그룹이 취약한 나라에서 혁명과 개혁이 성공한 경우는 없습니다.

이렇게 민중 내부의 정치적 단결과 민중의 자주성과 창조성을 높이는 사람과의 사업을 정치활동의 기술 또는 지도술(영도예술)이라 해요. 한마디로 지도능력이란 사람을 얻고 사람들을 움직이는 방법입니다. 민중 전체의 입장에서 보면 정치적 지도란 일방적인 게 아니라 누구나 한편으론 정치·정책적으로 지도받고 다른 한편으론 지도하는 양방향 개념입니다.

당이나 대중단체의 정치·정책적 지도활동에서 중요한 문제는 대중적 사업작풍과 혁명적 사업방법입니다. 사업작풍을 지도활동의 중요 문제로 보는 건 지도가 근본적으론 사람과의 사업이고, 사람과의 사업은 마음을 얻고 이해하는 과정에서 시작되기 때문입니다. 정치활동이란 사람을 얻는 사업이고 사람을 얻는다는 건 근본적으론 민중의 이해와 개인의 요구를 일치하는 사업입니다. 이는 마음이 통하고 의기투합하는 과정을 동반합니다. 아무리 뛰어난 간부라도 신뢰가 가지 않고 성실성과 헌신성 없이 자신만 내세운다면 민중은 마음을 주지 않습니다.

사업작풍은 단순한 자세의 문제가 아니라 정치활동의 본질 문제입니다. 활동가의 대중에 대한 관점과 입장이 드러나는 과정입니다. 그러므로 작풍은 단순한 예의범절 문제가 아니라 민중의 자주성을 진심으로 존중하는 사상과 활동방식의 표현입니다.

진보적 활동방법 또는 혁명적 사업방법이란 관료적 사업방법, 보수적 사업방법과 상반되는 개념입니다. 관료적 사업방법이 명령과 권력에 의거한 방법인 반면 진보적 사업방법은 대중의 자각에 기반해 사업해 가는 방식입니다. 혁명적 사업방법이란 무엇보다도 대중의 힘에 의거하는 활동방식입니다. 모든 힘은 대중으로부터 나오니까요.

# 5

## 역사의 주체와 지도자

민중이 역사의 주체란 말은 민중이 역사의 창조자란 뜻입니다. 누가 인류역사를 만들어가는 주체인가 물을 때 역사는 신이나 지배층, 영웅이 만드는 게 아니라 민중이 만들어간다는 의미죠. 계급사회에서 '영웅'은 지배층 교체기에 역사 발전을 추동하는 주체로 나서기도 하지만 대체론 기득권을 유지하려고 발전을 막는 역할을 해왔습니다.

민중이 역사의 주체이지만 어느 시대나 사회에서 지위와 역할이 같은 건 아닙니다. 민중의 지위와 역할은 역사적으로 도달된 민중의 자주의식의 높이와 창조적 능력의 준비정도에 따라 달랐죠. 고대 노예제 사회, 중세 봉건사회, 근대 자본주의 사회로 이어오며 민중은 자기 지위와 역할을 끊임없이 높여왔습니다. 민중이 하나의 정치역량으로 단결하지 못하고 자기 힘을 깨닫지 못하면 소수 지배층에 의해 정치, 경제적 권리를 빼앗긴 채 체념하며 살게 됩니다.

민중이 역사의 자주적 주체가 된다함은 정치적 지도와 결합해 정치권력(국가주권)과 생산수단을 모두 장악해 새 사회제도를 만들어간다는 뜻입니다. 대체로 정치혁명 과정을 거치죠. 민중 내부에 노동자, 농민, 학생, 지식인, 중산층, 도시 서민 등 많은 계급계층이 정치혁명에 이해를 같이해 참여하지만, 정치혁명에 가장 큰 이해를 갖는 세력은 역시 노동자계급입니다.

민중이 역사의 실질적 주인으로 등장하는 시대를 주체사상은 '주체시대'라 부릅니다. 인류의 선사시대는 매우 길고, 문명의 역사시대는 그리 길지 않습니다. 1만년에서 8000년 정도입니다. 앞으로 인류가 살아갈 미래에 비하면 이 역시 긴 시간은 아니에요. 후대가 우리시대를 평가할 때 사람이 사람을 지배, 착취하는 시대가 21세기를 기점으로 극복됐다고 의미부여하리라 예상합니다. 제국주의 시대와 자본주의가 마지막 계급지배 사회일 거라고 봅니다.

민중이 역사의 자주적 주체로 등장한 21세기 새 시대는 역사상 전례 없는 민중의 자각과 의식혁명, 정치적 단결을 필연적으로 동반합니다. 이제까지 있지 않았고 경험할 수도 없었던 민중 내부의 변화를 겪게 됩니다. 민중 내부 단결과 협조의 내용과 방식 모두에서 질적인 비약을 경험하리라 예상합니다.

민중은 과거에도 뛰어난 지도자들을 배출하고 단결해 싸웠으나 반란이나 봉기 정도에 그쳤을 뿐 정권을 잡진 못했어요. 왕조가 바뀌고 역성혁명이 일어나도 지배계급 내부의 한 분파에서 다른 세력으로 권력이 옮겨가는 것에 불과했습니다.

근대 자본주의 사회에 들어서 민주주의혁명으로 민중의 의식은 오랜 잠에서 깨어나 모든 권력이 민중에게서 나온다는 걸 광범하게 깨닫게 됐습니다. 신분타파와 자유와 평등사상이 짧은 시간에 세계 민중들에게 퍼져갔습니다.

19세기 맑스주의는 자본주의 시대 민주주의혁명의 성과를 분석하고 발전시켜 역사상 처음으로 계급 없는 사회가 실현가능함을 이론으로 증명합니다. 인류사상 처음으로 피지배계급이 정권장악을 위해 당을 만들고 역사상 존재했던 지배계급 자체를 철폐한다고 선언한 겁입니다. 이는 인간의식 세계에서 새 시대를 예고한 거대한 의식혁명이었어요.

맑스의 주장은 러시아 혁명을 이끈 레닌에 의해 실현됐고, 인류사는 처음으로 민중이 권력과 생산수단을 장악한 사회를 경험합니다. 러시아 혁명 이후 서구 유럽뿐 아니라 수많은 식민지, 반식민지 나라들에서 그 사상에 영향 받은 걸출한 민중의 지도자들이 배출됩니다. 중국혁명의 모택동, 베트남 혁명의 호치민, 쿠바 혁명의 카스트로 등은 이런 거대한 역사적 흐름 속에서 출현한 인물들이지요.

북한(조선)은 이런 역사적 대전환의 시대를 분석 종합하면서 민중 내부의 '지도와 대중'의 관계를 역사 발전의 중심문제로 봤습니다. 민중이 역사의 자주적 주체로 등장하는 주체시대에 들어섰지만 실제 정치혁명을 성공시키는 결정적 요인은 민중 내부의 정치사상적 단결이 어느 수준에 이르렀는가의 문제라고 파악합니다.

평양 만수대 언덕

민중의 사회역사적 운동에서 결정적 역할을 하는 건 민중 자신의 자주적 사상의식입니다. 그런데 민중의 자주적 사상의식은 모순이 심화된다고 해서 저절로 발현되지 않습니다. 민중은 개별 성원들의 단순 집합이 아닌 조직적으로 단결할 때만 정치혁명에 성공합니다.

주체사상에서 민중에 대한 지도문제는 민중에게 사상적 자각을 주고, 올바른 투쟁 목표와 방도를 제시하는 겁니다. 민중의 정당이나 지도부가 직접 이끌어가는 과정입니다. 이를 정치적 지도자의 사상적 지도, 조직적 지도, 정책적 지도라고 해요. 즉 지도의 문제는 민중 속에서 나온 지도자와 함께 혁명을 이끌어가는 혁명적 당과 단체의 영도문제입니다.

주체사상에서 지도자는 자본주의나라에서 수년 단위 투표로 교체하는 대통령이나 총리와는 전혀 다른 개념입니다. 혁명이 한두 세대에 끝나는 게 아닌 만큼 지도자에게 임기를 몇 년 보장하는 차원이 아니라 혁명 계승이란 장기적이고 전략적 관점에서 봐요. 노동조합에 훌륭한 지도자가 나오면 오랫동안 책임적 지위를 맡는 게 자연스러운 것과 유사한 개념이죠.

주체사상은 지도자-당-대중을 하나의 유기체와 같은 민중의 실체로 파악합니다. 지도자-당-대중의 관계를 하나의 사회정치적 생명체, 공동운명체라고 해요. 또 지도자는 민중의 수뇌부로서 결정적 역할을 수행한다고 봅니다.

주체사상은 개별국가나 민족을 단위로 진행되는 혁명운동에서 정치지도자가 어떤 사상으로 민중을 지도하는가를 혁명의 운명을 결정하는 중요 문제로 파악합니다. 왜냐면 역사를 보건데, 한 사회의 지도사상과 조직의 수준은 그 사회의 걸출한 정치적 지도자와 지도그룹의 수준을 크게 넘어서지 못하기 때문입니다. 그런 의미에서 정치지도자는 한 개인이라기보다 민중 내부의 중요한 핵심 구성부분입니다. 정치운동에서 지도란 결국 지도자-당-대중의 관계가 낮고 부분적인 단계에서 높고 전면적인 수준으로 발전하면서 실현됩니다.

# 6

## 활동가를 위한
## 사람중심의 정세관

모든 정치노선과 정책은 철학, 사상에 기반합니다. 새 시대 진보정책과 이론은 사람중심의 정책론을 지향해야합니다. 사람중심의 정책론은 민중(국민대중)을 역사의 주체로 보고, 진보가 민중에게 복무하는 정책 철학입니다. 일부 진보진영이 중심을 자임하는 게 아니라 민중(국민대중)을 중심에 놓고 민중 전체를 단결시켜, 그들이 자기 힘을 남김없이 발휘해 제 역할을 다하도록 하는 정치노선과 정책입니다.

진보정당의 사상과 정책 철학을 정립하는 과정은 선언이나 일석일조에 완성되는 단기과제가 아니라 한 세기에 걸쳐 이뤄지는 장기적인 근본문제임을 20세기 경험에서 알게 됩니다. 역사를 보면 진보정당이 집권하기 이전 혁명 단계에선 외려 정책 철학의 한계나 오류가 잘 드러나지 않아요. 집권 이전 진보정당의 국민대중에 대한 정책 집행이 제한적이고 부분적이기 때문일 겁니다.

정세분석은 정치투쟁의 전략과 전술을 세우는데 필수 선결공정입니다. 한국사회 진보운동의 전략은 기형적 예속 자본주의와 전시 분단 체제라는 사회구조에서 도출된 목표, 수단, 방법의 책략입니다. 해방 이후 급속한 산업화를 거치며 사회가 변화 발전했지만 그 어떤 개혁과 민주화투쟁도 친일친미 외세 청산과 자주적 민주정부라는 전략적 목표를 달성하진 못했어요.

변혁운동의 전술은 미국의 대한반도 정책과 한국 정권의 성격 변화, 그리고 민중의 의식화 및 조직화 수준에 따라 수없이 변해 왔습니다. 전술은 시기별 정세 변화에 따라 달라집니다. 전술도 매시기 목표에 따라 수단과 방법의 책략이 필요합니다. 그런데 전략과 전술은, 어떤 원리에 따라 세우는가 하는 정책철학 문제가 성패를 좌우해요. 특히 세부 전술 수립을 위해, 정세분석을 무엇을 중심으로 어떻게 하는가의 문제는 더욱 그렇습니다.

전략전술을 세우는 원리는 크게 두 가지입니다. 전통 맑스-레닌주의 방식은 객관적 조건, 특히 경제 상황에 초점을 맞춥니다. 다른 하나는 전략전술을 사람(민중)의 상태와 그의 주도적 역할을 중심에 놓고 세우는 사람 중심의 방법입니다. 두 가지로 크게 대별했지만 그렇다고 서로 배척하는 관계는 아닙니다. 하지만 강조점과 철학적 방법론의 차이는 분명합니다.

첫째 방식은 사적 유물론의 '토대(경제)가 정치를 결정한다'는 원리에 충실한 정세분석 원칙입니다. '정치는 경제의 집중적 표현'이란 레닌의 명제는 이 원칙을 대표적으로 표현하죠. 둘째 방식은 '정치가 경제를 결정한다'는 사람중심의 원리에 기반한 정세분석 원칙입니다. '혁명도, 건설도 주체의 요구대로'란 구호가 이 원칙을 상징합니다.

정세분석과 전술을 수립하는데서 진보진영이 쉽게 범하는 오류와 한계는 대체로 이렇습니다. 우선 한국 사회변혁이 독립된 한 나라의 운동이 아니라 분단된 나라의 변혁임을 간과하는 편향입니다. 자주적 민주주의변혁의 독자적 과제와 전시 분단체제 극복을 위한 통일이란 과제가 동시에 진행되는 변혁임을 간과하는 경향이 그렇죠.

한국 사회변혁운동은 민족을 하나의 단위로 한 전체 변혁의 구성 부분입니다. 따라서 남북의 반제역량과 미국의 한반도 정책이 언제나 전민족적으로 상호 영향을 줍니다. 더구나 분단 형성기가 끝나고 평화협정을 통한 분단 해체기에 진입하는 최근엔 더욱 그러합니다.

이런 상호작용으로 다른 나라에서 볼 수 없는 현상들이 나타납니다. 분리됐던 남북의 반제역량이 하나로 모아지는 과정이 대표적입니다. 남북의 공동 반제전선과 북미 대결에 의해 평화협정이 체결되고 주한미군이 철수될 가능성도 다른 나라에선 예상할 수 없는 특징입니다.

분단체제의 특수성과 남과 북이 민족문제를 공동으로 풀 수밖에 없는 상황은, 한국이란 좁은 틀에 국한돼 정세분석을 할 경우 실제 현실 변화를 제대로 투시할 수 없게 합니다. 한국 진보정당의 정세분석의 기본 단위는 민족, 즉 한반도 전체여야 합니다. 진보정당은 한국 정치가 아니라 한반도 정치 차원에서 동북아와 남·북·미의 정세를 분석해야 해요.

정세분석이 한국(엄밀히 말하면 반(半)국)적 시야에 머무는 편향에 이어 둘째 문제는 미시적인 경제분석을 실제 의미 이상으로 정세와 직접 연관시켜 강조하는 편향입니다. 경제상황에 대한 분석은 늘 필요하고, 객관적 조건을 규정하는 매우 중요한 요소의 하나인 건 맞아요. 하지만 단적으로 세계경제가 공황상태이고 한국 경제가 심각한 불황에 처해 있다고 해서 국민대중이 혁명화되거나 전민항쟁으로 직접 나서는 건 아닙니다.

경제적 모순이 심화되면 사람들에게 영향을 직접 미치지만, 그렇다고 사람들이 정치적으로 더 진출하거나 정치의식이 높아지는 건 아닙니다. 대중의 정치투쟁 고양과 전민항쟁 등은 경제적 호황기나 불황기에도 올 수 있어요. 1987년 6.10항쟁과 7~9월 노동자대투쟁은 한국 경제의 호황기에 발생했어요. 4.19혁명과 5.18광주민중항쟁이 촉발된 건 1979년의 오일쇼크 등 경제적 요인도 있지만 그보다는 국민대중의 초보적인 민주주의에 대한 열망과 야만적인 독재정치 행태가 충돌한 결과입니다.

사람들의 정치의식은 객관적인 경제상황에 따라 직접 좌우되는 게 아니라 상대적 독자성을 가지며 단계적으로 발전합니다. 개인뿐 아니라 민중의 정치의식은 역사적 투쟁과 경험을 통해 단계적으로 상승, 발전해갑니다. 장기간에 걸쳐 형성된 국민대중의 전략적 차원의 정치의식 수준에 의해 규정됩니다. 동시에 해당 시기의 구체적인 모순과 쟁점에 관한 대중의 판단, 감정과 결합해 폭발하죠.

국민대중의 정치의식 수준은 추상적인 게 아니라 경제와 마찬가지로 일련의 정치과정을 통해 구체적으로 드러납니다. 국민대중 속의 다양한 계급, 계층 정치조직과 부분적인 투쟁들, 여론 형성과정 등을 통해 다양하게 나타납니다.

민중의 반미 민족주의 의식, 반독재 민주주의 의식, 연북 통일 의식, 반자본 사회주의 의식 등은 서로 연결돼 있으면서도 독자성을 가져요. 초기 단계에 반독재 민주주의 의식이 가장 먼저 발전하고, 점차 반제 의식으로 승화해 갑니다. 또 정치의식은 일직선으로 상승하는 게 아니라 세계정세와 국내 정치상황에 따라 일시적으로 후퇴하기도 하면서 나선형으로 발전합니다.

따라서 전략적으로 형성된 국민대중의 정치역량과 해당 시기 구체적인 대중의 정치의식과 판단, 감정을 정확히 파악하는 게 중요해요. 경제에 대한 분석은 당연하고 필수적이지만 결정적 요소가 아니라 중요한 객관적 조건입니다.

또한 진보의 정세분석은 국민대중 전체의 정치의식에 근거해야 합니다. 전체 국민대중의 요구와 부분적인 계급계층의 선진적 요구를 잘 고려해 전체 정책의 우선수위를 정해야 해요. 반쪽짜리 관점이 아니라 전민족적 관점, 경제적 관점이 아니라 사람(민중)중심의 주체적 관점, 진보진영만의 부분적 관점이 아니라 전체 국민대중의 관점, 이게 한국 진보의 정세관입니다.

# 7

## 경제(민생)투쟁과 정치투쟁

사람중심 정책론의 기본원리는, 변혁은 민중 자신의 일이며 그를 추동하는 힘도 민중에게서 나온다는 겁니다. 정책 실현을 통해 민중이 투쟁의 성과를 향유하는 것도 중요하지만 투쟁과정에서 민중 스스로 역량을 키우는 공정도 중요시하죠. 경제투쟁, 일상투쟁, 지역 소규모 투쟁이 적잖은 의의를 갖는 건 이런 이유 때문이에요.

진보의 정치투쟁은 민중의 정치적 자주성을 실현하기 위한 것으로 자주적 민주정부 수립을 위한 대중적 투쟁입니다. 경제투쟁, 민생투쟁은 국민대중의 생활처지 개선을 위한 투쟁이죠. 경제투쟁과 민생투쟁은 자주적 민주정부 수립을 위한 투쟁, 즉 집권을 위한 투쟁은 아닙니다. 진보의 집권과정은 끊임없는 의식화, 조직화를 통한 국민대중의 역량 축적을 필요로 합니다.

경제적 모순의 심화나 공황 등이 대중투쟁을 고양시키는 조건이나 환경을 조성할 수 있지만, 집권을 실현할 결정적 역할은 민중의 주체적 역량뿐입니다. 노동조합의 경제투쟁은 임금인상과 근로조건 개선을 위한 투쟁입니다. 이게 당장 노동해방을 위한 투쟁이 아닌데도 큰 의의를 갖는 건 경제투쟁을 통해 노동자들이 계급의식을 갖게 되고 점차 높은 단계의 정치투쟁을 수행할 역량을 쌓기 때문입니다. 노조뿐 아니라 농민조합, 학생조합(총학생회), 중소상공인조합 등도 마찬가집니다. 진보정당이 대표적인 합법 정치조직이지만 다양한 계급계층의 경제적, 일상적 투쟁을 지원, 조직하는 과제를 소홀히 해선 안 되는 이유입니다.

그런데 진보정당의 경제투쟁은 각계각층의 개별적 경제투쟁과는 다르게 주되게는 전국민적 요구를 대변해요. 그래서 진보정당의 경제투쟁을 민생투쟁이라 부르죠. 각계층의 개별적 경제투쟁 요구는 해당 계급계층에 한정되는데 비해 전국민의 경제적 요구는 포괄적 양상을 띱니다. 진보정당의 경제투쟁은 물가급등, 교육 보육, 공공요금 인상, 대량실업, 집값 폭등, 국민건강보험, 서민 조세부담 증가, 최저임금, 최저생계비 등 전국민적 의제를 다룹니다.

경제적 모순이 심화되는 시기엔 특정 계급계층에 이런 문제가 집중 전가되기도 하죠. 지난 2009년 화물연대 투쟁이 대표적입니다. 환율과 기름값 폭등이 한국 경제 전체의 물가상승을 유발했지만 특히 그 가운데 생존 자체가 절박한 위험에 처한 집단은 화물노동자들이었습니다. 노동자이면서도 노동3권이 보장되지 않고 특수고용직 또는 자영업자로 분류되는 화물노동자들의 현실은 한국 사회 노동정책의 전근대성과 기형적 착취구조의 상징적 사례였어요.

진보정당은 반민주악법 폐기, 반전평화 한미연합군사훈련 반대, 조국 통일 투쟁 같은 정치투쟁과 함께 국민대중의 절박한 경제(민생)투쟁 요구를 일상적이고 전면적으로 파악해 제때에 제기하고 해결할 줄 알아야 합니다. 광역시도당 또는 지역위원회는 담당 지역의 경제적, 일상적 요구를 항상 파악하고 하나씩 해결해 나갈 능력을 키워야 하구요.

민생투쟁은 선거를 위해서만 필요한 게 아닙니다. 진보정당은 지역주민이 일상에서 제기된 생활개선을 위한 투쟁을 조직해 당과 지역대중의 연계를 강화하고, 또 그 과정을 통해 당 자체의 사업능력을 키우고 당 대오를 대중적으로 확대해야 합니다. 하지만 안타깝게도 경제투쟁과 일상적 주민대중의 생활개선 투쟁은 진보정당에서 경시되거나 본격화되지 못한 실정입니다. 경제투쟁과 일상투쟁을 선거용 이벤트식으로 해선 진보정당과 대중의 연계를 강화할 수 없어요. 경제투쟁과 다양한 생활개선 투쟁은 대중의 의식화, 조직화 수준을 높이는 동시에 진보정당을 대중화하는 가장 혁명적인 투쟁의 한 방식입니다.

진보정당의 지역위원회가 지역주민의 정말 아프고 가려운 곳은 모른 채 높은 수준의 정치구호만 계속 주장하면 생활정치가 없는 이념정당의 높은 담을 허물 수 없어요. 경제투쟁 조직능력은 민주정권을 세운 뒤에도 민중과 주민을 중심으로 문제를 풀어가는 사람중심의 정책과 사업방식의 기본역량이 됩니다. 따라서 경제투쟁을 통한 대중화는 정치투쟁과 마찬가지로 진보정당이 반드시 개척해야 할 핵심과제의 하나입니다.

# 8

## 계급노선과
## 대중(군중)노선

노동자계급이 선진적인 이유는 계급 없는 미래 평등사회에 가장 절실한 이해를 갖고, 또 그를 실현할 물질적 조건과 정치적 능력을 가졌기 때문입니다. 진보정당엔 다양한 계급계층이 참가합니다. 그 안에서 노동자계급의 지도사상과 원칙이 양질적으로 가장 큰 영향력을 발휘해야 해요. 이게 취약한 진보정당은 우여곡절을 피할 수가 없죠.

진보정당은 궁극적으로 계급해방과 인간해방을 목표로 하면서도 당면 과제를 풀기 위해 자주적 민주주의와 통일에 적극 나서게 됩니다. 달리 표현하면 진보정당의 종국적 강령과 당면 강령이라고 하죠. 이의 실현을 위해 진보정당은 계급노선과 대중노선(군중노선) 배합 원칙을 견지해야 합니다.

서구의 진보정당은 사회 계급구조가 일국 범위에서 노동과 자본의 대립을 중심으로 나타납니다. 그런데 제3세계나 예속 자본주의 사회는 계급계층 구조가 복잡해 우선 해결 과제도 반독점 사회주의가 아니라 자주적 민주주의입니다. 그래서 이들 나라에서 연합연대의 폭이 상당히 넓습니다. 한국 진보정당의 대중노선을 통일전선운동의 실현 수준으로 파악하는 이유입니다.

진보정당 초창기에 계급노선과 대중노선을 올바로 정립, 배합하긴 쉽지 않아요. 한국처럼 분단과 전쟁을 겪으며 진보적 주체역량이 극단적으로 양극화된 곳에선 더 그렇죠. 수십 년 동안 진보정당운동이 단절됐다가 다시 노동자계급의 사상과 원칙을 겨우 회복한 한국 진보정당이 계급적 정체성을 고수하려는 경향이 강한 건 어쩌면 당연하다고 봅니다.

하지만 진보정당이 계급적 원칙과 함께 대중노선을 지키는 건 당의 성패를 좌우하는 중대한 문제입니다. 진보정당이 계급적 원칙만 고수하면서 계급적 요구나 높은 강령만 주장하면 필연코 대중적 기반이 좁아지고 군소정당의 벽을 넘을 수 없어요. 이는 한국 사회에서 노동자계급과 이해관계를 같이하는 광범한 정치세력을 스스로 배제하는 결과를 낳게 됩니다.

진보정당의 대중노선은 민중단체나 시민단체를 대상으로 하는 게 아닙니다. 진보정당의 대중노선은 민중(국민대중) 전체를 대상으로 해요. 진보정당의 대중노선은 외세와 그 대리세력인 수구정당을 반대한 모든 세력을 포괄하는 연합전선(통일전선)적 정책과 노선으로 구현됩니다.

그래서 진보정당의 대중노선은 한국 사회의 객관적 조건뿐 아니라 국민대중의 정치의식과 조직화 정도를 반영해 수립돼야 합니다. 사회변혁운동에서 결정적 역할을 하는 건 바로 역사적으로 형성된 국민대중의 정치의식과 조직화 수준이기 때문입니다. 이렇게 객관적, 경제적 조건과 함께 국민대중 전체의 주관적 의식 발전 수준을 고려한 대중노선을 '사람중심의 대중노선'이라고 합니다. 이건 진보정당의 통일전선운동 방법론과도 일치합니다.

국민대중의 지향과 요구는 진보정당과 가장 일치하지만 현실 정치는 진보정당보다 중간개혁정당에 대한 국민대중의 지지가 더 높죠. 국민대중의 진보정당 지지도가 10% 안팎에서 20년 가까이 고정돼있는 반면 이명박근혜 정부의 실정과 부패에도 불구하고 수구보수정당들이 20% 정도의 지지도를 유지하는 건 분단과 전쟁, 그리고 제국주의 지배 이데올로기와 그들의 견고한 물적 기반과 관련이 있어요. 진보정당과 중간정당에 대한 현재의 지지도는 국민대중의 현 단계 전략적 정치의식 수준과 진보가 보여준 정치력에 대한 현실적 평가의 반영일 겁니다.

한국 사회에서 중간정당(민주당 등)은 소자산가 정당이며 보수성이 강합니다. 그러나 개혁성도 함께 갖고 있어 정세 변화에 따라 진보와 수구세력 사이에서 이중성을 보입니다. 때론 수구세력처럼 행동하고 때론 개혁성을 강화하죠. 또 일부가 분화해 갈라지기도 하구요.

진보정당은 계급노선에 따라 자기 정체성과 궁극적인 계급해방 목표를 실현하기 위해 독자적인 정치사업을 끊임없이 벌입니다. 중간정당의 한계에도 불구하고, 일정 단계에 조성된 국민대중의 정치의식 수준을 감안할 때 중간정당을 연합대상에서 배제하는 전략은 자주통일과 민주주의 전선을 협소하게 만듭니다. 한국 진보정당이 독자적 진보정당 성장전략과 함께 중간정당과 연합전선을 중시하는 건 강력한 제국주의의 직접적인 군사적 영향력 아래 있는 예속적 자본주의 속성과 분단 전시체제 때문입니다.

계급노선을 관철한다는 게 노동운동의 요구를 정치전선에서 항상 전면화한다거나 계급해방 요구를 현 단계에서 전면화하는 걸 뜻하진 않죠. 계급노선을 관철한다는 건 장기과제인 계급해방에 이르는 가장 현실적인 방도와 원칙을, 전체 민중의 상태와 역량을 중심에 놓고 전략적이고 단계적으로 발전시키며 풀어가는 겁니다. '진보의 정체성을 강하게 견지하는 하나의 연합전선', 이게 한국 사회 실정에 맞는 현 단계 진정한 계급노선과 대중노선의 결합입니다.

# 9

## 진보적 사업방법과
## 보수적 사업방법

새 사회를 지향하는 사람들은 목적은 물론, 사업방법도 진보적이고 혁신적이어야 하죠. 철학적 측면에서 보는 진보적 사업방법이란 자본주의 기업의 방식처럼 사람을 대상화, 수단화하는 게 아니라 사업의 주체로 세워야 한단 뜻입니다.

그런데 진보적, 혁신적 사업방식을 실행하기란 쉽지 않아요. 사람들이 오랜 기간 자본주의 사회의 지배적인 관료, 보수적 사업방식에 익숙해졌고 또 관행이 강하기 때문입니다. 하지만 새 사회는 제도보단 사람이 먼저 새로워져야 제대로 실현될 수 있어요. 또 새 정치활동가는 진보적이고 혁신적인 새 사업방식과 함께 등장하는 게 진보운동의 순리입니다.

진보(혁신)적 사업방식의 내용은 몇 가지로 요약됩니다. 아래에 순서대로 정리했어요. 앞서 얘기했듯 사람들의 활동방식은 정치뿐 아니라 모든 사업에서 성패를 좌우하는 핵심 요소입니다. 아무리 목적이 좋아도 방법이 서투르면 실패할 수밖에 없어요.

물론 정세에 맞게 전략전술을 세우고 정책을 올바로 만드는 일이 중요하죠. 하지만 노선과 정책이 아무리 정확하고 옳아도 대중 속에서 실행되지 못하면 죽은 정책이고, 종잇장에 불과합니다. 한국의 이전 진보와 진보정당이 실패한 결정적 이유의 하나가 바로 이 문제 때문이라 봅니다. 정책이 대중 속에서 나오고, 다시 대중 속으로 들어가 살아 움직이는 게 혁신적 사업방식의 요체입니다.

대중의 자발적 열성과 창발성은 일련의 합법칙적 계기를 통해 발현됩니다. 먼저 사업의 구체적인 목표와 필요요소 등을 자각해야 하고, 이에 기초해 창조적 능력을 타산하고 조직화해 집단적 힘으로 전화시켜야 해요.

진보(혁신)적 사업방식의 첫째는 상급 간부가 아래를 돕고, 실정을 정확히 이해해 대책을 세우는 방법입니다. 한 마디로 책상에 앉아 일하지 말란 거죠. 직급과 권력, 지시와 서류로만 일할 게 아니라 늘 아랫단위에 내려가 무슨 탓에 일이 잘 되고 안 되는지 파악해야 한단 겁니다. 아랫단위를 도울 때도 문제를 대신 처리해주는 게 아니라 스스로 풀 수 있는 창조적 능력을 키우는 방향으로 정책적 지도를 하는 원칙입니다. 쉽지 않죠?

보수정당은 말할 것도 없고 진보정당이나 단체의 인사들조차 조금만 높은 직책에 올라가도 아랫단위의 평당원이나 평회원들의 정서와 요구를 잘 파악 못하는 경우가 많아요. 하물며 소련과 중국처럼 오랫동안 집권해온 정당들은 오죽했을까하는 생각이 듭니다.

늘 아랫단위에 내려가 그들의 얘기를 듣고 구체적인 실정을 파악하는 게 습관화 안 되면 관료주의가 소리 없이 스며듭니다. 관료주의는 고위간부나 특별히 일 못하는 사람이 범하는 잘못이 아니라 진보 사업방식 제1원칙을 소홀히 할 때 누구나 저지르고 재발하는 문제입니다.

진보적 사업방식의 둘째는 정치사업을 앞세우는 방법입니다. 정치사업을 앞세운다함은, 행정실무 또는 기술대책을 실행하기 전에 해당 사업의 목표, 의의를 대중 스스로 자각하게 하는 공정을 맨 첫자리에 놓고 충실히 한다는 의미입니다.

이 원칙을 지키는 게 솔직히 어렵습니다. 시간에 쫓겨 사업을 하다보면 사람들을 수단화하거나 관성적으로 움직이게 되죠. 그렇게 되면

- **진보적 사업방법**
  1. 위가 아래를 도와주는 방법
  2. 실정을 요해하고 대책을 세우는 방법
  3. 정치사업을 앞세우는 방법
  4. 중심고리를 찾고 거기에 힘을 집중하는 방법
  5. 일반적 지도와 개별적 지도를 결합하는 방법
  6. 모든 사업을 격식과 틀이 없이 창조적으로 하는 방법
  7. 사업을 대담하고 통 크게 벌이는 방법

일을 열심히 하긴 하는데 왜 꼭 그런 방식으로 해야 하는지, 사업의 근본 목적이 무엇인지 알 수 없는 사례들이 점점 많아집니다.

이렇게 되면 당연히 일하는 사람들의 창발성을 끌어낼 수 없어요. 창발성은 일의 목적과 필요성을 정확히 알고 공감할 때 발현됩니다. 사람이 사업의 주체가 돼야 그 사업을 통해 사람도 성장하고 일도 성공할 수 있다는 원리가 바로 정치사업을 앞세우는 원칙입니다.

셋째는 중심고리를 찾고 힘을 집중하는 방법입니다. 자연을 개조하고 사회를 변혁하는 사업 규모는 큰 반면 이를 실행할 인적, 물적 역량과 수단은 늘 모자랍니다. 이건 마치 법칙과도 같아요. 어떻게 적은 역량으로 큰 문제들을 풀어갈 수 있는가의 문제가 제기됩니다. 이를 해결하는 사업원칙이 바로 중심고리를 찾아 거기에 힘을 집중하는 원칙입니다.

자연과 사회의 모든 사물현상들은 상호 의존, 제약하면서 일정한 연쇄체계를 이루고 있죠. 사업도 마찬가집니다. 한 사업 중에도 크게 중요하지 않아 파급효과가 적은 일이 있고, 사업의 모든 부분에 영향을 미쳐 앞세워 해결해야하는 일이 있어요. 중심고리란 바로 사업에 연관된 많은 문제를 푸는데서 결정적 역할을 하는, 때문에 먼저 해결해야 할 핵심과제입니다.

중심고리를 풀면 사업과 연관된 문제들이 순차적으로 풀리게 됩니다. 가령 한반도의 자주와 민주, 통일을 실현하는 데서 중심고리는 무얼까요? 세 가지 과업을 가로막고 있는 미국의 지배와 간섭을 없애는 겁니다. 주한미군 철수와 평화협정 체결 등 자주화 실현이 중심고리죠. 이게 어떻게 풀리는가에 따라 한반도의 민주, 통일, 그리고 계급해방 문제가 좌우됩니다.

중심고리를 찾아야 하는 이유는 힘을 분산시키지 않고 집중해 문제를 제대로 풀기 위해섭니다. 작든 크든 모든 사업엔 중심고리가 있는데 찾기가 결코 만만치 않네요. 많은 사색과 연구, 그리고 통찰력이 필요합니다. 사업의 중심고리는 정책노선과 그를 실현할 대중의 구체적인 준비상태를 입체적으로 파악할 때 비로소 찾을 수 있어요. 평균주의로 관성적으로 일하지 않고 중심고리를 계속 찾아 해결해가는 게 진보적 사업방식입니다. 이것저것 지시하고 바쁜 사람이 간부가 아니라 중심고리를 찾아 제시하고 실천으로 증명하는 사람이 진짜 간부입니다.

넷째는 일반적 지도와 개별적 지도를 잘 결합하는 겁니다. 어떤 사업이든 모두가 이뤄야 할 과제가 있고, 또 그를 실현하는데서 개인 특성상 주의해야 할 과제가 있을 수 있겠죠. 그래서 같은 분야의 모든 사람에게 동시에 일반적으로 설명하는 것과 개별적으로 그 사람의 상태와 조건에 맞게 교양 설득하는 방법이 필요합니다. 같은 내용을 말해도 사람의 준비정도에 따라 이해 수준이 다르고 개별과제도 다르기 때문이죠. 또 현장 단위에서 모범을 세워 널리 전파, 일반화하는 것도 이 방법의 한 예입니다. 아무리 좋은 정책이라도 그를 실현한 사례가 없다면 과연 그게 옳은 건지, 실현가능한지 알 수 없죠.

그래서 사업이 성공한 모범사례를 만들고, 그 과정에서 나타난 문제들을 연구, 해결할 방법을 알려주는 게 필요합니다. 이런 사업방식은 진보진영뿐 아니라 자본주의 기업경영에서도 볼 수 있어요. 프랜차이즈 사업을 확대하기 전 제1호 지점의 성공사례엔 반드시 남다른 숨은 노력과 난제를 해결한 구체적인 방법들이 녹아 있기 마련입니다.

마지막입니다. 사업을 격식이나 틀에 얽매임 없이 창조적으로 하고, 사업을 대범하고 통 크게 벌이는 방법입니다. 격식이나 틀에 얽매이지 말란 건 말 그대로 과거 관행이나 형식을 고집하지 말고 발상을 새롭게 하란 겁니다. 그런데 사업을 통 크게 벌이라는 건 만용을 부리라는 게 아닙니다. 소수의 사람이 소소하게 벌이는 수공업적 방식을 지양하라는 겁니다. 계획을 세울 때 처음부터 중심고리를 잡아 힘을 집중하고, 대중의 창조력 힘을 남김없이 이끌어낸다는 입장에서 대범하게 판을 짜고 과감히 달려들어야 한다는 거죠. 변혁과 진보 자체가 전체 민중을 움직이는 거창한 사업인 만큼 대범하게 판을 벌이는 사업이 진보(혁신)적 사업원칙에 부합한다는 의미이기도 합니다.

# 10

## 민중적 사업작풍과 관료적 사업작풍

사업작풍이란 선진적 의식을 가진 활동가나 간부들이 대중과 관계에서 가져야 할 입장과 태도, 정신도덕적 품성을 말합니다. 맑스-레닌주의에서도 진보활동가들의 헌신성과 열성에 대해 강조한 바 있지만 사업작풍을 정치 지도방법의 중요 구성부분으로 이론화한 건 주체사상이 처음입니다.

사업작풍을 강조하는 이유는, 정책이 옳고 사업방법에서 중심고리를 찾아 속도전으로 광범위한 대중을 조직 동원해도 사업작풍이 옳지 않으면 사업성과를 장기적으로 보장할 수 없기 때문입니다. 이 문제 역시 앞서 한국진보가 좌절한 결정적 이유의 하나입니다. 즉 모든 사업은 결국 사람을 얻고 발동하는 사람과의 사업으로 귀결된다는 철학적 원리에 맞게 방법론도 적용해야 합니다.

혁명이란 사람을 믿는 거고, 그 사람의 자주성과 창조성을 믿는 겁니다. 사람을 믿는 건 돈이나 이익이나 권한을 줘서 믿는 게 아니라 세상

사물을 보는 관점의 일치를 통해 인생의 근본적 이해관계와 요구를 서로 일치시키는 과정입니다. 이는 변혁을 위한 구체적인 생활과 활동에서 신뢰를 쌓고 마음이 통하게 되는 과정을 동반합니다.

정치활동가가 옳은 말을 하고 대체로 이해관계가 같다고 해서 사람들이 마음을 주고 신뢰를 보내는 건 아닙니다. 사업수완이 좋아 일을 잘하고 성과를 많이 내도 대중이 속마음을 주지 않는 경우가 적지 않아요. 이런 경운 대부분 사업작풍에 문제가 있어요. 사업작풍은 단순히 좋은 자세나 예절 문제가 아니라 대중을 대하는 근본 사상관점을 드러내기 때문입니다.

무엇보다도 진술한 사업작풍이 중요해요. 이건 인기와는 다른 차원의 개념입니다. 민중은 인간미가 있고 대중을 진심으로 대하는 사람을 좋아합니다. 신뢰는 옳은 말에서 생기는 게 아니라 바른 실천을 직접 보일 때 사람들이 그를 통해 믿는 과정에서 생깁니다.

사업작풍은 크게 활동가의 '사업기풍'과 대중을 대하는 '민중적 품성'으로 나뉩니다. 활동가의 기풍 문제는 전체가 합의한 정책과 노선을 존중하는 태도, 주인다운 태도, 어려운 일을 앞장서 몸소 실천하는 이 신작칙의 태도, 작은 실패와 고난을 두려워 않는 투쟁정신, 사업에 있어 원칙성과 노숙성을 견지하는 태도 등입니다. 노숙하게 일한다함은 대상의 특성, 사람들의 심리에 맞게 사업을 원만하고 능숙하게 처리하는 겁니다. 일을 신중히 처리하면서도 사물현상과 사람사업을 전면적이고 신속하게 처리해 나가는 거죠. 끝으로 자기 사업에 대한 검토를 일상화해 사업의 결함을 남에게 돌리지 않고 스스로부터 먼저 찾는 태도입니다. 실천이 어려워서 그렇지 평소 많이 들었던 얘기죠. 사람들이 이런 활동가를 좋아하고 함께 일하고 싶어 하는 건 당연합니다.

민중적 품성은 활동가가 사람들을 대하는 태도에서 드러납니다. '어머니다운 품성'이란 말이 있는데, 세상에서 사람을 진정으로 위하는 사람관계를 한마디로 압축한 표현인데 놀라울 뿐입니다. 세상에 어머니처럼 자기의 모든 걸 내주고 따뜻하게 돌봐주며 걱정하는 사람이 있을까요? 정치하는 사람들이 어머니다운 품성에 10분의 1만 따라가도 정치혁명 그 이상도 가능하리라 생각합니다.

다음으로 겸손하고 소박한 품성이 중요합니다. 활동가가 겸손하다는 건 예의 바를 뿐 아니라 사람들의 얘기를 귀담아 듣고 실제 존중하는 겁니다. 민중 속엔 지식과 경험이 많은 사람도 있고, 의견이 부족한 사람도 있어요. 하지만 어떤 경우에도 사람들의 얘기엔 자기 요구와 지향하는 바가 분명히 담겨 있고 그걸 이룰 수 있는 창조적 능력이 분명 있습니다.

활동가가 겸손하고 소박해야 하는 건 자신 역시 민중이고 다만 먼저 깨달은 사람일 뿐이기 때문이죠. 민중은 누구나 다양한 방식으로 훌륭한 활동가가 될 수 있습니다.

끝으로 인간성과 문화성이 민중적 품성의 내용입니다. 인간성이 없는 사람을 '피도 눈물도 없다'고 하죠. 정치운동을 하는 목적은 모두 사람이 잘 살고 행복하자는 데 있습니다. 사람들이 아파하는 일을 같이 아파하고, 기뻐하는 일을 같이 기뻐하지 못하는 사람이 과연 사람을 위한 정치를 할 수 있을까요? 정치가 아닌 통치라면 모를까요.

인간성이란 사람을 사랑할 줄 알고, 고통은 함께 나눠 덜어주려는 마음입니다. 선한 사람의 기본정서입니다. 정치를 말하기 전에 선한 심성을 갖는 게 중요하단 거죠. 문화성을 얘기하는 건 대중성이 단순히 통속적인 것만을 말하진 않기 때문입니다. 지식세계를 정체시키지 않고 나날이 발전하는 과학기술과 대중이 좋아하는 문학, 예술에 대해서도 높은 문화적 소양을 갖도록 노력해야죠. 혁명은 새로운 문명을 만드는 것이며 거친 게 아니라 정서적으로 깊고 풍부합니다.

지금까지 진보적(혁신적) 사업방법과 민중적 사업작풍에 대해 알아봤는데 한마디로 요약하면 '사람의 본성'에 맞는 사업방식을 찾아 구현한다는 겁니다. 모든 사물은 그 사물의 특성에 맞는 방법을 쓸 때 편하고, 아름답고, 가장 만족스럽습니다.

자주성, 창조성, 의식성을 가진 사회적 존재인 사람에 맞는 방법을 탐구하고 개척하는 게 사람중심의 방법론입니다. 이는 정치뿐 아니라 경제, 경영, 문화 등 인간 활동의 모든 분야에 적용되는 일반적인 방법론입니다. 진보적 사업방법 역시 저절로 형성되는 게 아니라 우리 안의 오랜 보수적, 관료적 사업방법과 대립 과정을 통해 성장 발전한다고 봅니다.

사람이 사람에 맞는 활동원칙에 따라 사람답게 활동하고 움직여갈 때 아름답고, 편하고, 가장 효율적이며 만족스럽습니다. 진보는 사회를 변화시킬 뿐 아니라 인간관계와 사람을 움직이는 방법도 혁명화하는 과정입니다. 몰라서 못하기도 하지만 알면서도 못하는 게 사업방법론과 작풍의 대부분 내용입니다. 그래서 진보를, 고행을 감수하고 원칙을 지키며 마음을 가다듬고 정진하는 수양(修攘)이라고 하는가 봅니다.

## 후기

## 원고를 마치며

옥중에서 썼던 글을 밖에 나와 다시 정리했습니다. 거의 10년이 지났는데 우리시대 사상에 관한 얘기가 여전히 금기이고, 아직도 이런 글이 유효한 현실이 조금은 안타깝습니다. 누군가 이런 얘기를 먼저 정리해주길 기대했지요. 이육사가 말하던 백마 타고 오는 초인 말입니다. 남녘의 양심있는 사상가, 철학가들을 고대했습니다. 그래서 한국 진보의 절박한 과제인 사람중심의 철학사상과 진보사상을 우리식으로 소화하고 비판할 건 하고 재음미하며 현대화하길 기대했습니다.

우리사회에서 주체사상을 보는 시각은 매우 단순하며 출판물은 오직 관변서들 뿐입니다. 이 글은 제가 느끼고 경험한 맑스주의와 주체사상에 관한 얘기입니다. 그래서 실제 주체사상과 당연히 차이가 날 수 있습니다. 다양한 주제를 다뤘지만 제가 이들 문제에 정통하다고 생각하진 않습니다. 그럼에도 이 글을 쓴 이유는 더는 사상의 자유를 대신해줄 사람을 기다리지 않기로 했기 때문입니다. 맑스주의와 주체사상을 포함한 다양한 진보사상에 대해 완벽하지 않아도 서로 의견을 교환하며 풍부하게 토론하고 싶다는 생각과 또 남북이 화해와 통일로 가는 새로운 세상에 사상을 토론할 자유를 열어야 한다는 의무감도 있었기 때문입니다.

사상은 거울로 얼굴 보듯 쉽게 볼 순 없습니다. 허나 사람들의 사상과 철학은 생활과 활동의 원리로 늘 하나로 연결돼 있습니다. 생각의 뿌리를 찾는 게임이 철학이라 생각합니다. 어떤 사상을 이해한다고 해서 그 사상이 바로 체화되는 건 아닐 겁니다. 주체사상은 실천철학이자 수양(修攘)철학이고, 생활철학이라고 생각합니다. 또 사상은 사색과 집단적 실천을 통해 조금씩 깨닫고 전진하는 거라 봅니다.

올해 남북, 북미 정상회담이 열리면서 온 민족이 고대하던 평화와 통일시대에 성큼 다가섬을 느낍니다. 통일을 위해서도 북을 바로 알아야하며 북을 이해하는 열쇠말의 하나가 바로 주체사상입니다. 북은 한마디로 주체사상의 나라입니다. 주체사상을 모른 채 북의 정치와 사회를 이해하긴 불가능해요. 이 글이 남북간 오해와 불신을 빨리 걷어내고 떨어져 살 수 없는 '하나의 민족'인 북한(조선)의 생각과 마음을 올바로 이해하는데 도움이 되길 기대합니다.

진보사상에 대한 다양한 시각의 저술이 더 많이 나와 우리나라가 사상의 백화만발, 백가제방 시대를 열기를 기원합니다. 현대 문명사회와 통일시대에 사상은 토론으로 정리해야지 법으로 억압하던 시절은 이미 지나갔습니다. 혹독한 사상탄압의 불행한 시대를 넘어 다음 세대, 젊은 통일세대는 사상의 자유를 원 없이 누리기를 기원합니다.

최근 유행하는 서구의 현대 철학조류도 비판적으로 다루려했으나 역부족이었습니다. 다음 기회로 미룹니다. 유능한 분들께서 이런 작업을 이어가시길 기대합니다.

출판을 위해 힘써주신 모든 분들께 감사드립니다.

2018년 7월

지은이 **이정훈**

서울출생
1985년 고려대 삼민투 위원장
85년 서울 미문화원 점거농성 대표
오산노동자회관 부대표
영국 런던대 아시아 태평양 지역학 석사
민주노동당 중앙위원
통합진보당 중앙당 교육위원
민플러스 편집기획위원
4.27시대연구원 부원장
4.27시대연구원 연구위원

---

87, 6월 세대의 … 주체사상 에세이

1판 3쇄 발행일 2021년 8월 27일
지은이 이정훈
펴낸곳 사람과 사상
　　　02) 735-4270 | wequiwe11@gmail.com
ISBN 979-11-964478-0-9 03300

값 18,000원

```
(87년 6월 세대의) 주체사상 에세이 / 저자: 이정훈. -- [서
울] : 사람과 사상, 2018
    p. ;   cm

ISBN 979-11-964478-0-9 03300 : ₩18000

주체 사상[主體思想]

340.25-KDC6
335.43-DDC23                          CIP2018023970
```